高等职业教育铁道工程技术专业"十四五"规划教材

轨道电路与电气化

秦立朝◎主编
何奎元◎主审

中国铁道出版社有限公司

2021年·北京

内 容 简 介

本书为高等职业教育铁道工程技术专业“十四五”规划教材之一，主要介绍应用电工的基础知识，铁路轨道电路的组成、作用，轨道电路的调整和整治，在轨道电路区段进行线路维修作业的注意事项和相关规定，以及与轨道电路有关的信号知识；电气化铁路的组成和发展，电气化铁路区段线路养护维修的作业要求、方法，以及作业安全措施。为了提高读者的安全意识和安全防范能力，本书还对触电和触电抢救常识作了简单介绍。

本书为高职高专学校铁道工程技术专业的教材，也可供铁路基层站段职工岗前培训使用。

图书在版编目（CIP）数据

轨道电路与电气化/秦立朝主编．—3 版．—北京：中国铁道出版社有限公司，2021.8
高等职业教育铁道工程技术专业“十四五”规划教材
ISBN 978-7-113-28016-1

Ⅰ.①轨…　Ⅱ.①秦…　Ⅲ.①轨道电路-高等职业教育-教材②电气化铁道-高等职业教育-教材　Ⅳ.U284.2②U22

中国版本图书馆 CIP 数据核字(2021)第 104695 号

书　　名：**轨道电路与电气化**
作　　者：秦立朝

策　　划：陈美玲
责任编辑：陈美玲　**电话**：(010) 51873240　**电子信箱**：992462528@qq.com
封面设计：崔丽芳
责任校对：苗　丹
责任印制：高春晓

出版发行：中国铁道出版社有限公司（100054，北京市西城区右安门西街 8 号）
印　　刷：三河市国英印务有限公司
版　　次：2008 年 2 月第 1 版　2021 年 8 月第 3 版　2021 年 8 月第 1 次印刷
开　　本：787 mm×1 092 mm 1/16　印张：9.25　字数：231 千
书　　号：ISBN 978-7-113-28016-1
定　　价：28.00 元

QIAN YAN

第三版前言

本书根据高等职业教育铁道工程技术专业“轨道电路与电气化”课程教学大纲编写，是在《轨道电路与电气化》(第二版)的基础上修订而成的。

随着铁路建设的现代化，特别是高速铁路、快速铁路的发展，对从事铁路线路施工与养护及电气化作业的人员提出了更高的要求。中国国家铁路集团有限公司提出，为适应高铁生产力发展的新要求，要推进铁路运输生产力布局优化，不断提升高铁基础设施运维的质量和效率，深化高铁综合维修生产一体化，加强“工电供”专业融合人才培养。为培养适应上述发展的高素质技术技能人才，作者编写团队对第二版《轨道电路与电气化》进行修订。修订过程中，在不改变原有教学内容的情况下，结合中国国家铁路集团有限公司发布的铁路特有工种技能培训规范的要求，对相关内容进行了优化。

本书根据《轨道电路与电气化》出版以来读者的反馈意见及教学方面的要求，将第二版图书做了部分调整，并在第二章和第三章的末尾补充了章节测试内容，其中包含填空题、选择题、判断题，并设置了参考答案于二维码中，方便学生自主学习。

本书由湖南高速铁路职业技术学院秦立朝主编，湖南高速铁路职业技术学院何奎元主审。具体编写分工如下：湖南高速铁路职业技术学院杨素娟编写第一章；秦立朝编写第二章，第三章第一、二、五～七节；中国铁路广州局集团有限公司衡阳工务段李章凤编写第三章第三、四节；南京铁道职业技术学院林瑜筠也参与了第二章部分内容的编写。编写过程中得到了中国铁路广州局集团有限公司衡阳工务段朱光明、衡阳电务段朱宏山等许多专家的指导和帮助，在此谨表示谢意。

由于作者学术水平、教学经验和写作能力有限，书中难免存在不足之处，敬请读者批评指正。

编　者

2021 年 5 月

第一版前言

QIAN YAN

本书是铁路职业教育铁道部规划教材,是根据铁路高职教育铁道工程(工务)专业教学计划和“轨道电路与电气化”课程教学大纲要求编写的。

随着铁路建设的现代化，对从事铁路线路养护维修的工程技术人员提出了更高的要求，为适应铁路建设和管理的需要，培养适合铁路现代化发展需要的专业技术人才，我们编写了《轨道电路与电气化》教材，作为铁道工程及相关专业的教学用书。根据目前铁路轨道结构的发展状况和学生的培养目标，本教材注重现场的实用性、适应性和先进性。在确保基本概念、基本理论和基本知识的前提下，本教材首先介绍了电工的基本知识，并着重强调了轨道电路在铁路运输中的作用，电气化铁路的基本知识以及在轨道电路区段和电气化区段线路进行养护维修作业的安全注意事项。此外，还对安全用电和触电抢救知识作了一定的介绍。

本书由湖南交通工程职业技术学院秦立朝主编，何奎元主审。湖南交通工程职业技术学院杨锋编写第一章，秦立朝编写第二章、第三章，南京铁道职业技术学院林瑜筠参加了第二章的部分编写。在编写过程中得到了许多专家的指点帮助，在此谨表示谢意。

由于作者学术水平、教学经验和写作能力有限，书中难免存在不足之处，恳请读者批评指正。

编　者

2007年12月

MU LU

目录

第一章　电 工 基 础

本章概述

人们在生产和生活中都离不开电，电工基础知识是电工类工种的基础。如果用电不当，就会触电，造成人身伤亡、设备损坏，甚至波及供电系统能否安全运行。针对轨道电路和电气化施工中的工作要求，本章比较系统地介绍了直流电路、正弦交流电路、电机和电器以及施工供电。通过学习使学生掌握电容、电流、功率的计算方法，了解电机的工作原理及常用电器的使用注意事项，具有施工工地用电安全选择的技能。

第一节　直 流 电 路

一、电路及其主要物理量

（一）电路基本概念

电路是泛指能够提供电流途径，由电源、电子元件或电工设备所组成的总体。一个完整的电路是由电源、负载、中间环节（包括开关和导线等）三部分按一定方式组成的。图 1.1(a)是一个最简单的手电筒的电路。手电筒的电路原理图如图 1.1(b)所示。

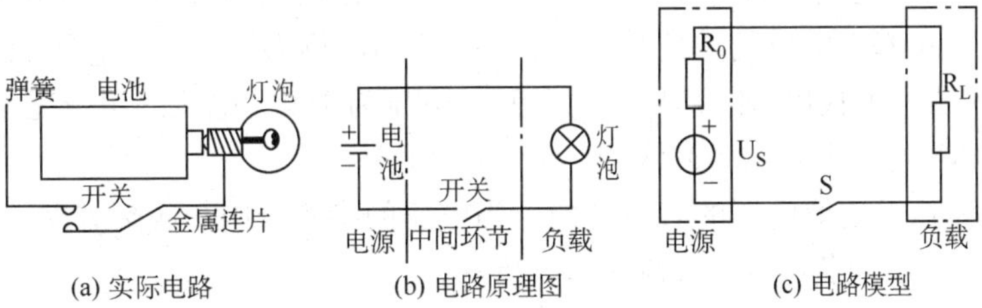

(a) 实际电路　(b) 电路原理图　(c) 电路模型

图 1.1　手电筒电路

用一个理想电路元件或几个理想电路元件的组合来代替实际电路中的具体元件，称为实际电路的模型化。由理想电路元件构成的电路称为电路模型。图 1.1(c)就是手电筒的电路模型。

（二）电路的基本物理量

1. 电流

电流的强弱用电流值大小来度量，其数值等于单位时间内通过导体某一横截面的电荷量。设在 dt 时间内通过导体某一横截面的电荷量为 dq，则通过该截面的电流为

$$i=\frac{\mathrm{d}q}{\mathrm{d}t} \tag{1.1}$$

如果电流不随时间而变，即 dq/dt=常数，则这种电流就称为恒定电流，简称直流电，它所通过的路径就是直流电路。在直流电路中，式(1.1)可写成

$$I=\frac{Q}{t} \tag{1.2}$$

电流的单位是安[培](A)。它的单位还有毫安(mA)或微安(μA)。我们规定正电荷移动的方向或负电荷移动的反方向为电流的方向(实际方向),如图 1.2 所示。

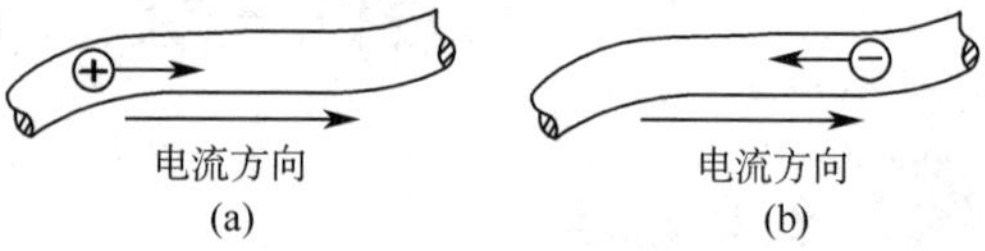

图 1.2　电流的方向

一般情况下,为了便于分析电路和计算,需引入电流的参考方向这一概念。参考方向,也称正方向,是假定的方向。电流的参考方向可以任意选定,在电路中一般用箭头表示。当电流的参考方向与实际方向一致时,电流为正值($I>0$);当电流的参考方向与实际方向相反时,电流为负值($I<0$),如图 1.3 所示。这样,在选定的参考方向下,根据电流的正负,就可以确定电流的实际方向。

2. 电压

设有 A、B 两个极板,如图 1.4 所示,正电荷在电场力的作用下由正极 A 经导线和负载流向负极 B,从而形成电流。这时电场力对电荷做功,这种电场力做功的本领用电压来度量。

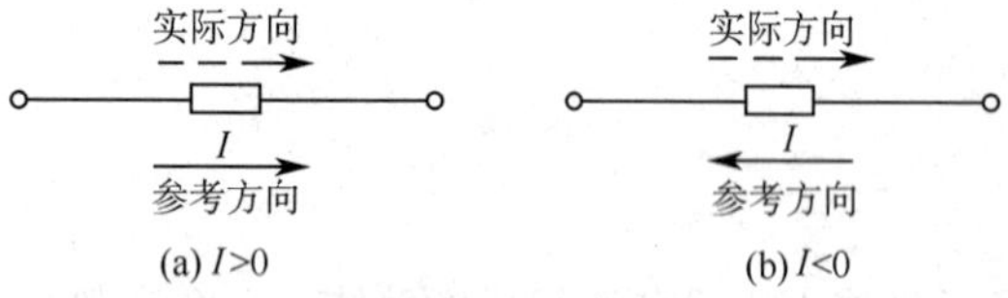

图 1.3　电流的参考方向与实际方向

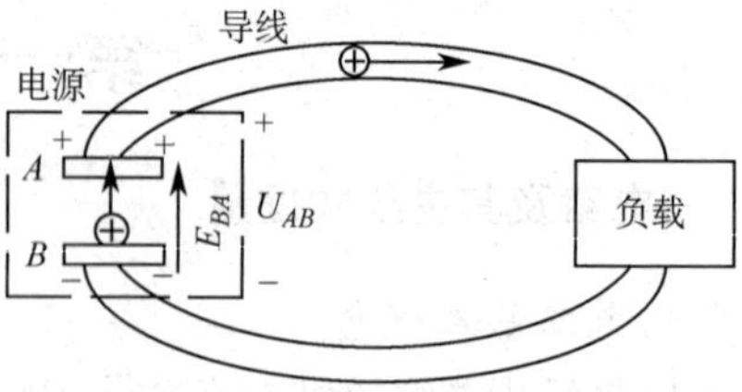

图 1.4　电压

A、B 两点之间的电压 U_{AB} 在数值上等于单位正电荷在电场力作用下,由 A 点经外电路移动到 B 点电场力所做的功。若电场力移动电荷量 Q 所作的功为 A,则移动单位电荷所作的功为 A/Q,即 $U_{AB}=A/Q$。电压的单位是伏[特](V)。当电场力把 1 C(库[仑])的电荷从一点移到另一点所做的功为 1 J(焦[耳])时,该两点间的电压为 1 V。电压的单位还有毫伏(mV)、微伏(μV)和千伏(kV)。1 kV=1 000 V,1 V=1 000 mV。

在分析电路时,需选取电压的参考方向。当电压的参考方向与实际方向一致时,电压为正($U>0$);相反时,电压为负($U<0$),如图 1.5 所示。

参考方向可用箭头表示,也可用双下标(如 U_{AB})表示。在分析和计算电路时,电压和电流参考方向的假定,原则上是任意的。但为了方便起见,元件上的电压和电流常取一致的参考方向,这称为关联参考方向,如图 1.6 所示。

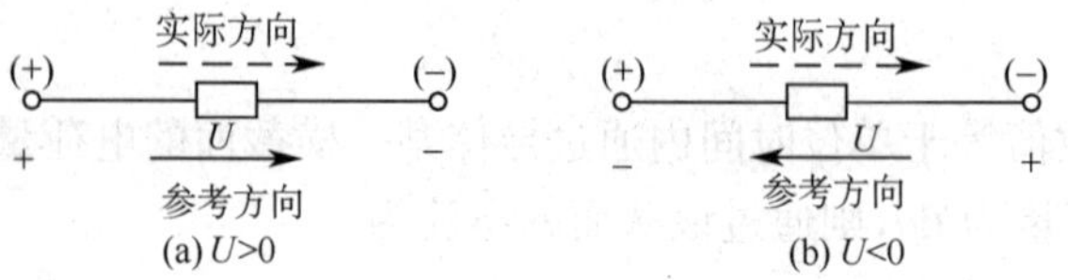

图 1.5　电压的参考方向与实际方向

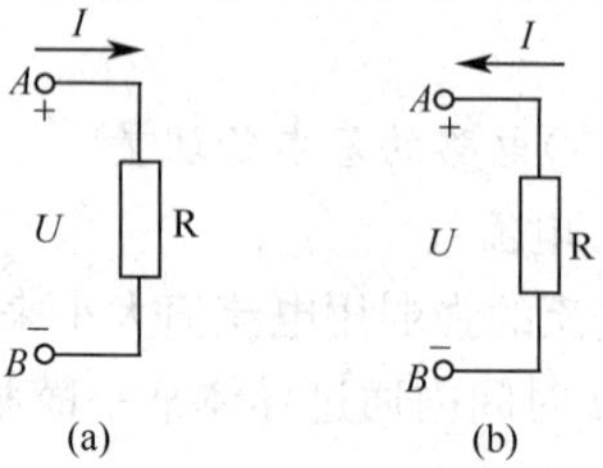

图 1.6　关联参考方向与非关联参考方向

3. 电位的分析与计算

电位是度量电路中各点所具有的电位能大小的物理量，它在数值上等于电场力将单位正电荷从该点移到参考点所做的功。

先要选取参考点，即电路中任意一点的电位，就是该点与参考点之间的电压，而电路中任意两点之间的电压，则等于这两点电位之差。如果已知电路中任意两点的电位，就可以计算出这两点之间的电压，其关系式为

$$U_{AB}=V_A-V_B \tag{1.3}$$

现以图 1.7 为例来讨论电位的计算。在图(a)中，选择 O 点作参考点，即令

$$V_O=0$$

则

$$V_A=V_A-V_O=U_{AO}=1\ \text{V}$$
$$V_B=V_B-V_O=U_{BO}=-U_{OB}=-1\ \text{V}$$
$$U_{AB}=V_A-V_B=2\ \text{V}$$

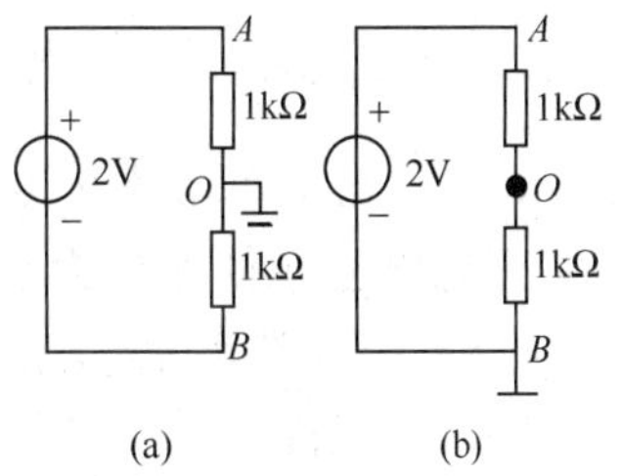

图 1.7　电位的计算

在图 1.7(b)中，选择 B 点作参考点，即令 $V_B=0$，则

$$V_A=V_A-V_B=U_{AB}=2\ \text{V}$$
$$U_{AB}=V_A-V_B=2\ \text{V}$$

可以看出，参考点选得不同，电路中各点的电位也不同，但任意两点间的电位差不变。电路中的各点都具有确定的电位，与计算的路径无关。

4. 电动势

电动势是一个专门描述电源内部特性的物理量。在如图 1.4 所示的电路中，为了维持导线中的电流，必须使 A、B 两极板间保持一定的电压，这就要借助非电场力使移动到 B 极板的正电荷经过另一路径回到 A 极板，为了衡量非电场力对电荷做功的能力，引出电动势这个物理量。电动势在数值上等于电源力将单位正电荷从电源负极(B 点)移到电源正极(A 点)所做的功，用 E 表示。电动势的实际作用方向是在电源内部由低电位端指向高电位端，是电位上升的方向。电动势的参考方向也可用箭头、双下标或“＋”“－”极性表示。电源力对单位正电荷所做的功等于单位正电荷增加的位能，即

$$E_{BA}=V_A-V_B \tag{1.4}$$

电动势的单位与电压相同，也是伏[特](V)。

5. 电能和电功率

在如图 1.4 所示的直流电路中，A、B 两点的电压为 U，在时间 t 内电荷 Q 受电场力作用从 A 点经负载移到 B 点，电场力所做的功为

$$A=UQ=UIt \tag{1.5}$$

这就是在 t 时间内所消耗(或吸收)的电能，而单位时间内消耗的电能称为电功率(或简称功率)，即负载和导线消耗(或吸收)的电功率

$$P=A/t=UI \tag{1.6}$$

电场力做功所消耗的电能是电源提供的。在时间 t 内，电源力将电荷 Q 从电源负极经电源内部移到正极所做的功为

$$A_{\text{E}}=EQ=EIt \tag{1.7}$$

电源力产生(或发出)的电功率

$$P_{\text{E}}=EI \tag{1.8}$$

在一个电路中，电源产生的功率与负载、导线以及电源内阻上消耗的功率总是平衡的，遵从能量守恒和转换定律。在忽略电源内部能量损耗的条件下，则

$$P=P_E$$

即

$$U=E$$

在国际单位制中，功的单位是焦[耳](J)，功率的单位是瓦[特](W)。还可用千瓦(kW)、毫瓦(mW)表示，1 kW=1 000 W，1 W=1 000 mW。

计算所得的功率 P 有正、负号，为正时，说明是吸收(消耗)功率，反之，是发出功率。

二、电阻元件、欧姆定律、电压源

(一)理想电阻元件及其伏安特性

理想电阻元件简称为电阻元件，它是从实际电阻器抽象出来的理想模型。像灯泡、电阻炉、电烙铁等这类实际电阻器件，当忽略其电感、电容作用时，可将它们抽象为只具有消耗电能性质的电阻元件。

在图 1.8(a)中，电压 u 和电流 i 的参考方向相同，R 是理想电阻元件，由欧姆定律可知，电阻元件的伏安特性是

$$u=Ri \tag{1.9}$$

它表示电阻元件的端电压和流过它的电流成正比。比例系数 R 称为电阻。图 1.8(b)是其伏安特性曲线，它是一条通过原点的直线，通常我们把伏安特性为直线的电阻称为线性电阻。

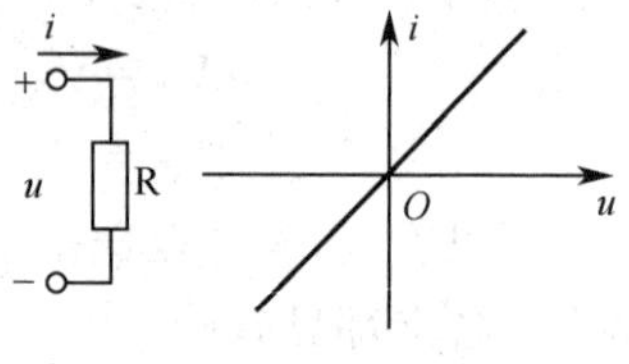

(a) 电路图　　(b) 伏安特性

图 1.8　电阻元件

在国际单位制中，电阻的单位是欧[姆](Ω)，它的计量单位还有千欧(kΩ)、兆欧(MΩ)。

电路元件取用的功率为

$$p=ui=Ri^2=\frac{u^2}{R} \tag{1.10}$$

式(1.10)说明电阻元件总是消耗电功率的，与电压、电流的实际方向无关。

(二)欧姆定律

欧姆定律是电路的基本定律之一，用来确定电路中线性电阻两端的电压、电流之间的关系。

1. 欧姆定律的一般形式

欧姆定律表明流过线性电阻的电流 I 与电阻两端的电压 U 成正比。它们之间的关系表达式为

$$U=\pm RI \tag{1.11}$$

当电压、电流参考方向一致时，如图 1.9(a)所示，欧姆定律的表达式应取“+”；当电压、电流的参考方向相反时，如图 1.9(b)所示，欧姆定律的表达式应取“—”。

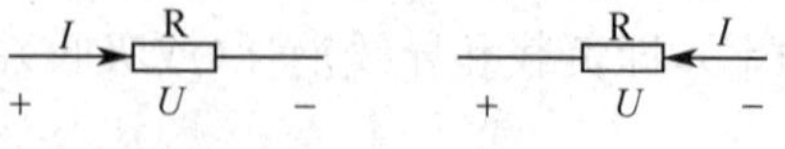

(a) U、I参考方向相同　(b) U、I参考方向相反

图 1.9　欧姆定律

2. 含源支路的欧姆定律

如果在电路的某一条支路中不但有电阻元件，而且含有电动势 E，那么，这条支路就称为含源支路，如图 1.10 所示。在含源支路 ab 中有两个电阻 R_1、R_2 和两个电动势 E_1、E_2。

首先设定该支路电压、电流的参考方向(图 1.10),按设定的参考方向列写出 a、b 两点之间的电压

$$U_{ab}=R_1I+E_1+R_2I-E_2$$

经整理后,可得

$$I=\frac{U_{ab}+(E_2-E_1)}{R_1+R_2}$$

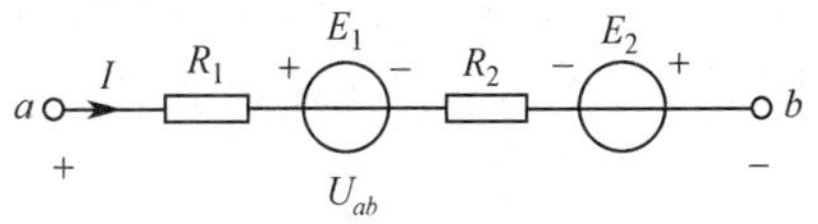

图 1.10 含源支路欧姆定律

如果含源支路中含有多个电阻及多个电动势,那么,就可以写出

$$I=\frac{\pm U\pm E}{\sum R} \tag{1.12}$$

式中,分母是含源支路中所有电阻的代数和;分子是该含源支路两端的电压和含源支路中所有电动势的代数和。当端电压 U 与电流 I 的参考方向一致时,端电压取"+",反之取"−";当电动势 E 与电流 I 的参考方向一致时,电动势取"+",反之取"−"。

(三)理想电压源及外特性

无论流过多大电流,都能提供确定电压的电路元件称为理想电压源。它相当于一个只产生电压 U_S 而没有内部能量损耗的电源。图 1.11 是理想电压源的符号和伏安特性曲线。其电压、电流的关系式为

$$U=E(\text{或}U_S) \tag{1.13}$$

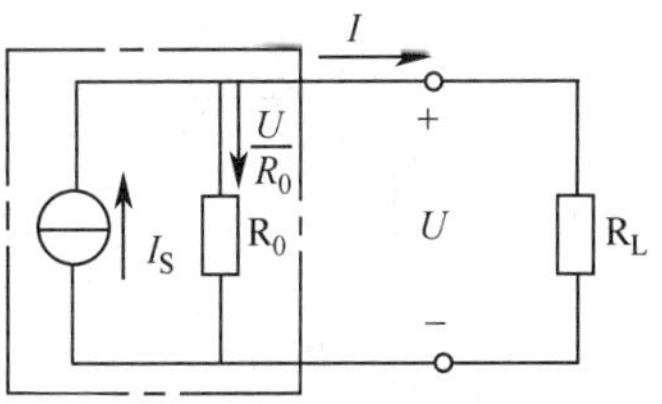

图 1.11 电流源模型与外电路的连接

理想电压源实际上是不存在的,但如果电源的内阻远小于负载电阻,则端电压基本恒定,就可忽略内阻的影响,认为是一个理想电压源。通常,稳压电源(或称稳压器)和新干电池都可近似地认为是理想电压源。

在电路中,一个实际电源在提供电能的同时,必然还要消耗一部分电能。因此,实际电源的电路模型应由两部分组成:一是用来表征产生电能的理想电源元件,另一部分是表征消耗电能的理想电阻元件。由于理想电源元件有理想电压源,故实际电源的电路模型有电压源模型。

图 1.11 所示的电路是电压源模型与外电路的连接。这时,实际电源的端电压为

$$U=U_S-R_0I \tag{1.14}$$

在使用电源时,人们最关心的问题是当负载变化时,电路中的电流 I 与电源的端电压 U 将如何变化。因而我们有必要来研究 U 与 I 之间的关系,即 $U=f(I)$,这种关系称为电源的外特性。

式(1.14)就是直流电压源的外特性方程式。式中 U_S 和 R_0 是常数,U 和 I 之间的关系是线性关系,如图 1.12 所示。

当电压源模型开路时,输出电流 $I=0$,输出电压在数值上等于理想电压源的电压 U_S,即 $U=U_S$。

当电压源模型负载时,输出电压在数值上小于理想电压源的电压 U_S,相差的是内阻上的电压降 $\Delta U=IR$。当外电路的电阻 R 减小时,输出电流 I 增加,输出电压 U 随之下降。

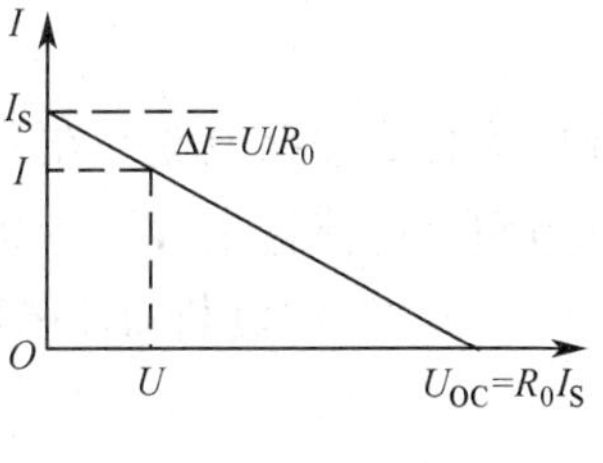

图 1.12 电压源外特性

当电压源模型短路时,输出电压 $U=0$,理想电压源的电压 U_S 全部都作用于内阻上,短路电流仅受内阻的限制,

即 $I=E/R_0$。

可见,实际电源的端电压 U 和输出电流 I 都不是定值,都与外电路的情况有关。从电压源模型的伏安特性可以看出,内阻越小,输出电流变化时输出电压的变化就越小,即输出电压越稳定,直线越平。在理想情况下,内阻 $R_0=0$,U 为定值,即成为理想电压源,它的外特性是一条平行于横轴的直线。

三、电路的工作状态和电气设备的额定值

(一)电路的状态

电路有空载、短路和负载三种状态。在图 1.13 中,我们用 U_1 表示电源的端电压(U_{AB}),用 U_2 表示负载的端电压(U_{CD})。

1. 空载状态

空载状态又称断路或开路状态,如图 1.14 所示,电路空载时,外电路所呈现的电阻可视为无穷大,故电路具有下列特征:

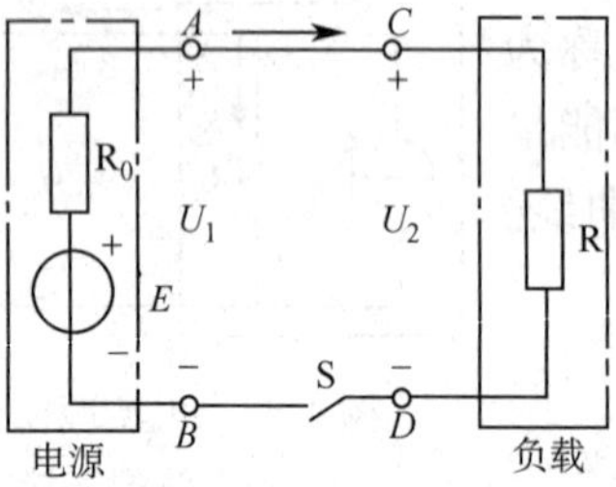

图 1.13　简单电路

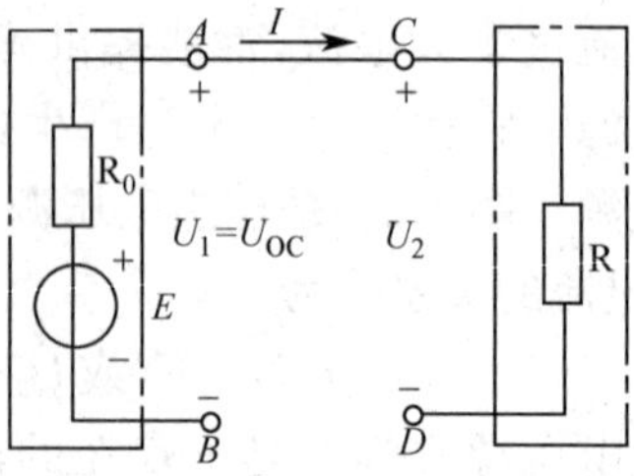

图 1.14　电路的空载状态

(1)电路中的电流为零,即 $I=0$。

(2)电源的端电压等于电源的电动势,即

$$U_1=E-R_0I=E$$

此电压称空载电压或开路电压,用 U_{OC} 表示。

(3)电源的输出功率和负载所吸收的功率均为零。

2. 短路状态

当电源的两输出端钮(A、B)由于某种原因(如电源线绝缘损坏、操作不慎等)相接触时,会造成电源被直接短路的情况,如图 1.15 所示,它是电路的另一个极端运行状态。当电源直接短路时,外电路所呈现的电阻可视为零,故电路具有下列特征:

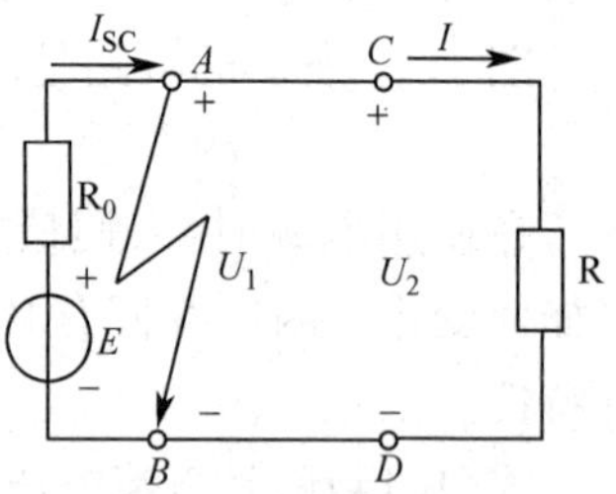

图 1.15　电路的短路状态

(1)电源中的电流最大,外电路输出电流为零。此时电源中的电流为

$$I_{SC}=\frac{E}{R_0} \tag{1.15}$$

此电流称为短路电流。在一般供电系统中,电源的内电阻 R_0 很小,故短路电流 I_{SC} 很大。但对外电路无电流输出,即 $I=0$。

(2)电源和负载的端电压均为零,即

$$U_1=E-R_0I_{SC}=0$$

$$U_2=0$$

而 $$E=R_0 I_{SC}$$

上式表明电源的电动势全部降落在电源的内阻上,因而无输出电压。

(3)电源的对外输出功率 P_1 和负载所吸收的功率 P_2 均为零,这时电源电动势所发出的功率全部消耗在内阻上。这是因为,电源对外电路既不输出电压,也不输出电流,故$P_1=U_1 I=0$,$P_2=U_2 I=0$。而这时电动势所发出的功率为

$$P_E=EI_{SC}=\frac{E^2}{R_0}=I_{SC}^2 R_0 \tag{1.16}$$

P_E 全部消耗在内阻上;这就使电源的温度迅速上升,有可能导致烧毁电源及其他电气设备,甚至引起火灾,或由于短路电流产生强大的电磁力而造成机械的损坏。电源的短路,通常会造成严重事故,应力求避免。

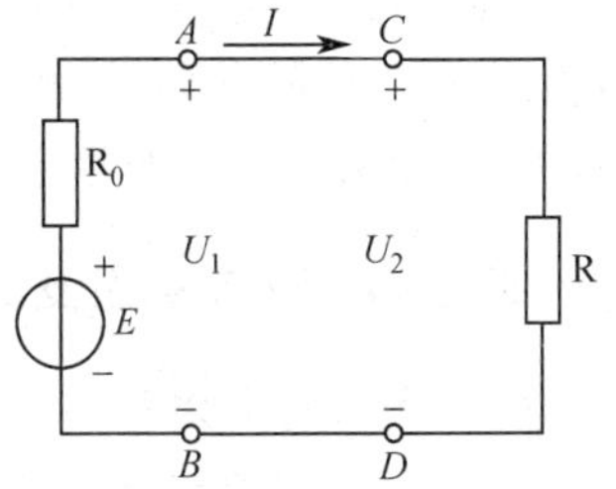

图 1.16 电路的负载状态

3. 负载状态

负载状态则是一般的有载工作状态,如图 1.16 所示。此时电路有下列特征:

(1)电路中的电流为

$$I=\frac{E}{R_0+R} \tag{1.17}$$

当 E、R_0 一定时,电流由负载电阻 R 的大小决定。

(2)电源的端电压为

$$U_1=E-R_0 I \tag{1.18}$$

电源的端电压总是小于电源的电动势。这是因为电源的电动势 E 减去内阻压降$R_0 I$ 后,才是电源的输出电压U_1。

(3)电源的输出功率为

$$P_1=U_1 I=(E-R_0 I)I=EI-R_0 I^2$$

上式表明,电源电动势发出的功率 EI 减去内阻上的消耗 $R_0 I^2$ 才是供给外电路的功率,即电源发出的功率等于电路各部分所消耗的功率。由此可见,整个电路中功率是平衡的。

这个现象称为电路的功率平衡。

【例 1-1】 如图 1.17 所示的电路可供测量电源的电动势 E 和内阻R_0。若开关 S 打开时电压表的读数为 6 V,开关闭合时电压表的读数为 5.8 V,负载电阻$R=10\ \Omega$,试求电源的电动势 E 和内阻R。(电压表的内阻可视为无限大)。

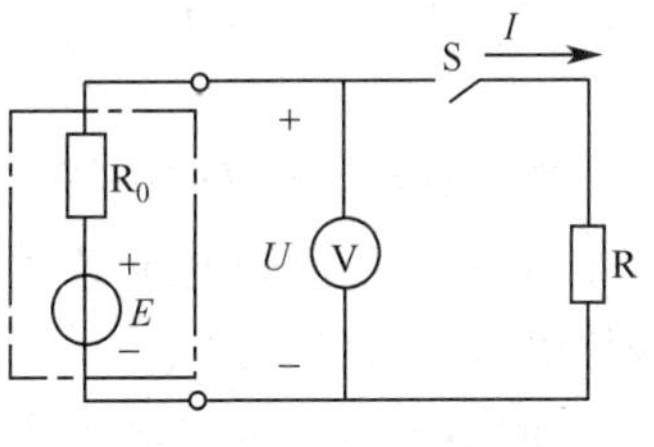

图 1.17 例 1-1 的电路

【解】 设电压 U、电流 I 的参考方向如图所示,当开关 S 断开时

$$U=E-R_0 I=E$$

所以此时电压表的读数,即为电源的电动势 $E=6$ V。

当开关 S 闭合时,电路中的电流

$$I=\frac{U}{R}=\frac{5.8}{10}=0.58(\text{A})$$

故内阻 $$R_0=\frac{E-U}{I}=\frac{6-5.8}{0.58}=0.345(\Omega)$$

（二）电气设备的额定值

在实际电路中，所有电气设备和元器件在工作时都有一定的使用限额，这种限额称为额定值。额定值是制造厂综合考虑产品的可靠性、经济性和使用寿命等因素而制定的，它是使用者使用电气设备和元器件的依据。例如灯泡的电压 220 V、功率 100 W 都是其额定值，即告诉使用者，该灯泡在 220 V 电压下才能正常工作，这时消耗功率为 100 W。通过计算还可求得该灯泡在 220 V 电压下流过的电流为 $I=P/U=100/220=0.455$(A)，这便是额定电流。如果使用值超过额定值较多，会使电气设备和元器件损伤，影响寿命，甚至烧毁；如果使用值低于额定值较多，则不能正常工作，有时也会造成设备的损坏。因此，电气设备和元器件在使用值等于额定值时工作是最合理的，既保证能可靠工作，又保证有足够的使用寿命。额定值用带有下标“N”的字母来表示。如额定电压和额定电流分别用 U_N 和 I_N 表示。

四、克希荷夫定律及支路电流法

（一）克希荷夫定律

克希荷夫定律包含有两个定律，分别是克希荷夫电流定律和克希荷夫电压定律。

1. 克希荷夫电流定律(KCL)

克希荷夫电流定律反映了电路中任一节点各支路电流之间的关系。所谓节点，就是三条或三条以上支路的汇合点。该定律可叙述为：任一瞬时，通过电路中任一节点的各支路电流的代数和恒等于零。用数学式来表达，即

$$\sum I_K=0 \tag{1.19}$$

式中，I_K 是连接于该节点的各支路电流，$K=1,2,\cdots,n$(设有 n 条支路汇接于该节点)。

该定律应用于电路中的某一节点时，必须首先假定各支路电流的参考方向，当假定流出节点的电流为正时，则流入节点的电流就为负。这里流入或流出都是根据参考方向来说的。

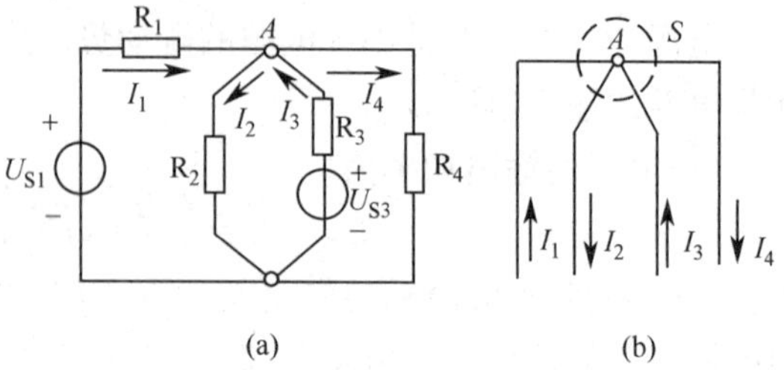

图 1.18 基尔霍夫电流定律示例

在如图 1.18(a)所示的电路中，当我们考察节点 A 时，在图示的参考方向下，流入节点 A 的电流为 I_1+I_3，流出节点 A 的电流为 I_2+I_4。于是 $I_1+I_3=I_2+I_4$。或 $-I_1+I_2-I_3+I_4=0$。即

$$\sum I_K=0$$

若假想有一闭合面 S 包围节点 A，如图 1.18(b)所示，则通过节点 A 的电流必然穿过闭合面 S，因而克希荷夫电流定律可以由节点扩展到任一假想闭合面。这就是说：通过电路中任一假想闭合面的各支路电流的代数和恒等于零。该假想闭合面称为广义节点。

而且，克希荷夫电流定律反映了电路中任一节点处各支路电流必须服从的约束关系，与各支路上是何种元件无关。

【例 1-2】 图 1.19 为两个电气系统的连接，试决定两根导线中电流 I_1 和 I_2 的关系。

【解】 不论两个电气系统的内部如何复杂，若用两根导线将它们连接起来，则在两根导线中的电流必然存在 $I_1=I_2$ 的关系。这是因为可将 A 电气系统视为一广义节点，故有 $I_1-I_2=0$。

【例 1-3】 试决定如图 1.20 所示的晶体三极管基极电流 I_b、发射极电流 I_e 和集电极电流 I_c 之间的关系。

【解】 假想一闭合面 S，将三极管包围起来，如图 1.20 中点划线所示。则有

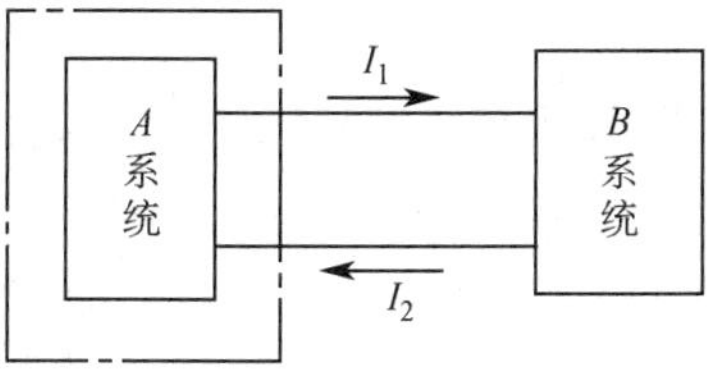

图 1.19 例 1-2 的图

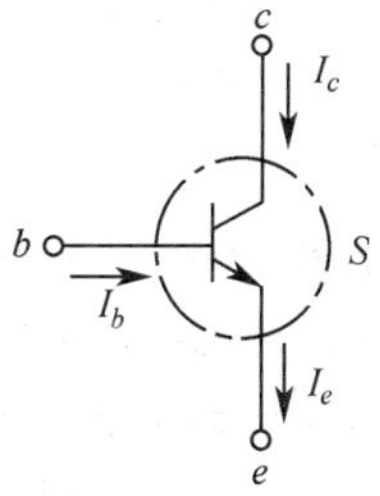

图 1.20 例 1-3 的图

$$I_e-I_b-I_c=0$$

或

$$I_e=I_b+I_c$$

这就是说,晶体三极管无论工作在什么情况下,三个电极的电流之间的关系,总是发射极电流等于集电极电流和基极电流之和。

2. 克希荷夫电压定律(KVL)

克希荷夫电压定律反映了电路中任一回路各支路电压之间的关系。所谓回路,就是由若干支路所组成的闭合路径。该定律可叙述为:任一瞬时,作用于电路中任一回路各支路电压的代数和恒等于零。用数学式来表达,即

$$\sum U_K=0 \tag{1.20}$$

式中,U_K 是组成该回路的各支路电压,$K=1,2,\cdots,n$(设有 n 条支路组成该回路)。

该定律用于电路的某一回路时,必须首先假定各支路电压的参考方向并指定回路的循行方向(顺时针或逆时针),当支路电压与回路方向一致时取"+"号,相反时取"−"号。

图 1.21 是某电路的一部分,现在来考察其中的一个回路 $ABCA$。在如图所示的各支路电压的参考方向和回路循行方向下,则有

$$U_{AB}+U_{BC}+U_{CA}=(V_A-V_B)+(V_B-V_C)+(V_C-V_A)=0$$

即

$$\sum U_K=0$$

同样,克希荷夫电压定律反映了电路中任一回路各支路电压必须服从的约束关系,而与构成回路的各支路上是什么元件无关。在图 1.21 中,构成 $ABCA$ 回路的三条支路的电压方程是

$$U_{AB}=-U_{S1}+R_1I_1$$
$$U_{BC}=U_{S2}+R_2I_2$$
$$U_{CA}=R_3I_3$$

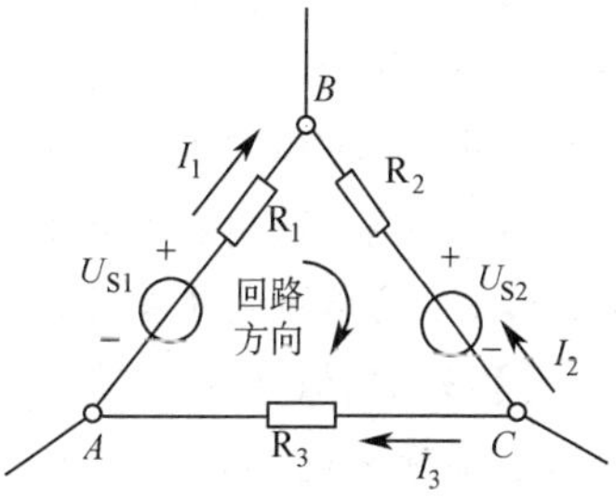

图 1.21 基尔霍夫电压定律示例

将上列三方程相加并根据克希荷夫电压定律整理后得

$$R_1I_1-R_2I_2+R_3I_3=U_{S1}-U_{S2}$$

或

$$\sum R_KI_K=\sum U_{SK}$$

式中 $K=1,2,3$。推而广之,若回路由 n 条支路组成,则可将上列方程写成一般形式:

$$\sum R_KI_K=\sum U_{SK} \tag{1.21}$$

这就是克希荷夫电压定律另一种表达形式,可叙述为:任一瞬时,电路中的任一回路各电压降的代数和恒等于这个回路内各电源电压的代数和。凡电源电压 U_{SK}、电流 I_K 与回路方向一致者取"+"号,相反者取"−"号。

克希荷夫电压定律可以由真实回路扩展到任一虚拟回路,而不论该虚拟回路中实际的电

路元件是否存在。这就是说，电路中任一虚拟回路各电压的代数和恒等于零。

【例 1-4】 试决定图 1.22 所示的晶体三极管电压 U_{cb}、U_{be} 和 U_{ce} 之间的关系。

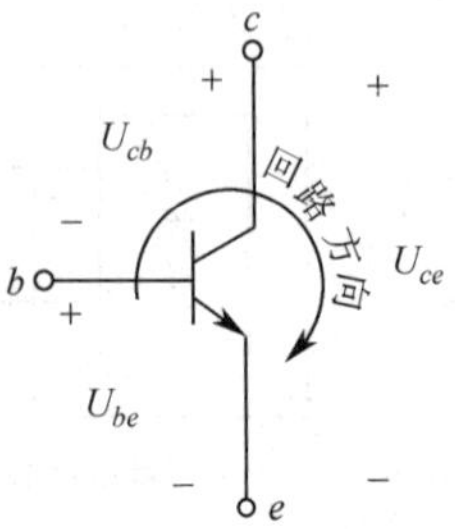

图 1.22 例 1-4 的图

【解】 由于电压 U_{cb}、U_{be} 和 U_{ce} 构成了个虚拟回路，因此三个电极不论在电路中如何连接，各电极间的电压必然满足克希荷夫电压定律。若取顺时针方向为回路的循行方向，则有

$$-U_{cb}+U_{ce}-U_{be}=0$$

或

$$U_{ce}=U_{cb}+U_{be}$$

【例 1-5】 在图 1.23 所示的电路中，$R_1=2\ \Omega$，$R_2=1\ \Omega$，$U_{S1}=12\ V$，$U_{S2}=18\ V$。要使 R_3 中的电流为零，U_{S3} 应为多大？

【解】 画出电流的参考方向如图 1.24 所示。由基尔霍夫电流定律可知 $I_3=0$ 时，$I_1=-I_2$，且 R_3 两端无压降，再根据克希荷夫电压定律可得

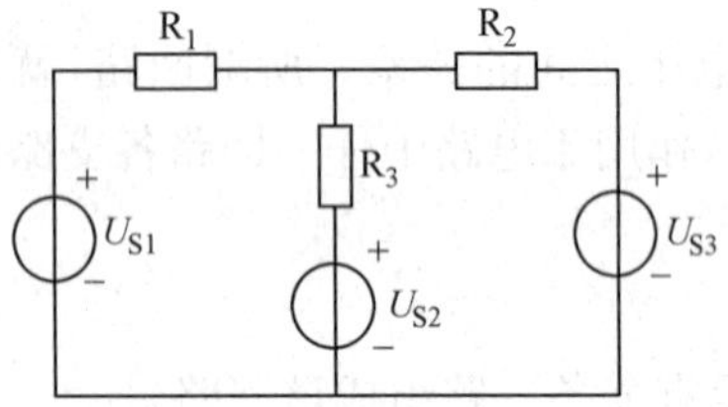

图 1.23 例 1-5 的电路

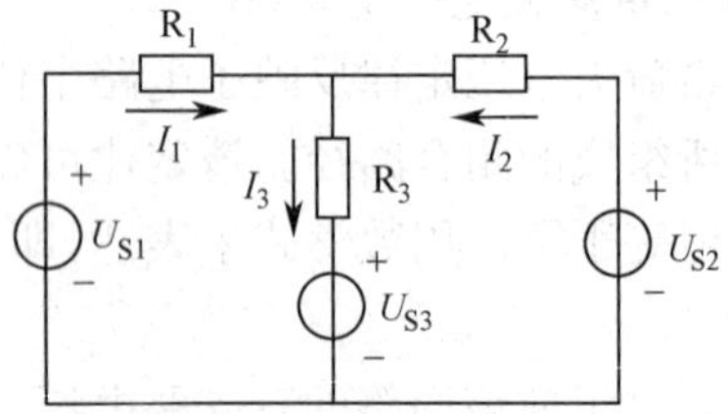

图 1.24 例 1-5 中电流的参考方向

$$\frac{U_{S1}-U_{S3}}{R_1}=-\frac{U_{S2}-U_{S3}}{R_2}$$

即

$$12-U_{S3}=-2(18-U_{S3})$$

解得

$$U_{S3}=16\ V$$

（二）支路电流法

为了探讨电路普遍适用的求解方法，往往要求在不改变电路结构的情况下，找出求解的步骤，使之有规律可循。支路电流法是以支路电流为待求量，利用克希荷夫两条定律，列出电路的方程式，从而解出支路电流的方法。

【例 1-6】 试用支路电流法求图 1.25 的两台直流发电机并联电路中的负载电流 I 及每台发电机的输出电流 I_1 和 I_2。

【解】 先假定各支路电流的参考方向如图 1.25 所示。根据克希荷夫电流定律 $\sum I_K=0$，列节点的电流方程式。本例中共有 A 和 B 两个节点。对于节点 A 有

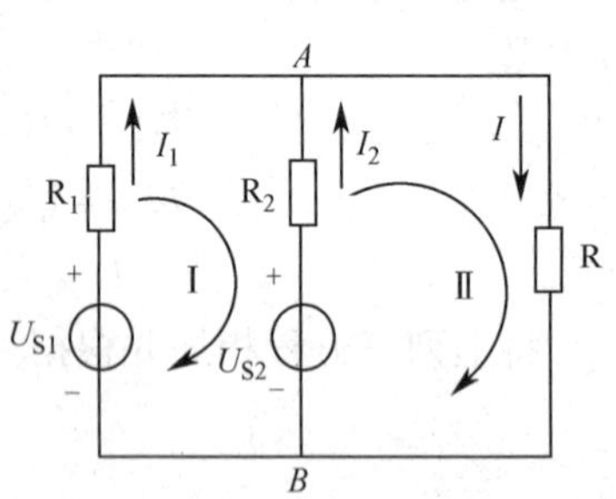

图 1.25 例 1-6 的电路

$$-I_1-I_2+I=0 \tag{1}$$

对于节点 B 有

$$I_1+I_2-I=0$$

在以上方程式中，若将节点 A 的方程乘以 −1，即得节点 B 的方程。因此，这两个方程中只有一个是独立的。可以证明，一般的结论是，节点电流的独立方程数比节点数少一个，即若电路有 n 个节点，则可列 $n-1$ 个节点电流方程。本例中选节点 A 的电流方程作独立方程，把它记作(1)式。

再根据克希荷夫电压定律 $\sum R_K I_K=\sum U_{SK}$ 列出回路的电压方程。为此需选定回路，为简

单起见通常是选择接点。如本例中的回路Ⅰ和回路Ⅱ。在图 1.25 所指定的回路方向下，对于回路Ⅰ有

$$R_1I_1-R_2I_2=U_{S1}-U_{S2} \tag{2}$$

对于回路Ⅱ有

$$R_2I_2+RI=U_{S2} \tag{3}$$

将回路Ⅰ和回路Ⅱ的电压方程式分别记作(2)和(3)式。

为了使待求的支路电流能够求解，必须使回路电压方程数加上节点电流方程数等于支路数。本例中共有三条支路，也就是有三个待求电流 I_1、I_2 和 I，因而三个方程即可求解。

最后解方程组，求出支路电流。本例中，联立(1)、(2)和(3)三个方程式，代入数据得

$$-I_1-I_2+I=0$$
$$0.6I_2+24I=117$$
$$I_1-0.6I_2=130-117$$

解得支路电流　$I_1=10\ \text{A}, I_2=-5\ \text{A}, I=5\ \text{A}$

计算表明，发电机 1 输出 10 A 的电流，发电机 2 输出 −5 A(即吸收 5 A)的电流，负载电流为 5 A。

本例提示我们，两个电源并联时，并不都是向负载供给电流和功率的，当两电源的理想电压源电压相差较大时，就会发生某电源不但不输出功率，反而吸收功率成为负载的现象。因此，在实际的供电系统中，直流电源并联时，应使两电源的理想电压源电压相等，内阻也应相近。

通过以上实例可以总结出支路电流法的解题步骤：

(1)假定各支路电流的参考方向，若有 n 个节点，根据克希荷夫电流定律列($n-1$)个节点电流方程。

(2)若有 b 条支路，根据克希荷夫电压定律列($b-n+1$)个回路电压方程。为了计算方便，通常选网孔作为回路。

(3)解方程组，求出支路电流。

第二节　正弦交流电路

一、正弦交流电的基本特征及矢量表示法

大小和方向随时间按正弦规律周期性变化的电压和电流统称为正弦交流电，或简称为交流电，其波形如图 1.26 所示。

(一)正弦交流电的数学表达式和三要素

正弦交流电在任一瞬时的值称为瞬时值，用小写字母来表示，如 e、u 和 i 分别表示电动势、电压和电流的瞬时值。现以电流为例说明正弦交流电的数学表达式和三要素。图 1.27 是一个正弦电流随时间变化的曲线，这种曲线称为波形图。图中 T 为电流 i 变化一周所需的时间，称为周期，其单位为 s，

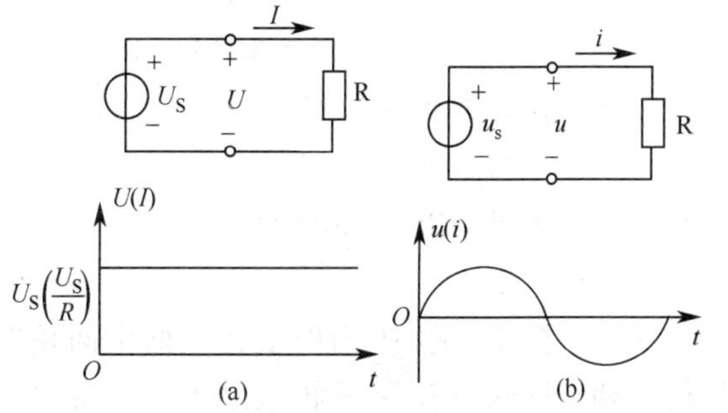

图 1.26　直流电量与交流电量

电流 i 每秒变化的周数称为频率，用 f 表示，单位为 Hz。频率与周期的关系是

$$f=\frac{1}{T} \tag{1.22}$$

正弦交流电波形图的横坐标可用 t 表示，也可用 ωt 表示，分别如图 1.27(a)、(b)所示。该正弦电流的数学表达式为

$$i=I_m\sin(\omega t+\psi_i) \tag{1.23}$$

式中，i 为正弦电流的瞬时值，I_m 为正弦电流的最大值，ω 称为正弦量的角频率，ψ_i 称为初相位，t 为时间。由上式可知，对于一个正弦电流 i，如果 I_m、ω、ψ_i 为已知，则它与时间 t 的关系就是唯一确定的。因此最大值、角频率和初相位称为正弦量的三要素：

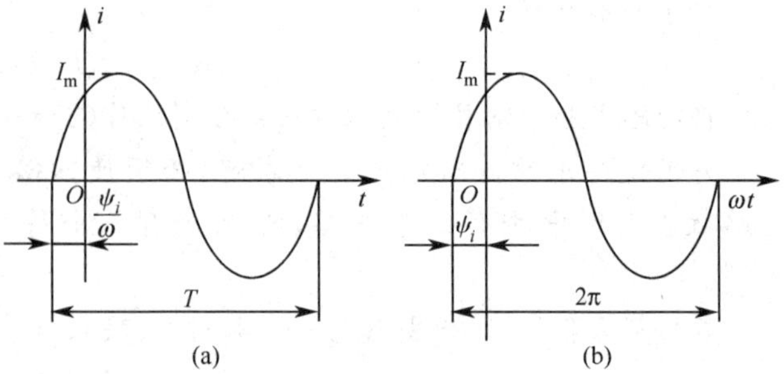

图 1.27　正弦交流电流

1. 最大值

很明显，I_m 为电流 i 的最大值，也称幅值。正弦量的最大值用带下标 m 的大写字母表示，如 I_m、U_m、E_m 分别表示正弦电流、正弦电压、正弦电动势的最大值。

2. 角频率

式(1.23)中的 ω 在数值上等于单位时间内正弦函数辐角的增长值，称为角频率，它的单位为 rad/s。由于在一个周期 T 内辐角增长 2π 弧度，故

$$\omega=\frac{2\pi}{T} \tag{1.24}$$

3. 初相位

式(1.23)中，$\omega t+\psi_i$ 叫作相位，反映了正弦量随时间变化的进程。当 $t=0$ 时，ψ_i 称为初相位。

【例 1-7】　某正弦电压的最大值 $U_m=310$ V，初相 $\psi_u=30°$；某正弦电流的最大值 $I_m=14.1$ A，初相 $\psi_i=-60°$，它们的频率均为 50 Hz。试分别写出电压和电流的瞬时值表达式，并画出它们的波形。

【解】　电压的瞬时值表达式为

$$\begin{aligned}u&=U_m\sin(\omega t+\psi_u)\\&=310\sin(2\pi ft+\psi_u)\\&=310\sin(314t+30°)\ \text{(V)}\end{aligned}$$

电流的瞬时值表达式为

$$i=I_m\sin(\omega t+\psi_i)=14.1\sin(314t-60°)\ \text{(A)}$$

电压和电流波形如图 1.28 所示。

图 1.28　例 1-7

(二)相位差

在正弦交流电路中，有时要比较两个同频率正弦量的相位。两个同频率正弦量相位之差称为相位差，以 φ 表示。上例中电压与电流的相位差为

$$\varphi=(\omega t+\psi_u)-(\omega t+\psi_i)=\psi_u-\psi_i \tag{1.25}$$

其数值为

$$\varphi=30°-(-60°)=90°$$

即两个同频率正弦量的相位差等于它们的初相差。

若 $\varphi>0$，则 u 比 i 先达到最大值也先到达零点，称 u 超前于 i 一个相位角 φ。

若 $\varphi=0$，则 u 与 i 同时达到最大值也同时到达零点，称它们是同相位，简称同相，如图1.29(a)所示。

若 $\varphi=\pm180°$，则称它们的相位相反，简称反相，如图1.29(b)所示。

若 $\varphi<0$，则 u 滞后于 i（或 i 超前于 u）一个相位角 φ。

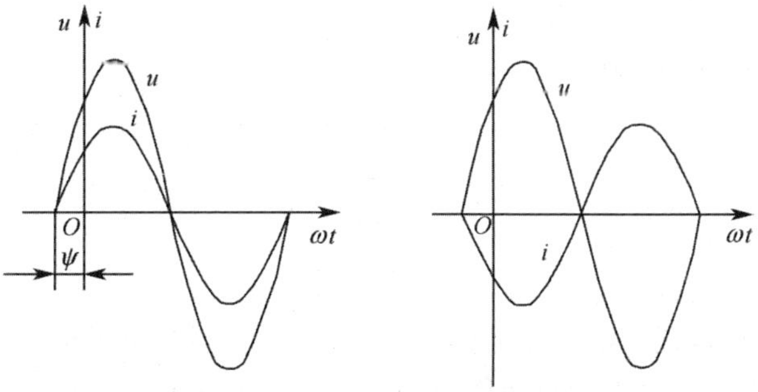

图 1.29　两正弦量的同相位与反相位

【例 1-8】 已知正弦电压 u 和电流 i_1、i_2 的瞬时值表达式为

$$u=310\sin(\omega t-45°)\text{(V)}$$

$$i_1=14.1\sin(\omega t-30°)\text{(A)}$$

$$i_2=28.2\sin(\omega t+45°)\text{(A)}$$

试以电压 u 为参考量重新写出电压 u 和电流 i_1、i_2 的瞬时值表达式。

【解】 若以电压 u 为参考量，则电压 u 的表达式为

$$u=310\sin\omega t\ \text{(V)}$$

由于 i 与 u 的相位差为

$$\varphi_1=\psi_{i1}-\psi_u=-30°-(-45°)=15°$$

故电流 i 的瞬时值表达式为

$$i_1=14.1\sin(\omega t+15°)\ \text{(A)}$$

由于 i_2 与 u 的相位差为

$$\varphi_2=\psi_{i2}-\psi_u=45°-(-45°)=90°$$

故电流 i_2 的瞬时值表达式为

$$i_2=28.2\sin(\omega t+90°)\quad\text{(A)}$$

（三）有效值

交流电的瞬时值是随时间而变的，因此不便用它来表示正弦量的大小。在电工技术中，通常所说的交流电的电压或电流的数值，都是指它们的有效值。

交流电的有效值是根据电流的热效应原理来规定的，即交流电流的有效值是热效应与它相等的直流电流的数值。当某一交流电流 i 通过一电阻 R 在一个周期内所产生的热量，与某一直流电流 I 通过同一电阻在相同时间内产生的热量相等时，则这一直流电流的数值就称为该交流电流的有效值，如图 1.30 所示。交流电流 i 在一个周期 T 内，通过某一电阻 R 所产生的热量为

$$Q_{ac}=\int_0^T Ri^2\mathrm{d}t$$

某一直流电流 I 在相同时间 T 内通过同一电阻 R 所产生的热量为

$$Q_{dc}=I^2RT$$

若两者相等，则

$$RI^2T=\int_0^T Ri^2\mathrm{d}t$$

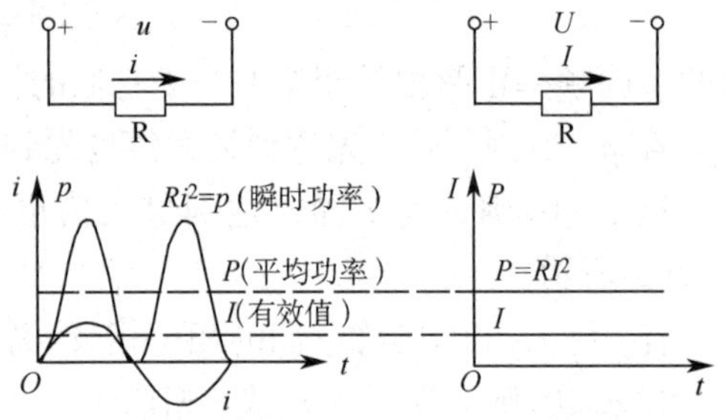

(a) 交流电通过电阻 (b) 直流电通过电阻

图 1.30 交流电的有效值

由上式可得

$$I=\sqrt{\frac{1}{T}\int_0^T i^2\mathrm{d}t} \tag{1.26}$$

这就是交流电流的有效值。

公式(1.26)对于计算任一周期电流的有效值都是适用的，可见交流电的有效值就是它的均方根值。电动势、电压和电流的有效值分别用大写的 E、U、I 表示。

对于正弦交流电流，则有

$$I=\sqrt{\frac{1}{T}\int_0^T (I_\mathrm{m}\sin\omega t)^2\mathrm{d}t}=\frac{I_\mathrm{m}}{\sqrt{2}}=0.707I_\mathrm{m} \tag{1.27}$$

同理，交流电动势的有效值

$$E=\frac{E_\mathrm{m}}{\sqrt{2}}=0.707E_\mathrm{m} \tag{1.28}$$

交流电压的有效值

$$U=\frac{U_\mathrm{m}}{\sqrt{2}}=0.707U_\mathrm{m} \tag{1.29}$$

(四)正弦交流电的旋转矢量表示法

设有一正弦电流 $i=I_\mathrm{m}\sin(\omega t+\psi)$，它可以用这样一个旋转矢量来表示：过直角坐标的原点作一矢量，矢量的长度等于该正弦量的最大值 I_m，矢量与横轴正向的夹角等于该正弦量的初相角 ψ，该矢量逆时针方向旋转，其旋转的角速度等于该正弦量的角频率。那么这个旋转矢量任一瞬时在纵轴上的投影，就是该正弦函数 i 在该瞬时的数值。如图 1.31 所示，当 $\omega t=0$ 时，矢量在纵轴上的投影为 $i_0=I_\mathrm{m}\sin\psi$；当 $\omega t=\omega t_1$ 时，矢量在纵轴上的投影为 $i_1=I_\mathrm{m}\sin(\omega t_1+\psi)$，如此等等。这就是说正弦量可以用一个旋转矢量来表示。

求解一个正弦量必须求得它的三要素。但在分析正弦交流电路时，由于电路中所有的电压、电流都是同频率的正弦量，且它们的频率与正弦电源的频率相同，而电源频率往往是已知的，因此通常只要分析最大值(或有效值)和初相位两个要素就够了，而旋转矢量的角速度可以省略，只需用一个有一定长度，与横轴有一定夹角的矢量来表示正弦量。不仅如此，正弦量还可用以复数运算为基础的相量来表示。

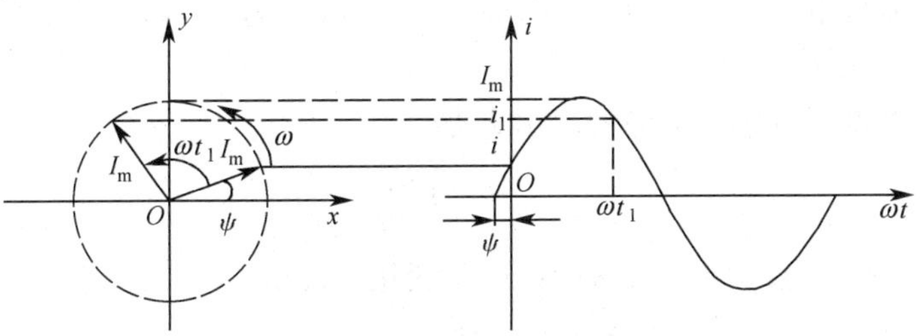

图 1.31 正弦量用旋转矢量来表示

二、电磁感应与电容器

(一)电磁感应

电流流过导体时会出现磁的形态。每当导体通过电流时,在导体周围会产生磁场,如图 1.32(a)、(b)所示,这种现象称为电磁感应原理。

产生磁场的磁力线数目与电流的大小成正比。磁力线的方向用右手定则确定,具体做法是:右手握导体,大拇指指向电流的方向,其余四指指向磁力线的方向,如图 1.32(c)所示。

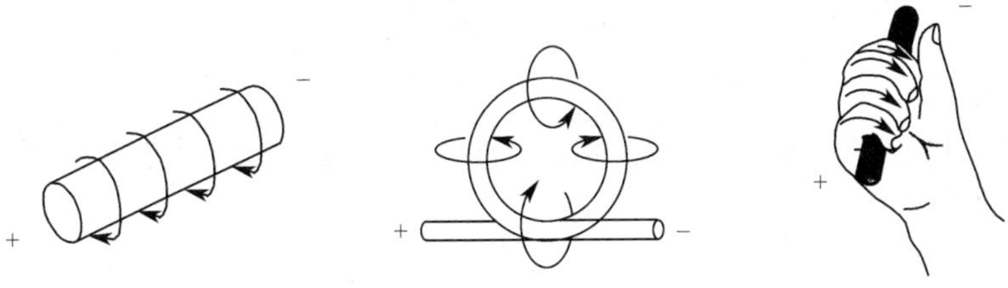

(a) (b) (c)

图 1.32 电流的磁效应

设有一单匝线圈,如图 1.33 所示,与电磁原理相对应,当导体作切割磁力线的运动时,导体中会产生感应电动势,在联通的电路中会产生感应电流。至于感应电动势与磁通之间的方向关系,我们习惯上这样规定:感应电动势的正方向与磁通的正方向之间符合右手螺旋法则。这样,由实验得知,感应电动势的大小等于磁通量的变化率,即

$$e=-\frac{\mathrm{d}\Phi}{\mathrm{d}t} \tag{1.30}$$

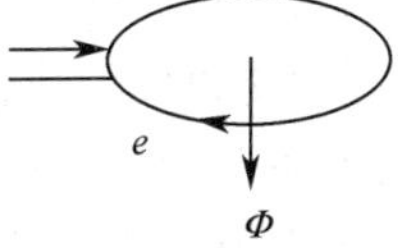

图 1.33 电感示意图

式中,Φ 是磁通量,单位为 V·s,通常用韦[伯](Wb)表示。

通过式(1.30)可以看出,感应电动势总是企图阻碍磁通量的变化。如果有 N 匝线圈,且绕线较为集中,可以认为通过各匝的磁通相同,则线圈的感应电动势为单匝感应电动势的 N 倍,即

$$e=-N\frac{\mathrm{d}\Phi}{\mathrm{d}t} \tag{1.31}$$

通常,磁通量是由通过线圈的电流产生的,Φ 与 i 有正比的关系,当线圈中没有铁磁材料时,即

$$N\Phi=Li \quad 或 \quad L=N\frac{\Phi}{i} \tag{1.32}$$

式中,L 为线圈的电感,也常称为自感,是电感元件的参数。电感的单位是亨[利](H)或毫亨[利](mH)。线圈的电感与线圈的尺寸、匝数以及附近的介质的导磁性能等有关。

因此，假如其他量不变，线圈匝数愈多，即 N 愈大，其电感愈大；线圈中单位电流产生的磁通量 Φ 愈大，电感也愈大。

通过推导，可以得到自感电动势的表达式为

$$e_L=-L\frac{di}{dt} \tag{1.33}$$

由式(1.33)可见，自感电动势具有阻碍电流变化的性质。

伴随自感电动势而存在的自感电压，即电感元件的端电压，其绝对值等于自感电动势的绝对值。由于习惯上规定负载中电流的参考方向与电压的参考方向一致，而电流的参考方向是从自感电动势的参考“－”极流入，“＋”极流出，如图 1.34 所示。

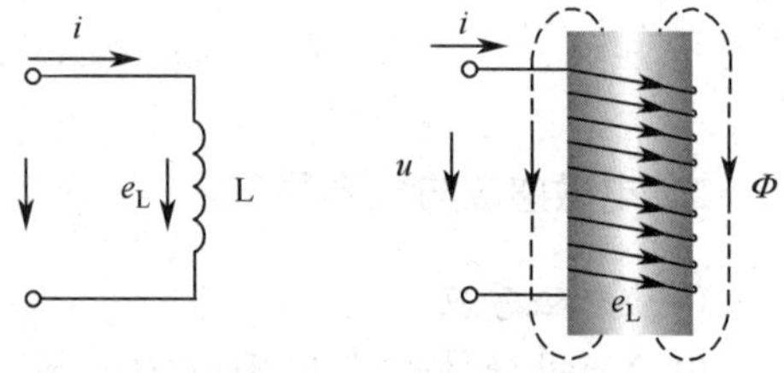

图 1.34　电感元件与表示符号

对于图 1.34，由克希荷夫电压定律有

$$u+e_L=0 \tag{1.34}$$

即

$$u=-e_L=L\frac{di}{dt} \tag{1.35}$$

(二)电容元件

图 1.35 为一电容器。电容器极板(由绝缘材料隔开的两个金属导体)上所储集的电量与其上电压成正比，即

$$\frac{q}{u}=C \tag{1.36}$$

式中　C——电容，F。

电容是电容元件的参数，当将电容器充上 1 V 的电压时，极板上若储集了 1 C 的电量，则该电容器的电容就是 1 F(法[拉])。法[拉]这个单位太大，工程上多采用微法(μF)或皮法(pF)。电容器的电容与极板的尺寸及其间介质的绝缘性能有关。

在电压的正方向如图 1.35 所示的情况下，极板间电场强度的方向是从上而下，即上极板储集的是正电荷，下极板储集的是等量负电荷。

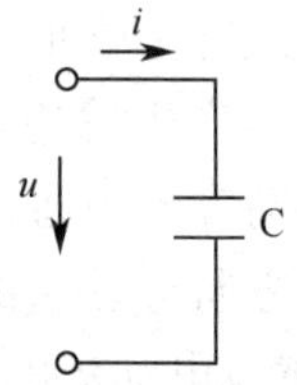

图 1.35　电容元件

当极板上的电量 q 或电压 u 发生变化时，在电路中就要引起电流

$$i=\frac{dq}{dt}=C\frac{du}{dt} \tag{1.37}$$

上式是在 u 和 i 的正方向相同的情况下得出的，否则要加负号。通过上式可知，当电容器两端加恒定电压时，电容元件可视作开路。经过严密的推导，电容元件中的能量转换计算式为

$$A=\frac{1}{2}Cu^2 \tag{1.38}$$

这说明当电容元件上电压增高时，电场能量增大；在此过程中电容元件从电源取用能量(充电)。当电压降低时，电场能量减小，即电容元件向电源释放能量(放电)。

三、电阻、电感、电容元件交流电路

最简单的交流电路是由电阻、电感、电容单个电路元件组成的，这些电路元件仅由 R、L、C

三个参数中的一个来表征其特性，故称这种电路为单一参数电路元件的交流电路。工程实际中的某些电路就可以作为单一参数电路元件的交流电路来处理，另外，复杂的交流电路也可以认为是由单一参数电路元件组合而成的，因此掌握单一参数电路元件的交流电路的分析是很重要的。

(一)电阻电路

图 1.36(a)所示为仅有电阻参数的交流电路。在交流电路中，尽管电流与电压随时间周期性变化，但只要电阻是线性的，那么电阻中的电流和它两端的电压在任一瞬时仍然服从于欧姆定律。当电流和电压的参考方向选取一致时(图 1.36)，有 $u=Ri$ 的关系。

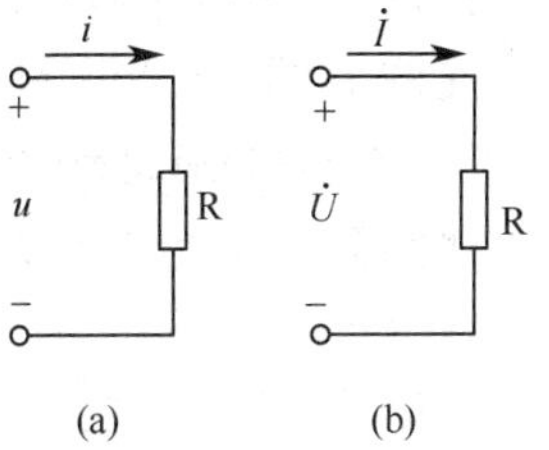

图 1.36 电阻电路

1. 正弦电压与电流的关系

在如图 1.36(a)所示的电阻元件两端，加上正弦电压 $u=U_m\sin\omega t$，则通过电阻的电流为

$$i=\frac{u}{R}=\frac{U_m\sin\omega t}{R}=I_m\sin\omega t \tag{1.39}$$

由此可知，通过电阻中的电流 i 与它的端电压 u 是同频率、同相位的两个正弦量，于是可画出它们的波形图及相量图，如图 1.37(a)与(b)所示。

由式(1.39)可知，$U_m=RI_m$ 或 $U=RI$，这说明电阻电路中电压、电流有效值(或最大值)之间的关系符合欧姆定律。

由于外加电压 $u=U_m\sin\omega t$ 的相量为 $\dot{U}=U\angle 0^\circ$，故电流 i 的相量为 $\dot{I}=I\angle 0^\circ=\frac{U}{R}\angle 0^\circ=\frac{\dot{U}}{R}$，或

$$\dot{U}=R\dot{I} \tag{1.40}$$

这就是电阻电路中欧姆定律的相量形式。它既表达了电压与电流有效值之间的关系为 $u=RI$，又表达了电压 u 与电流 i 同相位。根据式(1.40)同样可以画出图 1.36(a)、(b)的波形图和相量图。

由式(1.40)所表达的电压相量 $\dot{U}$ 和电流相量 $\dot{I}$ 之间的关系，图 1.36(a)的电路可用图1.36(b)的相量模型来代替，即电压、电流以相量表示。

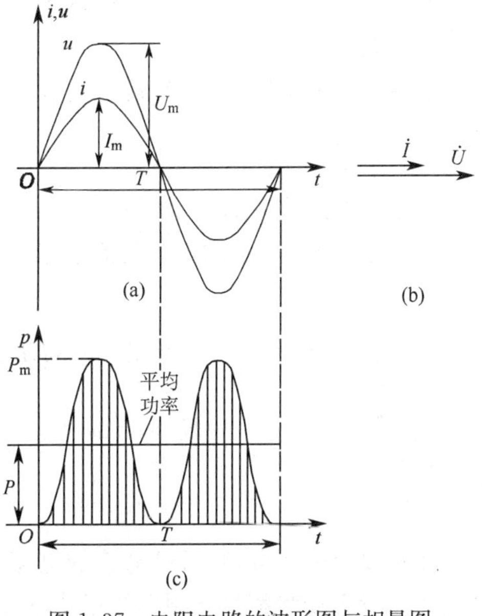

图 1.37 电阻电路的波形图与相量图

2. 电阻电路中的功率

通常所说的功率是指一个周期内电路所消耗(吸取)功率的平均值，称为平均功率或有功功率，简称功率，用 P 表示。电路任一瞬时所吸收的功率称为瞬时功率，以 p 表示。它等于该瞬时的电压 u 和电流 i 的乘积。电阻电路所吸收的瞬时功率为

$$\begin{aligned} p&=ui=U_m\sin\omega t\cdot I_m\sin\omega t=\sqrt{2}U\cdot\sqrt{2}I\sin^2\omega t \\ &=UI(1-\cos 2\omega t) \end{aligned} \tag{1.41}$$

由此可见，电阻所吸收的功率在任一瞬时总是大于零的。这一事实说明电阻是耗能元件，

瞬时功率无实用意义。

$$P=\frac{1}{T}\int_0^T UI(1-\cos 2\omega t)\,\mathrm{d}t=UI=I^2R=\frac{U^2}{R} \tag{1.42}$$

综上所述,电阻电路中的电压与电流的关系可用欧姆定律 $\dot{U}=R\dot{I}$ 来表达,电阻消耗的功率与直流电路有相似的公式,即 $P=UI=I^2R=U^2/R$。

【例 1-9】 已知一白炽灯,工作时的电阻为 484 Ω,其两端的正弦电压为 $u=311\times\sin(314t-60°)$V,试求:(1)通过白炽灯的电流的相量及瞬时值表达式;(2)白炽灯工作时的功率。

【解】 (1)电压相量为

$$\dot{U}=U\angle\psi_u=\frac{311}{\sqrt{2}}\angle-60°=220\angle-60°\ (\mathrm{V})$$

电流相量为

$$\dot{I}=\frac{\dot{U}}{R}=\frac{220\angle-60°}{484}\approx 0.45\angle-60°(\mathrm{A})$$

电流瞬时值表达式为

$$i=\sqrt{2}I\sin(\omega t+\psi_u)=0.45\sqrt{2}\sin(314t-60°)(\mathrm{A})$$

(2)平均功率

$$P=UI=220\times 0.45=100(\mathrm{W})$$

(二)电感电路

电感元件的电压、电流关系为

$$u=-e=L\frac{\mathrm{d}i}{\mathrm{d}t} \tag{1.43}$$

1. 正弦电压与电流的关系

在图 1.38(a)所示的正弦交流电路中,若设电流 i 为参考正弦量,即

$$i=I_m\sin\omega t \tag{1.44}$$

则

$$e=-L\frac{\mathrm{d}i}{\mathrm{d}t}=-\omega LI_m\cos\omega t=\omega LI_m\sin\left(\omega t-\frac{\pi}{2}\right)$$
$$=E_m\sin\left(\omega t-\frac{\pi}{2}\right) \tag{1.45}$$

$$u=-e=\omega LI_m\cos\omega t=\omega LI_m\sin\left(\omega t+\frac{\pi}{2}\right)=U_m\sin\left(\omega t+\frac{\pi}{2}\right) \tag{1.46}$$

比较以上两式可知,通过电感的电流 i 与它的端电压 u 及电动势都是同频率的正弦量,但有不同的相位,电压超前于电流 $\pi/2$ 弧度,就时间来说,电压超前于电流 $T/4$。于是可画出它们的波形图和相量图,如图 1.39(a)和(b)所示。从图中可以看出,在第一个 $T/4$ 周期内,i 从零开始增长,在零时变化率最大,故电压最高,达到最大值 U_m;当电流逐步上升时,其变化率逐渐减小,故电压逐渐下降;当电流达到最大值 I_m 时,其变化率为零,故电压通过零点。在第二个 $T/4$ 周期内,i 电流由最大值开始下降,$\mathrm{d}i/\mathrm{d}t<0$,故电压反向,即为负值;由于电流下降的变化率是逐渐增大的,故反向电压也逐渐增大;当电流下降至零时,电压达负的

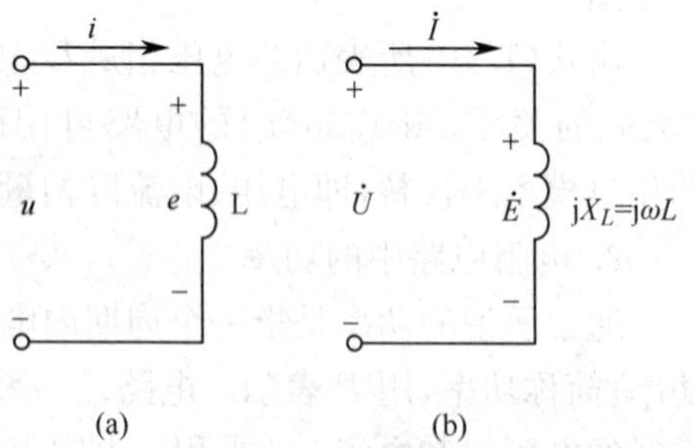

图 1.38　电感电路

最大值。第三与第四个 $T/4$ 周期与此相仿。

由式(1.45)、式(1.46)可知,

$$U_m = E_m = \omega L I_m = X_L I_m \quad (1.47)$$

或

$$U = E = \omega L I = X_L I \quad (1.48)$$

式中

$$X_L = \omega L \quad (1.49)$$

X_L 具有电阻的量纲,单位为欧(Ω),起阻碍电流通过的作用,称为电感的电抗,简称感抗。式(1.48)说明电感电路中的电压与电流有效值(或最大值)之间的关系具有欧姆定律的形式。

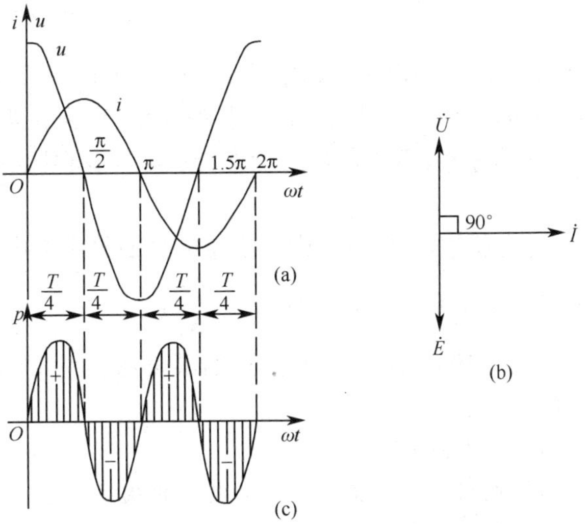

图 1.39　电感电路的波形图与相量图

感抗 $X_L = \omega L = 2\pi f L$ 与电感 L 和电流的频率 f 成正比。在 L 一定时,频率越高,对电流的阻碍作用就越大。因而电感对高频电流具有扼流作用。在极端情况下,若 $f \to \infty$,则 $X_L \to \infty$,此时电感可视为开路;$f=0$(直流)时,则 $X_L=0$,此时电感可视为短路。

由式(1.46)和式(1.49)可得

$$\dot{U} = -\dot{E} = j\omega L\dot{I} = jX_L\dot{I} \quad (1.50)$$

这就是电感电路中欧姆定律的相量形式。它既表达了电压与电流有效值之间的关系 $U=X_L I$,又表达了电压相位超前于电流 90°。由式(1.50)可知,图 1.38(a)的电路可用图 1.38(b)来代替,即电压、电动势和电流以相量表示,而将 L 变成 jX_L。

2. 电感电路中的功率

电感电路所吸收的瞬时功率为

$$p = ui = U_m \sin(\omega t + 90°) \cdot I_m \sin \omega t = UI \sin 2\omega t \quad (1.51)$$

由此可见,电感从电源吸取的功率有正有负,正者是向电源吸取,负者是向电源反馈。曲线所包围的正、负面积相等,故平均功率(有功功率)的变化曲线如图 1.39(c)所示。

$$P = \frac{1}{T}\int_0^T p\,dt = 0$$

这就是说,电感不消耗有功功率,但是电感与电源之间存在着能量的交换。在第一个 $T/4$ 周期内,电感中的电流在增长,磁场在建立,电感从电源中吸取能量,所以 $p>0$(u 与 i 的方向一致),这一过程电感是将电能转换为磁场能;在第二个 $T/4$ 周期内,电感中的电流在减小,磁场在消失,此时电感将所储存的能量释放出来反馈给电源,所以 $p<0$(u 与 i 方向相反),这一过程电感是将磁场能转换为电能;在第三个 $T/4$ 周期内,电感又有一储能过程;在第四个 $T/4$ 周期内,电感又有一放能过程。电感中的能量转换就是这样交替不已,在一个周期内吸收和放出的能量相等,因而平均值为零。这一事实说明,电感不消耗能量,是一储能元件,在电路中起着能量的"吞吐"作用。电感虽然不消耗功率,但与电源之间有能量的交换,电源要供给它电流,而实际电源的额定电流是有限的,所以电感元件对电源来说仍是一种负载,它要占用电源设备的容量;此外,电源对电感元件提供电流时,通电线路上的电阻仍要消耗功率。电感与电源之间功率交换的最大值用 Q_L 表示:

$$Q_L=UI=I^2X_L=\frac{U^2}{X_L} \tag{1.52}$$

式(1.52)与电阻电路中的 $P=UI=I^2R=U^2/R$ 在形式上是相似的，且有相同的量纲，但有本质的区别。P 是电路中消耗的功率，称为有功功率，其单位是 W，而 Q_L 只反映电路中能量互换的速率，不是消耗的功率，是为了与有功功率相区别，因而称为无功功率，其单位是乏(var)。

综上所述，电感电路中电压与电流的关系可由欧姆定律 $\dot{U}=jX_L\dot{I}$ 来表达，电感不消耗功率，其无功功率 $Q_L=UI=I^2X_L=\frac{U^2}{X_L}$。

【例 1-10】 设有一电感线圈，其电感 $L=0.5$ H，电阻可略去不计，接于 50 Hz、220 V 的电压上，试求：

(1)该电感的感抗 X_L；

(2)电路中的电流 I 及其与电压的相位差 φ；

(3)电感的无功功率 Q_L。

【解】 (1)感抗

$$X_L=2\pi fL=2\pi\times 50\times 0.5=157(\Omega)$$

(2)选电压 $\dot{U}$ 为参考相量，即 $\dot{U}=220\underline{/0^\circ}$ V，则

$$\dot{I}=\frac{\dot{U}}{jX_L}=\frac{220\underline{/0^\circ}}{j157}=-j1.4(\text{A})$$

即电流的有效值 $I=1.4$ A，相位上滞后于电压 90°。

(3)无功功率

$$Q_L=I^2X_L=1.4^2\times 157=308(\text{var})$$

或

$$Q_L=UI=220\times 1.4=308(\text{var})$$

(三)电容电路

在关联参考方向下，电容元件的电压、电流关系为

$$i=\frac{dQ}{dt}=C\frac{du}{dt} \tag{1.53}$$

1. 正弦电压与电流的关系

在图 1.40(a)所示的正弦交流电路中，设电压 u 为参考正弦量，即

$$u=U_m\sin\omega t \tag{1.54}$$

则

$$i=C\frac{du}{dt}=\omega CU_m\cos\omega t=\omega CU_m\sin(\omega t+90^\circ)$$
$$=I_m\sin(\omega t+90^\circ) \tag{1.55}$$

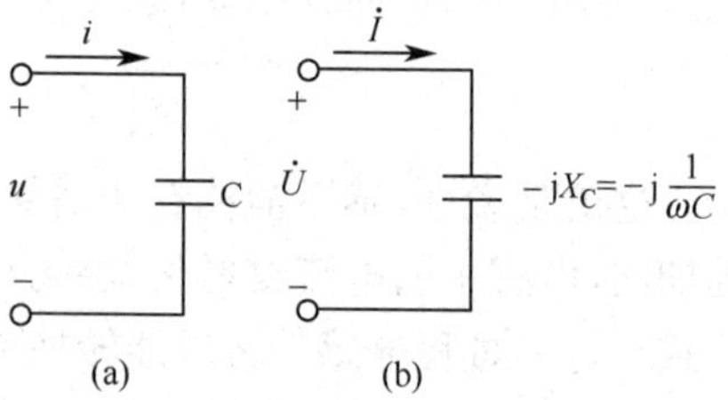

(a)　(b)

图 1.40　电容电路

由此可知，通过电容的电流 i 与它的端电压 u 是同频率的正弦量，电流超前于电压 $T/4$ 弧度(或 90°)。于是可以画出它们的波形图和相量图，如图 1.41(a)、(b)所示。

由式(1.55)可知

$$I_m=\omega CU_m, I=\omega CU$$

或

$$U_m=\frac{1}{\omega C}I_m=X_CI_m \tag{1.56}$$

$$U=\frac{1}{\omega C}I=X_C I \tag{1.57}$$

式中

$$X_C=\frac{1}{\omega C} \tag{1.58}$$

X_C 具有电阻的量纲，单位为 Ω，起阻碍电流通过的作用，称为电容的电抗，简称容抗。式(1.57)说明，电容电路中的电压与电流有效值(或最大值)之间，具有欧姆定律的形式。

式(1.58)所表达的容抗 $X_C=\frac{1}{\omega C}=\frac{1}{2\pi fC}$，它与电容 C 和频率 f 成反比。在 C 一定时，频率越高，对电流的阻碍作用越小。在极端情况下，若 $f\to\infty$，则 $X_C\to 0$，此时电容可视为短路；当 $f=0$(直流)，则 $X_C=\infty$，此时电路可视为开路，也就是说电容不允许直流通过，起了"隔直"作用。

由式(1.55)和式(1.58)可知

$$\dot{I}=\mathrm{j}\omega C\dot{U}=\frac{\dot{U}}{-\mathrm{j}\frac{1}{\omega C}}=\frac{\dot{U}}{-\mathrm{j}X_C}$$

或

$$\dot{U}=-\mathrm{j}X_C\dot{I} \tag{1.59}$$

这就是电容电路中欧姆定律的相量形式，它既表达了电压与电流有效值之间的关系 $U=X_C I$，又表达了电流在相位上超前于电压 90°。根据式(1.59)同样可画出图 1.41(a)、(b)的波形图及相量图。由式(1.59)可知，图 1.40(a)的电路可用图 1.40(b)来代替，即电压、电流以相量表示，而将 C 变换成 $-\mathrm{j}X_C$。

2. 电容电路中的功率

电容电路所吸收的瞬时功率为

$$p=ui=U_m\sin\omega t\cdot I_m\sin(\omega t+90)$$
$$=UI\sin 2\omega t \tag{1.60}$$

由此可见，电容从电源吸取的瞬时功率是幅值为 UI，并以 2ω 角频率随时间变化的正弦量，其变化曲线如图 1.41(c)所示。从功率曲线可以看出其平均功率 $p=0$。这就是说，电容不消耗有功功率，但电容与电源之间存在着能量的交换。在第一个 $T/4$ 内，电容中的端电压在增长，电场在建立，电容从电源吸取能量，所以 $p>0$，这一过程电容将电能转换为电场能(充电)；在第二个 $T/4$ 内，电容将所储存的能量释放出来回馈给电源，所以 $p<0$，这一过程是电容释放能量的过程(放电)；在第三个 $T/4$ 内，电容反方向充电；在第四个 $T/4$ 内，电容反方向放电。电容中的能量转换就是这样交替不已。在一个周期内充放电能量相等，平均值为零。这一事实说明，电容不消耗能量，但可储存能量，是一个储能元件，在电路中起着能量的"吞吐"作用。

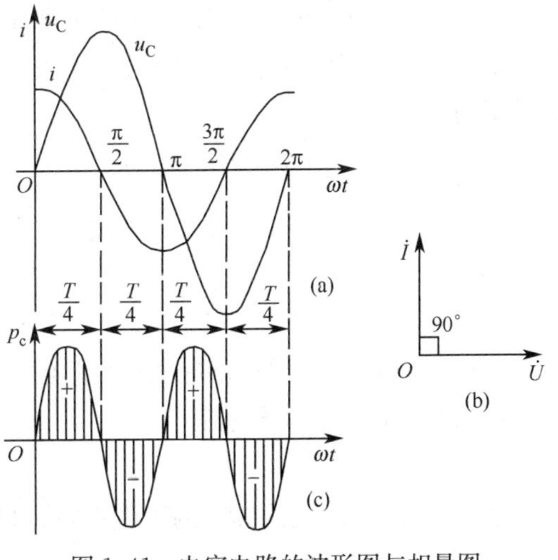

图 1.41　电容电路的波形图与相量图

与电感相似，电容与电源功率交换的最大值，称为无功功率，用 Q_C 表示，即

$$Q_C=UI=I^2X_C=\frac{U^2}{X_C} \tag{1.61}$$

综上所述，电容电路中电压与电流的关系可由欧姆定律 $\dot{U}=-\mathrm{j}X_C\dot{I}$ 来表达，电容不消耗功率，其无功功率是 $Q_C=UI=I^2X_C=\frac{U^2}{X_C}$。

【例 1-11】　设有一电容器，其电容 $C=38.5\ \mu F$，电阻可略去不计，接于 50 Hz、220 V 的电

压上。试求：

(1)该电容的容抗；

(2)电路中的电流 I 及其与电压的相位差 φ；

(3)电容的无功功率 Q_C。

【解】 (1)容抗

$$X_C=\frac{1}{2\pi fC}=\frac{1}{2\pi\times 50\times 38.5\times 10^{-6}}\approx 80(\Omega)$$

(2)选电压 $\dot{U}$ 为参考相量，即 $\dot{U}=220\angle 0°$ V，则电流

$$\dot{I}=\frac{\dot{U}}{-\mathrm{j}X_C}=\frac{220}{-\mathrm{j}80}=\mathrm{j}2.75(\mathrm{A})$$

即电流的有效值为 2.75 A，相位上超前于电压 90°。

(3)无功功率

$$Q_C=I^2X_C=2.75^2\times 80=605(\mathrm{var})$$

或

$$Q_C=UI=220\times 2.75=605(\mathrm{var})$$

(四)RLC 串联电路

实际电路的电路模型一般都是由几种理想电路元件组成的，因此，本节讨论 RLC 串联。这种电路是一种典型电路。

1. 电压与电流之间的关系

设在图 1.42(a)所示的 RLC 串联电路中有正弦电流 $i=I_m\sin\omega t$ 通过，则该电流在电阻、电感和电容上产生的电压降为

$$u_R=U_{Rm}\sin\omega t=RI_m\sin\omega t$$

$$u_L=U_{Lm}\sin\left(\omega t+\frac{\pi}{2}\right)=X_LI_m\sin\left(\omega t+\frac{\pi}{2}\right)$$

$$u_C=U_{Cm}\sin\left(\omega t-\frac{\pi}{2}\right)=X_CI_m\sin\left(\omega t-\frac{\pi}{2}\right)$$

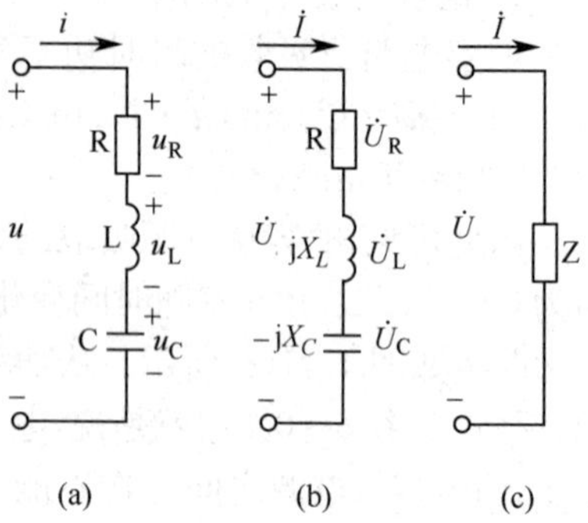

图 1.42　RLC 串联电路

它们是与电流 i 有相同频率的正弦量，但有不同的相位。

根据克希荷夫定律显然有

$$u=u_R+u_L+u_C$$

由于 u_R、u_L、u_C 是同频率的正弦量，故可以用相量来表示即

$$\dot{U}=\dot{U}_R+\dot{U}_L+\dot{U}_C \tag{1.62}$$

将 $\dot{U}_R=R\dot{I}$，$\dot{U}_L=\mathrm{j}X_L\dot{I}$，$\dot{U}_C=-\mathrm{j}X_C\dot{I}$ 代入上式得

$$\dot{U}=R\dot{I}+\mathrm{j}X_L\dot{I}-\mathrm{j}X_C\dot{I}=[R+\mathrm{j}(X_L-X_C)]\dot{I}$$

$$=(R+\mathrm{j}X)\dot{I}=Z\dot{I} \tag{1.63}$$

式中

$$X=X_L-X_C=\omega L-\frac{1}{\omega C} \tag{1.64}$$

其为是感抗与容抗之差，称为电抗，单位为 Ω。

$$Z=R+\mathrm{j}X=R+\mathrm{j}(X_L-X_C) \tag{1.65}$$

是一个复数，称为复阻抗，单位也是 Ω，也具有对电流起阻碍作用的性质。但是要注意 Z 不是代表正弦量的复数。既然 Z 是一个复数，故可写成

$$Z=|Z|\angle\varphi \tag{1.66}$$

复阻抗的模(简称阻抗)

$$|Z|=\sqrt{R^2+X^2}=\sqrt{R^2+(X_L-X_C)} \tag{1.67}$$

复阻抗的辐角(称为阻抗角)

$$\varphi=\arctan\frac{X}{R}=\arctan\frac{X_L-X_C}{R} \tag{1.68}$$

显然

$$R=|Z|\cos\varphi, X=|Z|\sin\varphi$$

$|Z|$与R、X之间符合直角三角形的关系,如图1.43所示,称为阻抗三角形。

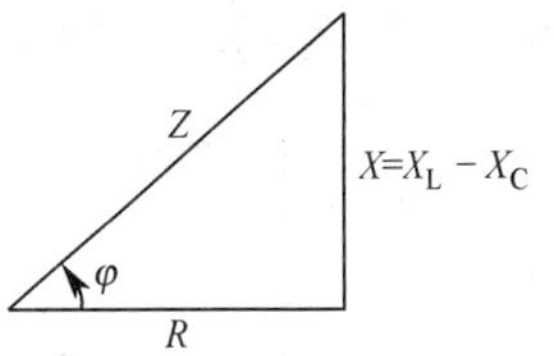

图1.43　阻抗三角形

式$\dot{U}=Z\dot{I}$与直流电路中的欧姆定律$U=RI$有相似的形式,称为正弦交流电路的欧姆定律相量形式。它既表达了电路中电压与电流有效值之间的关系$U=|Z|I$,又表达了电压与电流之间的相位差角φ。这是因为

$$\dot{U}=Z\dot{I}=|Z|\angle\varphi\,\dot{I}=|Z|\dot{I}\angle\varphi$$

若$\varphi>0$,则电压超前于电流φ角;若$\varphi<0$,则电压滞后于电流φ角;若$\varphi=0$,则电压与电流同相位。

根据$\dot{U}=Z\dot{I}$所表达的电压相量$\dot{U}$与电流相量$\dot{I}$之间的关系可知,图1.42(a)的电路可用图1.42(b)和(c)来代替。图1.42(b)是将电压和电流以相量表示,而电路中的电阻参数不变,电感L变换成jX_L,电容C变换成$-jX_C$。图1.42(c)是将图1.42(b)中的感抗与容抗合并成电抗,然后电阻和电抗以复阻抗Z来表示。有了以相量形式表示的电路图,给求解电路带来很大方便。由图1.42(c)可直接写出电压、电流相量之间的关系。

由式$\dot{U}=Z\dot{I}$可画出如图1.44(a)所示的相量图。图中假定$X_L>X_C$,即电感的电压U_L大于电容上的电压U_C。由相量图可知,电阻上的电压$\dot{U}_R=R\dot{I}$,电抗上的电压$\dot{U}_X=jX\dot{I}=j(X_L-X_C)\dot{I}$与外加电压$\dot{U}=Z\dot{I}$也组成一个直角三角形,称为电压三角形,如图1.44(b)所示。显然,电压三角形是阻抗三角形各边乘以I而得,所以这两个三角形是相似三角形。但要注意,电压三角形的各边都是相量,即为相量三角形,而阻抗三角形的各边不是相量。电压与电流的相位差φ就是复阻抗的阻抗角,因为

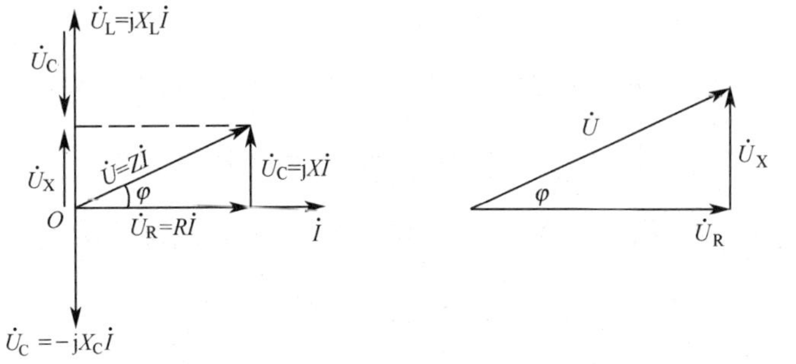

(a) 相量图　　(b) 电压三角形

图1.44　RLC串联电路的相量图与电压三角形

$$\varphi=\arctan\frac{U_X}{U_R}=\arctan\frac{U_L-U_C}{U_R}=\arctan\frac{X}{R}=\arctan\frac{X_L-X_C}{X_R} \tag{1.69}$$

式(1.69)表明,当电流的频率一定时,电路的性质(电压与电流的相位差)由电路参数(R、L、C)决定。

(1)当 $X>0$,即 $X_L>X_C$ 时,则 $U_L>U_C$,此时 $\varphi>0$,表明电流 $\dot{I}$ 比电压 $\dot{U}$ 滞后 φ 角,如图 1.44(a)所示。电路中的电感电压$\dot{U}_L$ 补偿电容电压$\dot{U}_C$ 尚有余量,即电感的作用大于电容的作用,故称这种电路为电感性电路。

(2)当 $X>0$,即 $X_L<X_C$ 时,则 $U_L<U_C$,此时 $\varphi<0$,表明电流 $\dot{I}$ 比电压 $\dot{U}$ 超前 φ 角,如图 1.45 所示。电路中的电容电压$\dot{U}_C$ 补偿电感电压$\dot{U}_L$ 尚有余量,即电容的作用大于电感的作用,故称这种电路为电容性电路。

(3)当 $X=0$,即 $X_L=X_C$ 时,则 $U_L=U_C$,此时 $\varphi=0$,表明电流 $\dot{I}$ 与电压 $\dot{U}$ 同相位,如图 1.46 所示。电路中的电感电压$\dot{U}_L$ 与电容电压$\dot{U}_C$ 正好平衡,即电感的作用和电容的作用互相抵消,故称这种电路为电阻性电路。

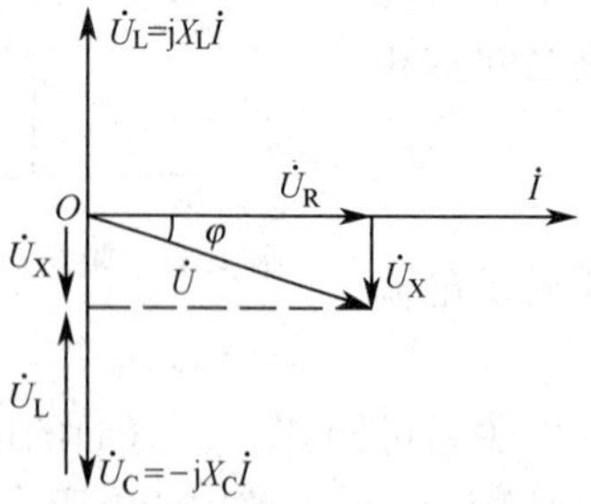

图 1.45　电容性电路相量图

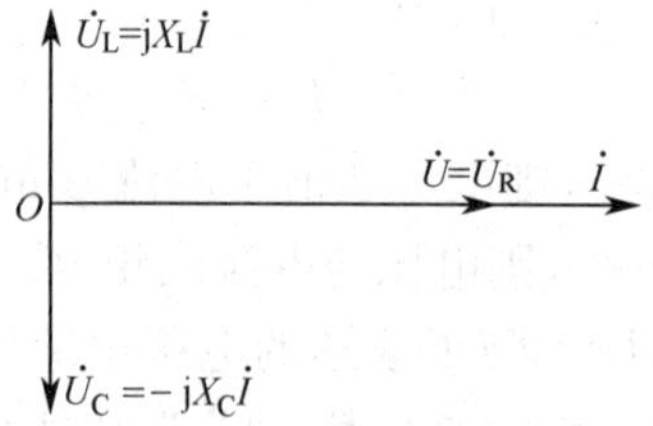

图 1.46　电阻性电路相量图

当电路中只有单一参数电路元件或两个参数电路元件串联时,它们的电压与电流的关系都统一在公式 $\dot{U}=Z\dot{I}$ 中。例如对于电阻电路,$X_L=0$,$X_C=0$,$Z=R+jX=R$,则 $\dot{U}=Z\dot{I}=R\dot{I}$,即 $U=RI$,电压与电流同相位;对于电感电路,$R=0$,$X_C=0$,$Z=R+jX=jX_L$,则 $U=Z\dot{I}=jX_L\dot{I}$,则 $U=X_LI$,电压超前于电流 90°;对于电容电路,$R=0$,$X_L=0$,$Z=R+j(X_L-X_C)=-jX_C$,则 $U=Z\dot{I}=-jX_C\dot{I}$,即 $U=X_CI$,电压滞后于电流 90°。同理,对于 RL 串联电路,可看成是 $X_C=0$ 的 RLC 串联电路;而对于 RC 串联电路,则可看成是 $X_L=0$ 的 RLC 串联电路。

【例 1-12】 已知 RLC 串联电路的电路参数为 $R=100\ \Omega$、$L=300$ mH、$C=100\ \mu$F,接于 100 V、50 Hz 的交流电源上,试求电流 I,并以电源电压为参考相量写出电源电压和电流的瞬时值表达式。

【解】 感抗 $$X_L=\omega L=2\pi fL=2\pi\times50\times300\times10^{-3}=94.2(\Omega)$$

容抗 $$X_C=\frac{1}{\omega C}=\frac{1}{314\times100\times10^{-6}}=31.8(\Omega)$$

阻抗 $$|Z|=\sqrt{R^2+(X_L-X_C)^2}=\sqrt{100^2+(94.2-31.8)^2}=117.8(\Omega)$$

故电流 $$I=\frac{U}{|Z|}=\frac{100}{117.8}=0.85(A)$$

以电源电压为参考相量,则电源电压的瞬时值表达式为

$$u=\sqrt{2}\times100\sin\omega t\ (V)$$

又因阻抗角 $$\varphi=\arctan\frac{X}{R}=\arctan\frac{94.2-31.8}{100}=32^\circ$$

故电流的瞬时值表达式为

$$i=\sqrt{2}\times0.85\sin(\omega t-32^\circ)(A)$$

2. RLC 串联电路的功率

(1)瞬时功率和平均功率

RLC 串联电路所吸收的瞬时功率为

$$p=ui=(u_R+u_L+u_C)i=u_Ri+u_Li+u_Ci$$
$$=p_R+p_L+p_C$$

由于电感和电容不消耗能量,电路所消耗的功率就是电阻所消耗的功率。所以该电路在一周内消耗的平均功率为

$$P=\frac{1}{T}\int_0^T(u_Ri+u_Li+u_Ci)\mathrm{d}t=\frac{1}{T}\int_0^T u_Ri\mathrm{d}t$$
$$=U_RI=I^2R=\frac{U_R^2}{R} \tag{1.70}$$

由电压三角形可知

$$U_R=U\cos\varphi$$

故 $$P=UI\lambda \tag{1.71}$$

式中,$\lambda=\cos\varphi$ 为功率因数,平均功率 P 又称为有功功率。

式(1.71)说明,交流电的功率表达式比直流电的功率表达式多了一个系数 λ,此系数称为功率因数。因此 φ 角又称为功率因数角。

(2)视在功率

在式(1.71)中,U 与 I 的乘积 UI 具有功率的形式,且与功率有相同的量纲,但却不是电路实际所消耗的功率,称为视在功率,用 S 表示,即

$$S=UI=I^2|Z|=U^2/|Z| \tag{1.72}$$

视在功率的单位为伏安(V · A)。

一般变压器的额定容量 S_N 就是以视在功率表示的,它是额定电压 U_N 和额定电流 I_N 的乘积。至于它能向外电路输出多少有功功率,还与负载的功率因数有关。

(3)无功功率

由于电路中有储能元件电感和电容,它们虽不消耗功率,但与电源之间是有能量交换的,这种能量交换仍用无功功率表示。电感与电源进行功率交换的最大值为 $Q_L=U_LI$(即感性无功功率),电容与电源进行功率交换的最大值为 $Q_C=U_CI$(即容性无功功率)。由于在 RLC 电路中电感和电容上流过的是同一电流 i,而电压 U_L 和 U_C 是反相的,所以感性无功功率 Q_L 与容性无功功率 Q_C 的作用也是相反的。当电感上的 p_L 为正值时,电容上的 p_C 恰为负值,即当电感吸取能量时,电容恰好放出能量,反之亦然。这样就减轻了电源的负担,使它与负载之间传输的无功功率等于 Q_L 与 Q_C 之差。因此电路总的无功功率为

$$Q=Q_L-Q_C=U_LI-U_CI=(U_L-U_C)I=U_XI=XI^2=\frac{U_X^2}{X} \tag{1.73}$$

由电压三角形可知

$$U_X=U\sin\varphi$$

故 $$Q=UI\sin\varphi \tag{1.74}$$

使用上列两式时需注意:$Q\neq U^2/X$,而是 $Q=U_X^2/X$,$Q\neq UI$,而是 $Q=U_XI=UI\sin\varphi$。对于感性电路,$X_L>X_C$,则 $Q=Q_L-Q_C>0$;对于容性电路,$X_L<X_C$,则 $Q=Q_L-Q_C<0$。为了计

算方便，有时把容性电路的无功功率取为负值。

(4)功率三角形

由公式 $P=UI\cos\varphi$，$Q=UI\sin\varphi$ 及 $S=UI$ 可知，有功功率 P、无功功率 Q 和视在功率 S 也组成一个直角三角形，称为功率三角形，如图 1.47 所示。显然：

$$S=\sqrt{P^2+Q^2} \tag{1.75}$$

$$\varphi=\arctan\frac{Q}{P} \tag{1.76}$$

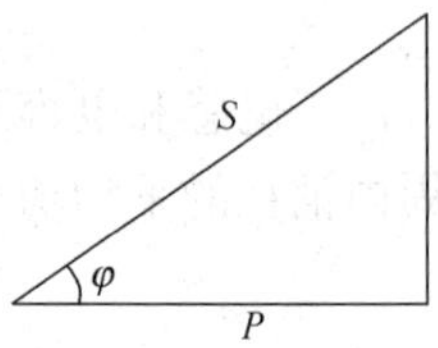

图 1.47　功率三角形

功率三角形也可由阻抗三角形各边乘以 I^2 而得，因此功率三角形、电压三角形、阻抗三角形是相似三角形。

值得指出，对于任何复杂电路，电路中所消耗的总有功功率等于各部分有功功率之和，即

$$P=\sum P_K \tag{1.77}$$

总无功功率等于各部分无功功率之和，即

$$Q=\sum Q_K \tag{1.78}$$

但是，在一般情况下，总视在功率不等于各部分视在功率之和。

(五)功率因数的提高

提高功率因数具有重大的意义，它可以使电源设备得到充分利用，降低线路损耗和线路压降。提高功率因数的方法如下。

提高功率因数的方法除了提高用电设备本身的功率因数，主要采用在感性负载两端并联电容器的方法对无功功率进行补偿。如图 1.48(a)所示，设负载的端电压为 $\dot{U}$，在未并联电容时，感性负载中的电流：

$$\dot{I}=\frac{\dot{U}}{Z_1}=\frac{\dot{U}}{R+jX_L}=\frac{\dot{U}}{|Z_1|\angle\varphi_1}=\frac{\dot{U}}{|Z_1|}\angle-\varphi_1$$

当并上电容后，电流不变，而电容支路有电流

$$\dot{I}_C=-\frac{\dot{U}}{jX_C}=j\frac{\dot{U}}{X_C}$$

故线路电流

$$\dot{I}=\dot{I}_1+\dot{I}_C$$

相量图如图 1.48(b)所示。

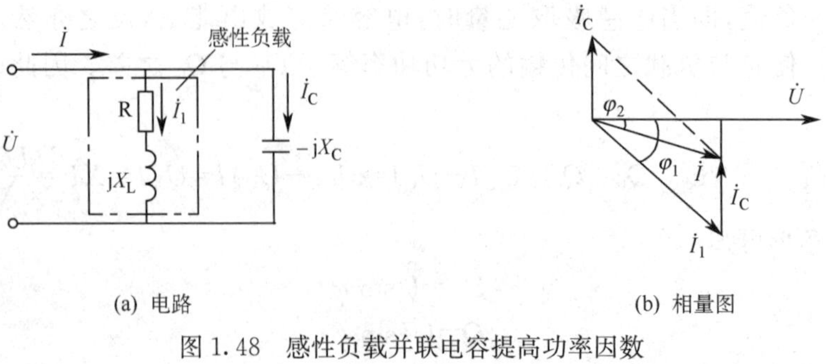

(a) 电路　　(b) 相量图

图 1.48　感性负载并联电容提高功率因数

相量图表明，在感性负载的两端并联适当的电容，可使电压与电流的相位差 φ 减小，即原

来是 φ_1，现减小为 φ_2，$\varphi_2<\varphi_1$，故 $\cos\varphi_2>\cos\varphi_1$，同时线路电流由 I_1 减小为 I。这时能量互换部分发生在感性负载与电容器之间，因而使电源设备的容量得到充分利用，线路上的能耗和压降也减小了。

由于未并入电容时，电路的无功功率为

$$Q=UI_1\sin\varphi_1=UI_1\frac{\sin\varphi_1\cos\varphi_1}{\cos\varphi_1}=P\tan\varphi_1$$

而并入电容后，电路的无功功率为

$$Q'=UI\sin\varphi_2=P\tan\varphi_2$$

因而电容需要补偿的无功功率为

$$Q_C=Q-Q'=P(\tan\varphi_1-\tan\varphi_2)$$

又因

$$Q_C=I_C^2X_C=\frac{U^2}{X_C}=\omega CU^2$$

故

$$C=\frac{Q_C}{\omega U^2}=\frac{P}{2\pi fU^2}(\tan\varphi_1-\tan\varphi_2) \tag{1.79}$$

这就是所需并联的电容器的电容量。式中 P 是负载所吸收的功率，U 是负载的端电压，φ_1 和 φ_2 分别是补偿前和补偿后的功率因数角。

【例 1-13】 某电源 $S_N=20$ kVA，$U_N=220$ V，$f=50$ Hz。试求：

(1)该电源的额定电流；

(2)该电源若供给 $\cos\varphi_1=0.5$、40 W 的日光灯，最多可点多少盏？此时线路的电流是多少？

(3)若将电路的功率因数提高到 $\cos\varphi_2=0.9$，此时线路的电流是多少？需并联多大电容？

【解】 (1)额定电流

$$I_N=\frac{S_N}{U_N}=\frac{20\times10^3}{220}=91(\text{A})$$

(2)设日光灯的盏数为 n，即 $n\times P=S_N\cos\varphi_1$。则

$$n=\frac{S_N\cos\varphi_1}{P}=\frac{20\times10^3\times0.5}{40}=250(\text{盏})$$

此时线路电流为额定电流，即 $I_1=91$ A。

(3)因电路总的有功功率 $P=n\times40=250\times40=10(\text{kW})$，故此时线路中的电流为

$$I=\frac{P}{U\cos\varphi_2}=\frac{10\times10^3}{220\times0.9}=50.5(\text{A})$$

随着功率因数由 0.5 提高到 0.9，线路电流由 91 A 下降到 50.5 A，因而电源仍有潜力供电给其他负载。因 $\cos\varphi_1=0.5$，$\varphi_1=60°$，$\tan\varphi_1=1.731$；$\cos\varphi_2=0.9$，$\varphi_2=25.8°$，$\tan\varphi_2=0.483$。于是所需电容器的电容量为

$$C=\frac{P}{2\pi fU^2}(\tan\varphi_1-\tan\varphi_2)=\frac{10\times10^3}{2\pi\times50\times220^2}(1.731-0.483)=820(\mu\text{F})$$

四、三相交流电路

(一)三相电源

三相交流电一般是由三相交流发电机产生的，图 1.49(a)为三相交流发电机的示意图。在发

电机定子中嵌有三组相同的线圈 U_1U_2、V_1V_2、W_1W_2，分别称为 U 相、V 相、W 相绕组。它们在空间相隔 120°。当转子磁极匀速旋转时，在各绕组中都将产生正弦感应电动势，这些电动势的幅值相等，频率相同，相位互差 120°，相当于三个独立的交流电压源，如图 1.49(b)所示。这样的三相电动势称为对称三相电动势，它们的瞬时值分别为

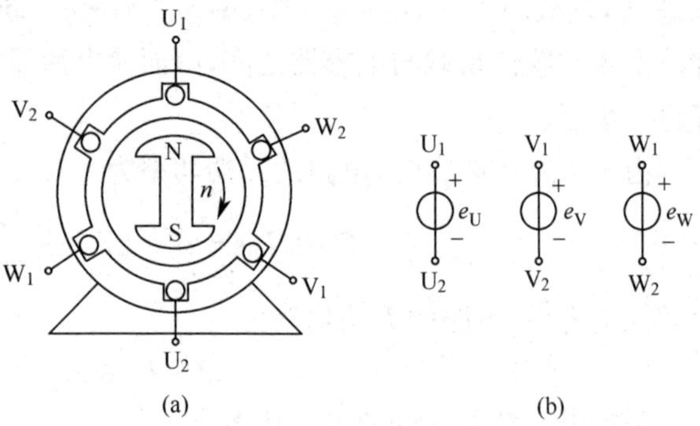

图 1.49　三相发电机示意图

$$e_U = E_m \sin \omega t$$

$$e_V = E_m \sin\left(\omega t - \frac{2}{3}\pi\right)$$

$$e_W = E_m \sin\left(\omega t - \frac{4}{3}\pi\right) = E_m \sin\left(\omega t + \frac{2}{3}\pi\right) \tag{1.80}$$

若以相量形式来表示，则

$$\left.\begin{aligned} \dot{E}_U &= E\angle 0^\circ \\ \dot{E}_V &= E\angle -120^\circ \\ \dot{E}_W &= E\angle -240^\circ = E\angle 120^\circ \end{aligned}\right\} \tag{1.81}$$

它们的波形图和相量图如图 1.50 所示。

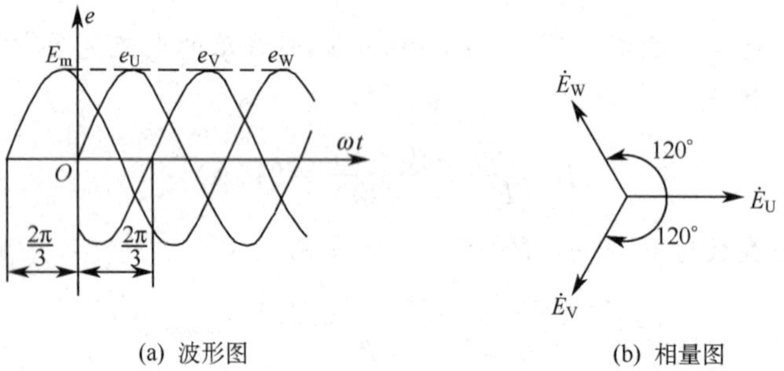

(a) 波形图　　(b) 相量图

图 1.50　三相对称电动势的波形图和相量图

三相交流电在相位上的先后次序称为相序。如上述的三相电动势 E_u、E_v、E_w 依次滞后 120°，其相序为 U→V→W。

通常把发电机三相绕组的末端 U_2、V_2、W_2 联成一点 N，而把始端 U_1、V_1、W_1 作为与外电路相联结的端点。这种联结方式称为电源的星形联结，如图 1.51 所示。N 点称为中性点，从中性点引出的导线称为中性线，其裸导线可涂淡蓝色标志。从始端 U_1、V_1、W_1 引出的三根导线称为相线或端线，俗称火线，常用 L_1、L_2、L_3 表示，其裸线可分别涂黄、绿、红三种颜色标志。

由三根相线和一根中性线构成的供电系统称为三相四线制供电系统。通常低压供电网都采用三相四线制。日常生活中见到的只有两根导线的单相供电线路，一般由一根相线和一根中性线组成。

三相四线制供电系统可输送两种电压：一种是相线与中性线之间的电压 u_U、u_V、u_W 称为相电压；另一种是相线与相线之间的电压 u_{UV}、u_{VW}、u_{WU} 称为线电压。

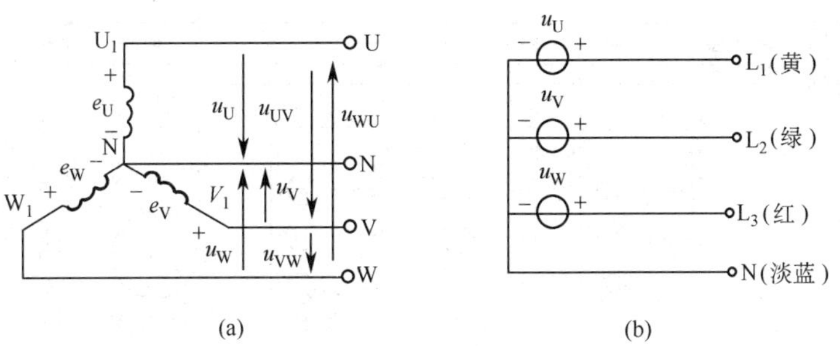

图 1.51 三相四线制电源

由图 1.51 可知各线电压与相电压之间的相量关系为

$$\dot{U}_{UV}=\dot{U}_U-\dot{U}_V$$
$$\dot{U}_{VW}=\dot{U}_V-\dot{U}_W$$
$$\dot{U}_{WU}=\dot{U}_W-\dot{U}_U \tag{1.82}$$

它们的相量图如图 1.52 所示。由于三相电动势是对称的，故相电压也是对称的。作相量图时，可先作出$\dot{U}_U$、$\dot{U}_V$、$\dot{U}_W$，然后根据式(1.82)分别作出$\dot{U}_{UV}$、$\dot{U}_{VW}$、$\dot{U}_{WU}$。由相量图可知，线电压也是对称的，在相位上比相应的相电压超前 30°。

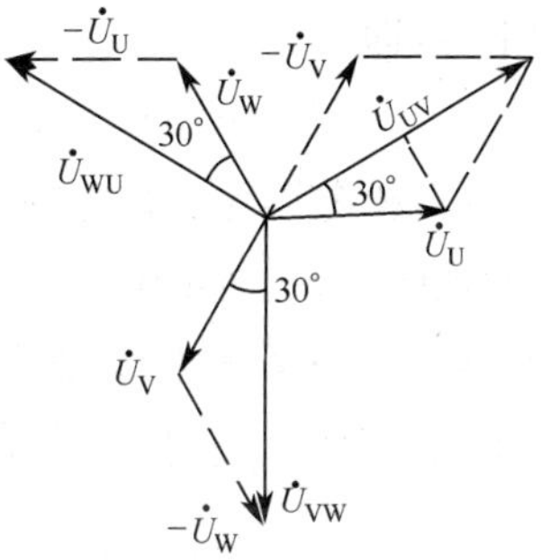

图 1.52 三相电源各电压相量之间的关系

线电压的有效值用 U_L 表示，相电压的有效值用 U_P 表示。由相量图可知它们的关系为

$$U_L=\sqrt{3}U_P \tag{1.83}$$

一般低压供电的线电压是 380 V，它的相电压是 $380/\sqrt{3}=220$ V。负载可根据额定电压决定其接法。

各种照明灯具、家用电器一般都采用 220 V，而单相变压器、电磁铁等既有 220 V 的也有 380 V 的。这类电气设备只需单相电源就能正常工作，统称为单相负载。单相负载若额定电压是 380 V，就接在两根相线之间；若额定电压是 220 V，就接在相线与中性线之间。另有一类电气设备必须接到三相电源上才能正常工作，例如三相交流电动机、大功率的三相电炉等，称为三相负载。这些三相负载的各相阻抗总是相等的，是一种对称的三相负载。而大批量的单相负载对于三相电源来说，在总体上也可看成是三相负载，但这种三相负载一般是不对称的。三相负载的联结方式有两种：星形(Y)联结和三角形(△)联结，采用哪种联结方式要根据负载的额定电压和电源电压来决定，下面将分别讨论这两种联结方式。

（二）负载的星形联结

图 1.53 是三相四线制供电系统中常见的照明电路和动力电路，包括大批量的单相负载(例如照明灯)和对称的三相负载(例如三相电动机)。为了使三相电源的负载比较均衡，大批量的单相负载一般分成三组，分别接于电源的 L_1-N、L_2-N 和 L_3-N 之间，各称为 U 相负载、V 相负载和 W 相负载，组成不对称的三相负载，如图 1.53(a)所示，这种联结方式属于负载的星形(Y)联结。

设 U 相负载的阻抗为 Z_U，V 相负载的阻抗为 Z_V，W 相负载的阻抗为 Z_W，则负载星形联结的三相四线制电路一般可用如图 1.54 所示的电路表示。

负载星形联结时，电路有以下基本关系：

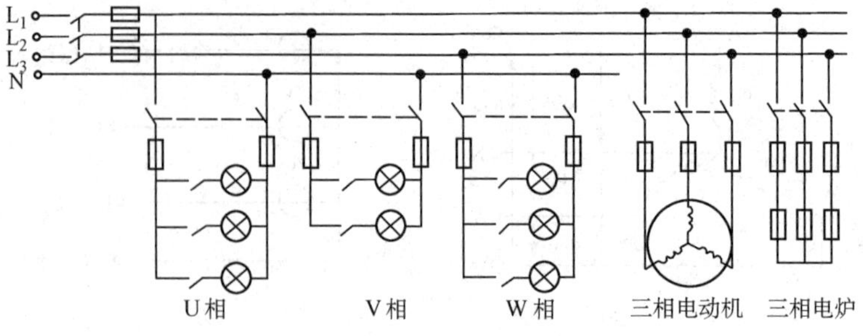

(a) 三相不对称负载　　(b) 三相对称负载

图 1.53　负载的星形联结

(1)每相负载电压等于电源相电压。

在图 1.54 所示电路中，若不计中性线阻抗，则电源中性点 N 与负载中性点 N' 等电位；如果相线阻抗也可忽略，则每相负载的电压等于电源相电压，即

$$\dot{U}_u=\dot{U}_U,\dot{U}_v=\dot{U}_V,\dot{U}_w=\dot{U}_W$$

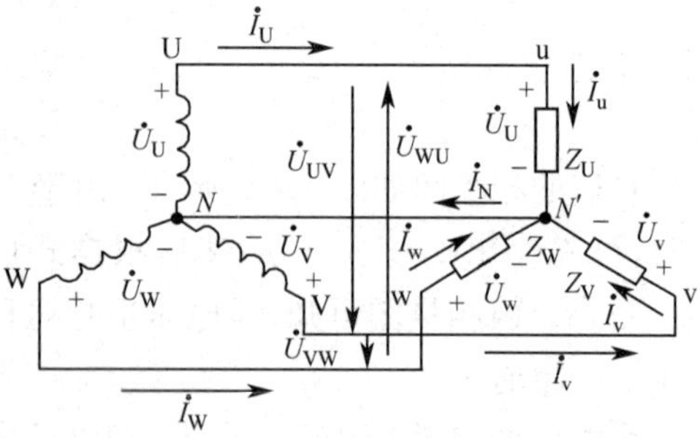

图 1.54　负载星形联结的三相四线制电路

(2)相电流等于相应的线电流。

从图 1.54 所示电路中可以看出，U 相电流等于线电流 i_U；V 相电流等于线电流 i_V；W 相电流等于线电流 i_W。一般可写成

$$I_p=I_L \tag{1.84}$$

(3)各相电流可分成三个单相电路分别计算，即

$$\left.\begin{aligned}\dot{I}_u&=\dot{I}_U=\frac{\dot{U}_U}{Z_U}=\frac{\dot{U}_U}{|Z_U|\angle\varphi_U}=\frac{\dot{U}_U}{|Z_U|}\angle-\varphi_U\\ \dot{I}_v&=\dot{I}_V=\frac{\dot{U}_V}{Z_V}=\frac{\dot{U}_V}{|Z_V|}\angle-\varphi_V\\ \dot{I}_w&=\dot{I}_W=\frac{\dot{U}_W}{Z_W}=\frac{\dot{U}_W}{|Z_W|}\angle-\varphi_W\end{aligned}\right\} \tag{1.85}$$

式中

$$\varphi_U=\arctan\frac{X_U}{R_U}$$

$$\varphi_V=\arctan\frac{X_V}{R_V}$$

$$\varphi_W=\arctan\frac{X_W}{R_W} \tag{1.86}$$

其电压、电流的相量图如图 1.55(a)所示。

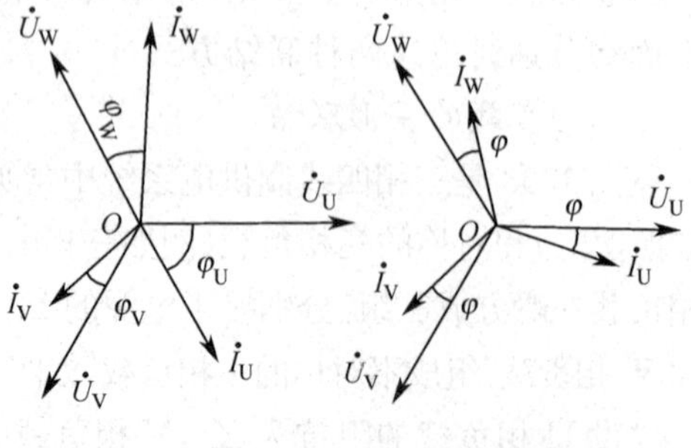

(a) 三相负载不对称　　(b) 三相负载对称

图 1.55　负载星形联结时的相量图

(4)中性线电流等于三相电流之和。

根据基尔霍夫电流定律，由图 1.54 电路可得

$$\dot{I}_N=\dot{I}_U+\dot{I}_V+\dot{I}_W \tag{1.87}$$

若三相负载对称,则

$$\dot{I}_N=\dot{I}_U+\dot{I}_V+\dot{I}_W=0 \tag{1.88}$$

可见在对称的三相四线制电路中,中性线电流等于零,即中性线不起作用,故可将中性线除去,而成为三相三线制系统。常用的三相电动机、三相电炉等负载,在正常情况下是对称的,都可用三相三线制供电。但如果三相负载不对称,中性线就会有电流通过,则中性线不能除去,否则会造成负载上三相电压不对称,使用电设备不能正常工作。

照明电路是不对称电路的实例。设有如图 1.56(a)所示的照明电路,做星形联结,其线电压为 380 V,在有中性线时每相为一独立系统,灯泡承受的是相电压 220 V,各相灯泡正常发光。若 U 相负载短路或断路,则 U 相灯泡熄灭,而 V、W 两相灯泡仍承受相电压220 V,因而工作仍正常。这就是说,在三相四线制中,一相发生故障,并不影响其他两相的工作。但如果没有中性线,则 U 相负载短路时,V、W 两相将承受 380 V 的电压,如图 1.56(b)所示,会使 V、W 两相的灯泡全部烧毁;U 相断路时,则如图 1.56(c)所示,U、V 两相负载串联后承受 380 V 的电压,由于 U、V 两相的负载一般并不相等,故所承受的电压也不相等,可能低于额定电压,使灯光不能正常发光,也可能高于额定电压,使灯泡烧毁。这就是说,星形联结的三相负载,在无中性线的情况下,一相电路发生故障,就要影响其他两相的正常工作。

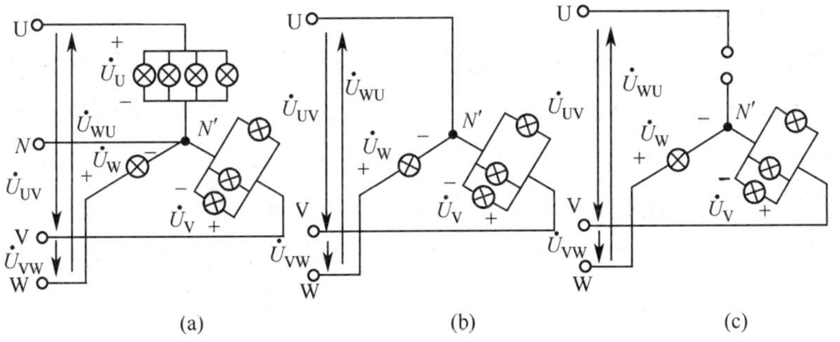

图 1.56 不对称负载举例

由此可见,中性线在三相电路中,不但使用户得到两种不同的工作电压,还使星形联结的不对称负载的相电压保持对称。因此,在三相四线制供电系统中,为了保证负载的相电压对称,在中性线的干线上是不准接入熔断器和开关的,而且要用具有足够机械强度的导线作中性线。

【例 1-14】 三相四线制电路如图 1.57(a)所示,已知每相负载阻抗 $Z=(6+j8)\Omega$,外加线电压 $U_1=380$ V,试求负载的相电压和相电流。

【解】 因为是对称电路,故可归结到一相来计算,其相电压为

$$U_P=U_1/\sqrt{3}=220\ \text{V}$$

相电流

$$I_P=\frac{U_P}{|Z|}=\frac{220}{\sqrt{6^2+8^2}}=\frac{220}{10}=22(\text{A})$$

相电压与相电流的相位差角为

$$\varphi=\arctan\frac{X}{R}=\arctan\frac{8}{6}=53.1^\circ$$

其相量图如图 1.57(b)所示。

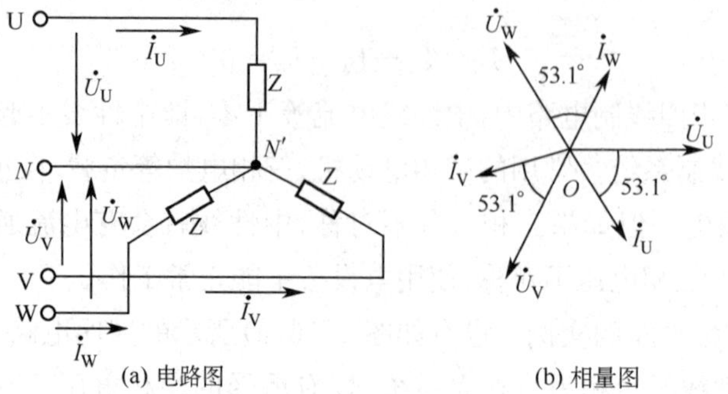

(a) 电路图　　(b) 相量图

图 1.57　例 1-13 图

选$\dot{U}_U$为参考相量，则

$$\dot{I}_U=\frac{\dot{U}_U}{Z}=22\angle -53.1^\circ\ \text{A}$$

$$\dot{I}_V=\frac{\dot{U}_V}{Z}=\dot{I}_U\angle -120^\circ=22\angle -173.1^\circ\ \text{A}$$

$$\dot{I}_W=\frac{\dot{U}_W}{Z}=\dot{I}_U\angle 120^\circ=22\angle 66.9^\circ\ \text{A}$$

（三）负载的三角形联结

如果单相负载的额定电压等于三相电源的线电压，则必须把负载接于两根相线之间。把这类负载分为三组，分别接于电源的 L_1-L_2、L_2-L_3、L_3-L_1 之间，就构成了负载的三角形联结，如图 1.58(a)所示，这类由若干单相负载组成的三相负载一般是不对称的。另有一类对称的三相负载，通常将它们首尾相连，再将三个联节点与三相电源相线 L_1、L_2、L_3 相接，即构成负载的三角形联结，如图 1.58(b)所示。负载的三角形联结是用不到电源中性线的，只需三相三线制供电便可。

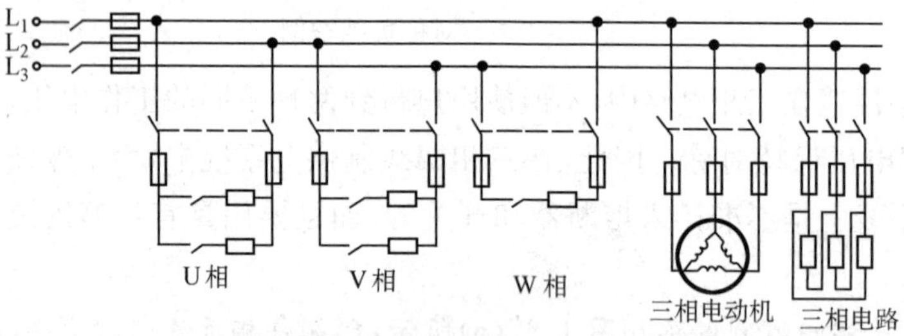

(a) 不对称三相负载　　(b) 对称三相负载

图 1.58　负载的三角形联结

设 U、V、W 三相负载的复阻抗分别为 Z_{UV}、Z_{VW}、Z_{WU}，则负载三角形联结的三相三线制电路可用如图 1.59 所示的电路表示。若忽略相线阻抗($Z_l=0$)，则电路具有以下基本关系。

(1)每相负载承受电源线电压，即

$$\dot{U}_{uv}=\dot{U}_{UV},\dot{U}_{vw}=\dot{U}_{VW},\dot{U}_{wu}=\dot{U}_{WU}$$

有效值关系为

$$U_p=U_L \tag{1.89}$$

(2)各相电流可分成三个单相电路分别计算。

$$\left.\begin{aligned}\dot{I}_{UV}&=\frac{\dot{U}_{UV}}{Z_{UV}}=\frac{\dot{U}_{UV}}{|Z_{UV}|\angle\varphi_{U}}=\frac{\dot{U}_{UV}}{|Z_{UV}|}\angle-\varphi_{UV}\\\dot{I}_{VW}&=\frac{\dot{U}_{VW}}{Z_{VW}}=\frac{\dot{U}_{VW}}{|Z_{VW}|}\angle-\varphi_{VW}\\\dot{I}_{WU}&=\frac{\dot{U}_{WU}}{Z_{WU}}=\frac{\dot{U}_{WU}}{|Z_{WU}|}\angle-\varphi_{WU}\end{aligned}\right\}\tag{1.90}$$

式中

$$\left.\begin{aligned}\varphi_{UV}&=\arctan\frac{X_{UV}}{R_{UV}}\\\varphi_{VW}&=\arctan\frac{X_{VW}}{R_{VW}}\\\varphi_{WU}&=\arctan\frac{X_{WU}}{R_{WU}}\end{aligned}\right\}\tag{1.91}$$

其电压、电流的相量图如图 1.60(a)所示。

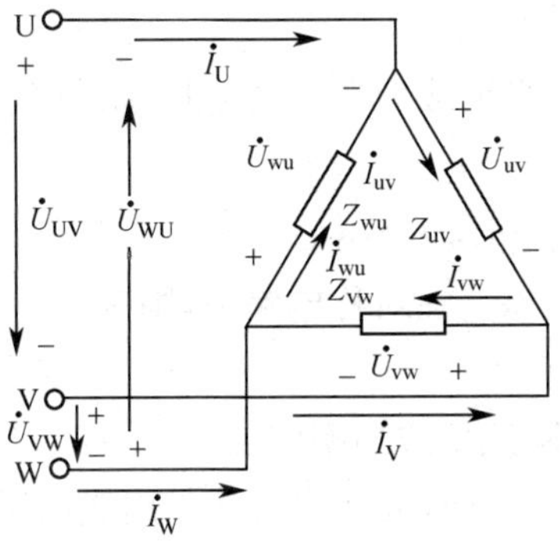

图 1-59　负载三角形联结的电路

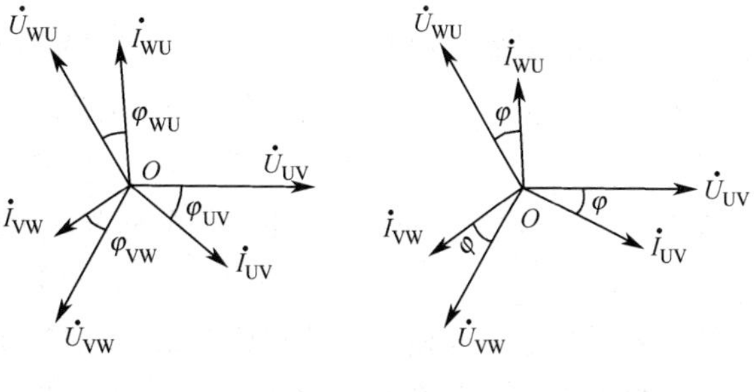

(a) 负载不对称　　(b) 负载对称

图 1-60　负载三角形联结时的相量图

若负载对称，即 $Z_{UV}=Z_{VW}=Z_{WU}=Z$，则相电流也是对称的，如图 1.60(b)所示。显然这时电路计算也可归结到一相来进行，即

$$I_{UV}=I_{VW}=I_{WU}=I_{P}=\frac{U_{P}}{|Z|}$$

$$\varphi_{UV}=\varphi_{VW}=\varphi_{WU}=\varphi=\arctan\frac{X}{R}$$

(3)各线电流由两相邻相电流决定。在对称条件下，线电流是相电流的$\sqrt{3}$倍，且滞后于相应的相电流 30°。

由图 1.59 可知，各线电流分别为

$$\begin{aligned}\dot{I}_{U}&=\dot{I}_{UV}-\dot{I}_{WU}\\\dot{I}_{V}&=\dot{I}_{VW}-\dot{I}_{UV}\\\dot{I}_{W}&=\dot{I}_{WU}-\dot{I}_{VW}\end{aligned}\tag{1.92}$$

负载对称时，由式(1.92)可作相量图如图 1.61 所示。从图中不难得出：

$$\frac{1}{2}I_{L}=I_{P}\cos 30^{\circ}=\frac{\sqrt{3}}{2}I_{P}$$

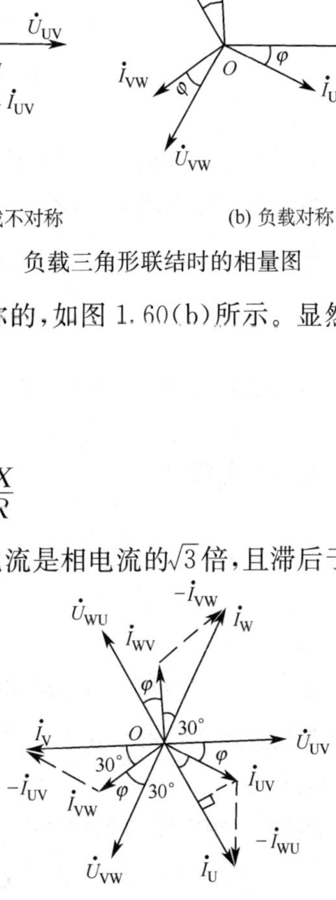

图 1-61　对称负载三角形联结时线电流与相电流之间的关系

故
$$I_L=\sqrt{3}I_P \tag{1.93}$$

由上述可知，在负载作三角形联结时，相电压对称。若某一相负载断开，并不影响其他两相的工作。如 UV 相负载断开时，VW 相和 WU 相负载承受的电压仍为线电压，接在该两相上的单相负载仍正常工作。

【例 1-15】 如图 1.58 所示的三相三线制电路，各相负载的复阻抗 $Z=(6+j8)\Omega$，外加线电压 $U_L=380$ V，试求正常工作时负载的相电流和线电流。

【解】 由于正常工作时是对称电路，故可归结到一相来计算，其相电流为

$$I_P=\frac{U_l}{|Z|}=\frac{380}{10}=38\ \text{A}$$

式中，每相阻抗
$$|Z|=\sqrt{R^2+X^2}=\sqrt{6^2+8^2}=10\ \Omega$$

故线电流
$$I_L=\sqrt{3}I_P=\sqrt{3}\times 38=65.8\ \text{A}$$

相电压与相电流的相位差 $\varphi=\arctan\dfrac{X}{R}=\arctan\dfrac{8}{6}=53.1°$

（四）三相电路的功率

三相电路的总功率（有功功率）等于三相功率之和。当负载为星形联结时，总功率为

$$\begin{aligned}P&=P_U+P_V+P_W\\&=U_UI_U\cos\varphi_U+U_VI_V\cos\varphi_V+U_WI_W\cos\varphi_W\end{aligned} \tag{1.94}$$

式中，φ_U、φ_V、φ_W 分别是所在相的相电压与相电流的相位差。在对称电路中，则有

$$P=3U_PI_P\cos\varphi \tag{1.95}$$

其中 φ 是相电压与相电流的相位差角，亦即每相负载的阻抗角或功率因数角。

由于在三相电路中，线电压和线电流的测量往往比较方便，故功率公式常用线电压和线电流来表示。星形联结时，$U_P=U_L/\sqrt{3}$，$I_P=I_L$，于是

$$P=3\frac{U_L}{\sqrt{3}}I_L\cos\varphi=\sqrt{3}U_LI_L\cos\varphi \tag{1.96}$$

当负载为三角形联结时，其总功率为

$$P=U_{UV}I_{VU}\cos\varphi_{UV}+U_{VW}I_{VW}\cos\varphi_{VW}+U_{WU}I_{WU}\cos\varphi_{WU} \tag{1.97}$$

在对称电路中有

$$P=3U_PI_P\cos\varphi$$

可得

$$P=3U_L\frac{I_L}{\sqrt{3}}\cos\varphi=\sqrt{3}U_LI_L\cos\varphi \tag{1.98}$$

比较式(1.96)和式(1.98)可知：在对称电路中，无论负载是星形联结还是三角形联结，三相电路的总功率均可由式 $P=\sqrt{3}U_LI_L\cos\varphi$ 来表达。应注意式中的夹角均是相电压与相电流的相位差角。

同理，三相电路的无功功率，也等于三相无功功率之和。在对称电路中，三相无功功率为

$$Q=3U_PI_P\sin\varphi=\sqrt{3}U_LI_L\sin\varphi \tag{1.99}$$

而三相视在功率则为

$$S=\sqrt{P^2+Q^2} \tag{1.100}$$

一般情况下三相负载的视在功率不等于各相视在功率之和，只有当负载对称时，三相视在功率才等于各相视在功率之和。对称三相负载的视在功率为

$$S=3U_{\mathrm{P}}I_{\mathrm{P}}=\sqrt{3}U_{\mathrm{L}}I_{\mathrm{L}} \tag{1.101}$$

【例 1-16】 三相负载 $Z=(6+\mathrm{j}8)\Omega$，接于 380 V 线电压上，试求分别用星形(Y)接法和三角形(△)接法时三相电路的总功率。

【解】 由例 1-14 可知，每相阻抗 $Z=(6+\mathrm{j}8)=10\angle 53.1^\circ(\Omega)$，Y接法线电流 $I_{\mathrm{t}}=22$ A，故三相总功率为

$$P_{\mathrm{Y}}=\sqrt{3}U_{\mathrm{L}}I_{\mathrm{L}}\cos\varphi=\sqrt{3}\times380\times22\cos 53.1^\circ=8.68(\mathrm{kW})$$

本题中△接法线电流 $I_{\mathrm{L}}=65.8$ A，故三相总功率为

$$P_{\triangle}=\sqrt{3}U_{\mathrm{L}}I_{\mathrm{L}}\cos\varphi=\sqrt{3}\times380\times65.8\cos 53.1^\circ=26.0(\mathrm{kW})$$

计算表明，在电源电压不变时，同一负载由星形改接为三角形联结时，功率增加到原来的 3 倍。

第三节　电机和电器

一、变压器的结构和工作原理

变压器是利用电磁感应原理传输电能或信号的器件，具有变压、变流、变阻抗和隔离的作用。它的种类很多，应用十分广泛，在电力系统中用电力变压器把发电机发出的电压升高后进行远距离输电，到达目的地以后再用变压器把电压降低供用户使用。

(一)变压器的结构

变压器由铁芯和绕组两个基本部分组成，图 1.62 是它的示意图和符号。这是一个简单的双绕组变压器，在一个闭合的铁芯上套有两个绕组，绕组与绕组之间以及绕组与铁芯之间都是绝缘的。

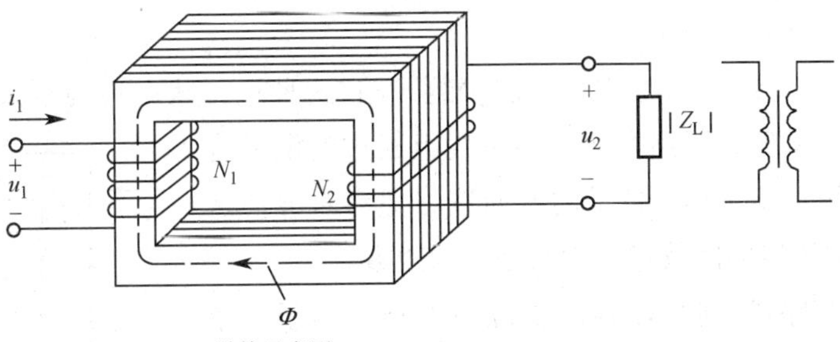

(a) 结构示意图　　(b) 符号

图 1.62　变压器

绕组通常用绝缘的铜线或铝线绕成，一个绕组与电源相连，称为主绕组；另一个绕组与负载相连，称为次绕组。

为了减少铁芯中的磁滞损耗和涡流损耗，变压器的铁芯大多用 0.35～0.5 mm 厚的硅钢片叠成，为了降低磁路的磁阻，一般采用交错叠装方式，即将每层硅钢片的接缝错开。图 1.63 为几种常见的铁芯形状。

变压器按铁芯和绕组的组合方式，可分为心式和壳式两种，如图 1.64 所示。心式变压器的铁芯被绕组所包围，而壳式变压器的铁芯则包围绕组。心式变压器用铁量比较少，多用于大

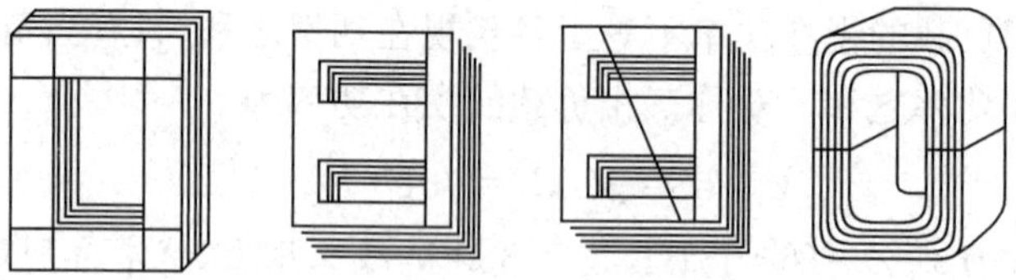

图 1.63　变压器的铁芯

容量的变压器，如电力变压器都采用心式结构；壳式变压器用铁量比较多，但不需要专门的变压器外壳，常用于小容量的变压器，如各种电子设备和仪器中的变压器多采用壳式结构。

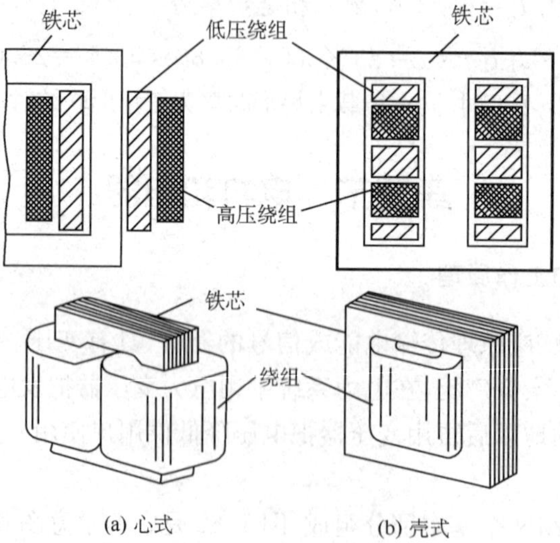

图 1.64　变压器的结构形式

(二)变压器的工作原理

1. 变电压

变压器的主绕组接上交流电压 u_1，次绕组开路，这种运行状态称为空载运行。这时次绕组中的电流 $i_2=0$，电压为开路电压 u_{20}，主绕组通过的电流为空载电流 i_{10}，如图1.65 所示，各量的方向按习惯参考方向选取。图中 N_1 为主绕组的匝数，N_2 为次绕组的匝数。

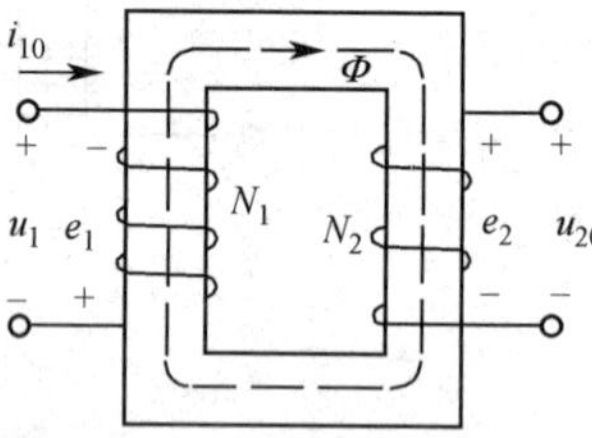

图 1.65　变压器的空载运行

由于次绕组开路，这时变压器的主绕组电路相当于一个交流铁芯线圈电路，通过的空载电流 i_{10} 就是励磁电流。磁通势 N_1I_{10} 在铁芯中产生的主磁通 ϕ 中通过闭合铁芯，既穿过主绕组，也穿过次绕组，于是在主、次绕组中分别感应出电动势 e_1、e_2。当 e_1、e_2 与 Φ 的参考方向之间符合右手螺旋定则时，由法拉第电磁感应定律可得

$$e_1=-N_1\frac{\mathrm{d}\Phi}{\mathrm{d}t}$$

$$e_2=-N_2\frac{\mathrm{d}\Phi}{\mathrm{d}t} \tag{1.102}$$

e_1、e_2 的有效值分别为

$$E_1=4.44fN_1\Phi_m$$
$$E_2=4.44fN_2\Phi_m \tag{1.103}$$

式中，f 为交流电源的频率；Φ_m 为主磁通的最大值。

若略去漏磁通的影响，不考虑绕组上电阻的压降，则可认为主、次绕组上电动势的有效值近似等于主、次绕组上电压的有效值，即

$$U_1\approx E_1$$
$$U_{20}\approx E_2$$

将式(1.103)代入上式，得

$$\frac{U_1}{U_{20}}=\frac{E_1}{E_2}=\frac{4.44fN_1\Phi_m}{4.44fN_1\Phi_m}=\frac{N_1}{N_2}=K \tag{1.104}$$

由式(1.104)可见，变压器空载运行时，主、次绕组上电压的比值等于两者的匝数比，这个比值 K 称为变压器的变压比或变比。

当主、次绕组匝数不同时，变压器就可以把某一数值的交流电压变换为同频率的另一数值的电压，这就是变压器的电压变换作用。

2. 变电流

如果变压器的次绕组接上负载，则在次绕组感应电动势 e_2 用下，将产生次绕组电流 i_2。这时，主绕组的电流由 i_{10} 增大为 i_1，如图 1.66 所示。次绕组的电流 i_2 越大，主绕组的电流也越大。

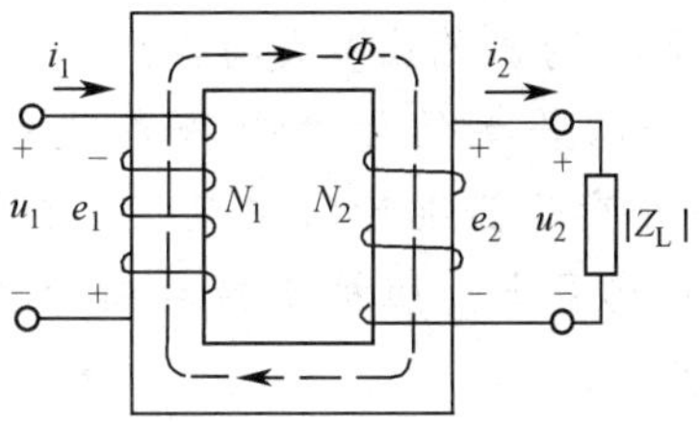

图 1.66　变压器的负载运行

因为次绕组有了电流 i_2 时，次绕组的磁通势 N_2i_2 也要在铁芯中产生磁通，即这时变压器铁芯中的主磁通系由主、次绕组的磁通共同产生。

显然，N_2、i_2 的出现，将有改变铁芯中原有主磁通的趋势。但是，在主绕组的外加电压(电源电压)不变的情况下，主磁通基本保持不变，因而主绕组的电流将由 i_{10} 增大为 i_1，使得主绕组的磁通势由 N_1i_{10} 变成 N_1i_1，以抵消次绕组磁动势 N_2i_2 的作用。也就是说，变压器负载时的总磁通势应与空载时的磁通势基本相等，用公式表示，即

$$N_1\dot{I}_1+N_2\dot{I}_2=N_1\dot{I}_{10} \tag{1.105}$$

这一关系称为变压器的磁通势平衡方程式。

可见变压器负载运行时，主、次绕组的磁通势方向相反，即次绕组电流 I_2 对主绕组电流 I_1 产生的磁通有去磁作用。因此，当负载阻抗减小，次绕组电流 I_2 增大时，铁芯中的主磁通将减小，于是主绕组电流 I_1 必然增加，以保持主磁通基本不变。所以，无论负载怎样变化，主绕组电流 I_1 总能按比例自动调节，以适应负载电流的变化。

由于空载电流较小，一般不到额定电流的 10%，因此当变压器额定运行时，若忽略空载电流，可认为

$$N_1\dot{I}_1\approx -N_2\dot{I}_2 \tag{1.106}$$

于是得变压器主、次绕组电流有效值的关系为

$$\frac{I_1}{I_2}\approx\frac{N_2}{N_1}=\frac{1}{K} \tag{1.107}$$

由式(1.107)可知，当变压器额定运行时，主、次绕组电流之比近似等于其匝数比的倒数。

改变主、次绕组的匝数，可以改变主、次绕组电流的比值，这就是变压器的电流变换作用。

3. 阻抗变换作用

变压器除了有变压和变流的作用外，还有变阻抗的作用。如图 1.67 所示，变压器原边接电源 U_1，副边接负载阻抗 $|Z_L|$，对于电源来说，图中点划线框内的电路可用另一个阻抗 $|Z_L'|$ 来等效代替。所谓等效，就是它们从电源吸取的电流和功率相等。当忽略变压器的漏磁和损耗时，等效阻抗可由下式求得：

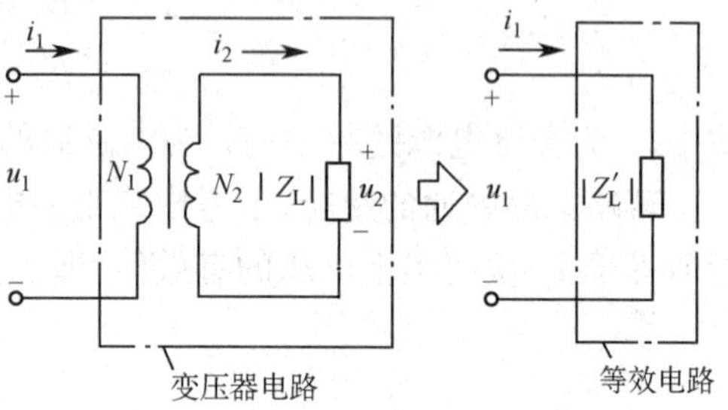

图 1.67 变压器的阻抗变换作用

$$|Z_L'|=\frac{U_1}{I_1}=\frac{(N_1/N_2)U_2}{(N_2/N_1)I_2}=(N_1/N_2)^2\ |Z_L|=K_2|Z_L| \tag{1.108}$$

式中，$|Z_L|=\dfrac{U_2}{I_2}$ 为变压器副边的负载阻抗。式(1.108)说明，在变比为 K 的变压器副边接阻抗为 $|Z_L'|$ 的负载，相当于在电源上直接接一个阻抗 $|Z_L'|=K^2|Z_L|$。

【例 1-17】 某交流信号源的电压 $U_S=120$ V，内阻 $R_0=800$ Ω，负载电阻 $R_L=8$ Ω。试求：(1)将负载与信号源直接相连，如图 1.68(a)所示，信号源输出多大功率？

(2)若要信号源输给负载的功率达到最大，用变压器进行阻抗变换，则变压器的匝数比应选多少？阻抗变换后信号源的输出功率多大？

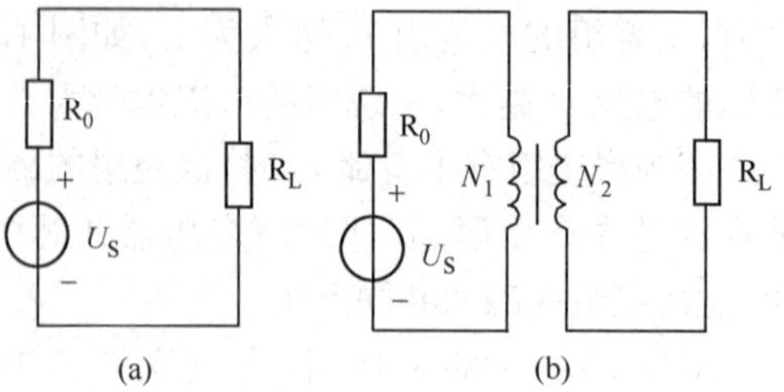

图 1.68 例 1-17 的电路

【解】 (1)由图 1.68(a)可得信号源的输出功率为

$$P=I^2R_L=\left(\frac{U_S}{R_0+R_L}\right)R_L=\left(\frac{120}{800+8}\right)\times 8=0.176(\text{W})$$

(2)如图 1.68(b)所示，变压器把负载 R_L 变换为等效电阻

$$R_L'=R_0=800\ \Omega$$

变压器的匝数比应为

$$\frac{N_1}{N_2}=\sqrt{\frac{R_L'}{R_L}}=\sqrt{\frac{800}{8}}=10$$

这时信号源输出功率为

$$P=R_L'I^2=R_L'\left(\frac{U_S}{R_0+R_L'}\right)^2=800\times\left(\frac{120}{800+800}\right)^2=4.5(\text{W})$$

可见，经变压器“匹配”后，输出功率增大了许多倍。

(三)三相变压器简介

在电力系统中，用于变换三相交流电压和输送电能的变压器，称为三相电力变压器。如图 1.69 所示，它有三个心柱，各套一相的主、次绕组。由于三相主绕组所加的电压是对称的，因此三相磁通也是对称的，次绕组的电压也是对称的。为了散去运行时由于本身的损耗所发出的热量，通常铁芯和绕组都浸在装有绝缘油的油箱中，通过油管将热量散发于大气中。考虑到油会热胀冷缩，故在变压器油箱上置一储油柜和油位表，此外还装有一根防爆管，一旦发生故障(例如短路事故),产生大量气体时,高压气体将冲破防爆管前端的塑料薄片而释放,从而避免变压器发生爆炸。

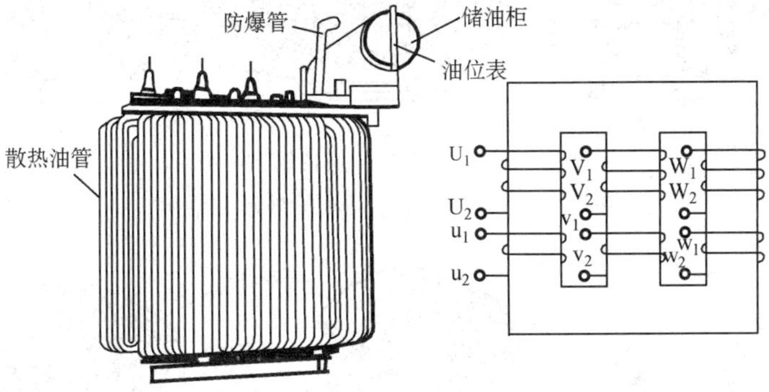

(a) 外形　　(b) 结构示意图

图 1.69　三相变压器

三相变压器的主、次绕组可以根据需要分别接成星形或三角形。三相电力变压器的常见联结方式是 Y/Y_n 和 $Y/\triangle$。Y 表示一次侧为星形接地,△表示三角形接法。其中 Y/Y_n 联结常用于车间配电变压器,Y_n 表示有中性线引出的星形联结,这种接法不仅给用户提供了三相电源,同时还提供了单相电源,通常使用的动力和照明混合供电的三相四线制系统,就是用这种联结方式的变压器供电的;$Y/\triangle$ 联结的变压器主要用在变电站作降压或升压用。

三相变压器主、次绕组线电压的比值,不仅与匝数比有关,而且与联结方法有关。设主、次绕组的线电压分别为 U_{L1}、U_{L2},相电压分别为 U_{p1}、U_{p2},匝数分别为 N_1、N_2,则作 Y/Y_n 联结时,有

$$\frac{U_{L1}}{U_{L2}}=\frac{\sqrt{3}U_{p1}}{\sqrt{3}U_{p2}}=\frac{N_1}{N_2}=K \tag{1.109}$$

作 $Y/\triangle$ 联结时,有

$$\frac{\sqrt{3}U_{p1}}{U_{p2}}=\sqrt{3}\ \frac{N_1}{N_2}=\sqrt{3}K \tag{1.110}$$

三相电力变压器的额定值含义与单相变压器相同,但三相变压器的额定容量 S_e 是指三相总额定容量,可用下式进行计算:

$$S_e=\sqrt{3}U_{2e}I_{2e} \tag{1.111}$$

三相电力变压器的额定电压 U_{1e}/U_{2e} 和额定电流 I_{1e}/I_{2e} 是指线电压和线电流。其中次绕组额定电压 U_{2e} 是指变压器主绕组施加额定电压 U_{1e} 时次绕组的空载电压,即 U_{20}。

二、三相异步电动机的结构和工作原理

(一)三相异步电动机的结构

三相异步电动机的结构由两个基本部分组成,一是固定不动的部分,称为定子;二是旋转部分,称为转子。图 1.70 为一台三相异步电动机的外形和内部结构图。

1. 定子

定子由机座、定子铁芯、定子绕组和端盖等组成。机座通常用铸铁制成,机座内装有由 0.5 mm 厚的硅钢片叠成的筒形铁芯,铁芯内圆周上有许多均匀分布的槽,槽内嵌放三组绕组,绕组与铁芯间有良好的绝缘,如图 1.71 所示。

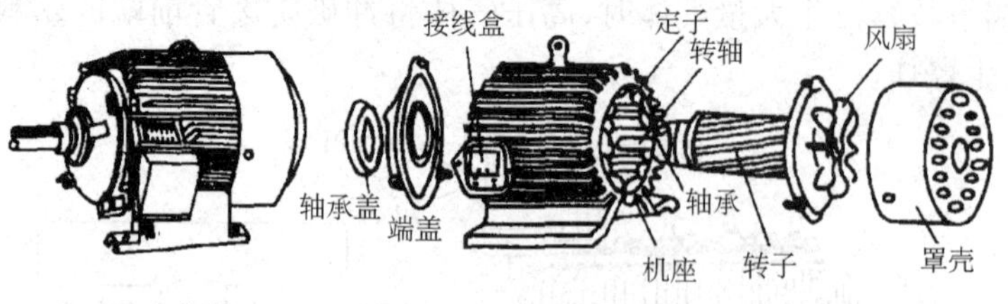

(a) 外形　　(b) 内部结构

图 1.70　三相异步电动机的外形和结构

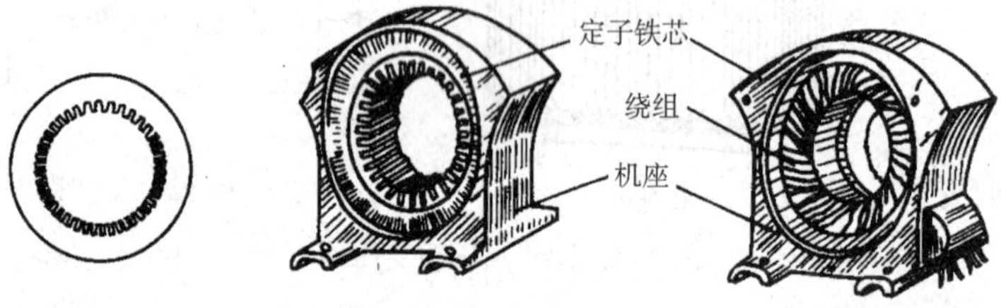

(a) 定子铁芯的硅钢片　　(b) 定子铁芯和机座　　(c) 嵌有三相绕组的定子

图 1.71　三相异步电动机的定子

定子绕组是定子的电路部分，中小型电动机一般采用漆包线(或丝包漆包线)绕制，共分三组，分布在定子铁芯槽内，它们在定子内圆周空间的排列彼此相隔 120°，构成对称的三相绕组，三相绕组共有六个出线端，通常接在置于电动机外壳上的接线盒中，三个绕组的首端接头分别用 U_1、V_1、W_1 表示，其对应的末端接头分别用 U_2、V_2、W_2 表示。三相定子绕组可以联结成星形或三角形，如图 1.72 所示。

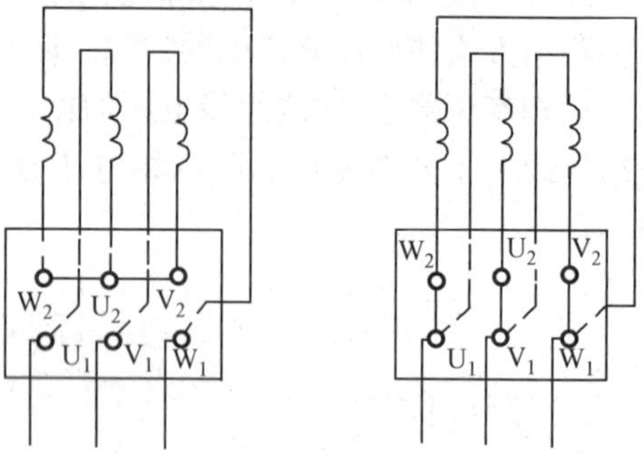

(a) 星形联结　　(b) 三角形联结

图 1.72　三相定子绕组的接法

2. 转子

转子由转子铁芯、转子绕组、转轴、风扇等组成。转子铁芯为圆柱形，通常由定子铁芯冲片冲下的内圆硅钢片叠成，压装在转轴上。转子铁芯与定子铁芯之间有微小的空气隙，它们共同组成电动机的磁路。转子铁芯外圆周上有许多均匀分布的槽，槽内安放转子绕组。转子绕组有笼形和绕线形两种结构。笼形转子绕组是由嵌在转子铁芯槽内的若干铜条组成的，两端分别焊接在两个短接的端环上。如果去掉铁芯，转子绕组的外形就像一个笼，故称笼形转子。目前中小型笼形电动机大都在转子铁芯槽中绕注铝液，铸成笼形绕组，并在端环上铸出许多叶片，作为冷却的风扇。笼形转子的结构如图 1.73 所示。

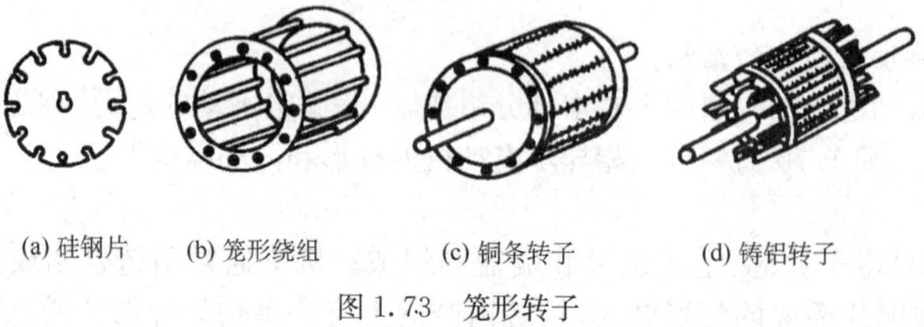

(a) 硅钢片　　(b) 笼形绕组　　(c) 铜条转子　　(d) 铸铝转子

图 1.73　笼形转子

绕线形转子的绕组与定子绕组相似，在转子铁芯槽内嵌放对称的三相绕组，作星形联结。三个绕组的三个尾端联结在一起，三个首端分别接到装在转轴上的三个铜制滑环上，通过电刷与外电路的可变电阻器相联结，用于启动或调速，如图 1.74 所示。

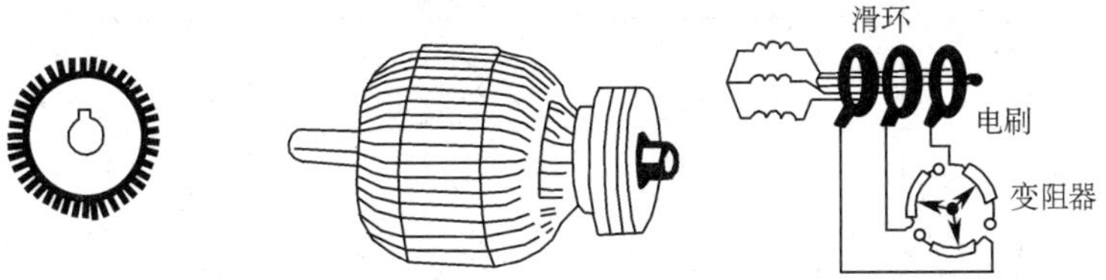

(a) 硅钢片 (b) 转子 (c) 电路

图 1.74 绕线形转子

绕线形异步电动机由于其结构复杂，价格较高，一般只用于对启动和调速有较高要求的场合，如立式车床、起重机等。

（二）三相异步电动机的工作原理

三相异步电动机是利用定子绕组中三相交流电所产生的旋转磁场与转子绕组内的感应电流相互作用而工作的。因此我们先要分析旋转磁场的产生和特点，然后再讨论转子的转动。

1. 定子的旋转磁场

图 1.75 是一个最简单的三相定子绕组(为了便于说明问题，每相绕组只用一匝线圈表示)。在定子铁芯的槽内按空间相隔 120°安放三个相同的绕组 U_1U_2、V_1V_2 和 W_1W_2，设它们作星形联结。当定子绕组的三个首端 U_1、V_1、W_1 分别与三相交流电源 L_1、L_2、L_3 接通时，在定子绕组中便有对称的三相交流电流 i_1、i_2、i_3 流过。若电源电压的相序为 1→2→3，电流参考方向如图1.75 所示，即从首端 U_1、V_1、W_1 流入，从末端 U_2、V_2、W_2 流出，则三相电流的波形如图 1.76 上面部分所示，它们在相位上互差 120°。

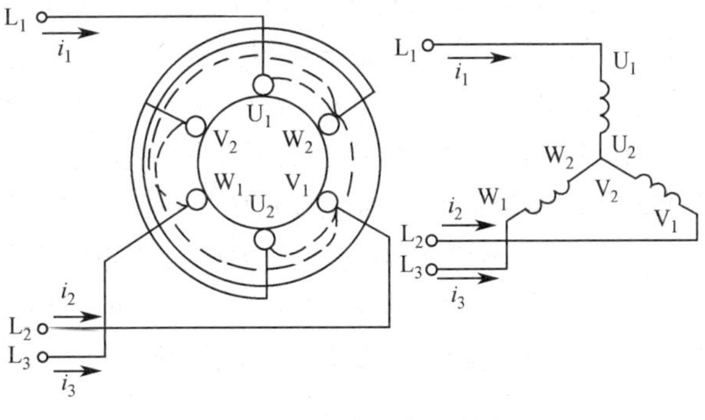

图 1.75 三相定子绕组的布置

下面分析三相交流电在铁芯内部空间产生的合成磁场。在 $\omega t=0$ 时刻，i_1 为 0，U_1U_2 绕组此时无电流；i_2 为负，电流的真实方向与参考方向相反，即从末端 V_2 流入，从首端 V_1 流出；i_3 为正，电流的真实方向与参考方向一致，即从首端 W_1 流入，从末端 W_2 流出，如图 1.76(a)所示。将每相电流产生的磁场相加，便得出三相电流共同产生的合成磁场，这个合成磁场此刻在转子铁芯内部空间的方向是自上而下的，相当于是一个 N 极在上，S 极在下的两极磁场。

用同样的方法可画出 ωt 分别为 $\frac{2}{3}\pi$、$\frac{3}{4}\pi$、2π 时各相电流的流向及合成磁场的磁力线方向，如图 1.76(b)、(c)、(d)所示，而 $\omega t=2\pi$ 时电流流向与 $\omega t=0$ 时完全一样。若进一步研究其他瞬时的合成磁场可以发现，各瞬时的合成磁场的磁通大小和分布情况都相同，但方向各不相同，且向一个方向旋转。当正弦交流电变化一周时，合成磁场在空间也正好旋转了一周，而合成磁场的磁通大小，就等于每相绕组的磁通最大值。

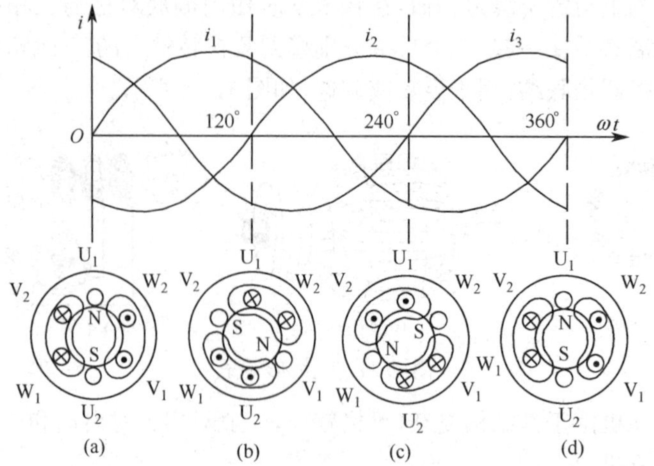

图 1.76　旋转磁场的产生

由上述分析可知，在定子的三个空间上互差 120°的线圈中分别通入在相位上互差 120°的三相交流电时，所产生的合成磁场是一个旋转磁场。

上述电动机每相只有一个绕组，分别放置在定子铁芯的 6 个槽内，在这种条件下所形成的旋转磁场只有一对 N、S 磁极（二极）在旋转。如果每相设置两个绕组，分别放置在定子铁芯的 12 个槽内，则可形成两对 N、S 磁极（四极）的旋转磁场，用上面的分析方法不难证明，当电流变化一个周期时，N 极变为 S 极再变为 N 极，在空间只转动了半周。定子采取不同的结构和接法还可以获得 3 对（六极）、4 对（八极）、5 对（十极）等不同极对数的旋转磁场。

如前所述，一对磁极的旋转磁场当电流变化一周时，旋转磁场在空间正好转过一周。对 50 Hz 的工频交流电来说，旋转磁场每秒钟将在空间旋转 50 周，其转速 $n_1=60f_1=60\times50=3\,000$(r/min)。若旋转磁场有两对磁极，则电流变化一周，旋转磁场只转过半周，相比 $p=1$ 情况下的转速慢了一半，即 $n_1=60f/2=1\,500$(r/min)。同理，在三对磁极的情况下，电流变化一周，旋转磁场仅旋转了 1/3 周。以此类推，当旋转磁场具有 p 对磁极时，旋转磁场转速为

$$n_1=\frac{60f_1}{p}\quad(\text{r/min})\tag{1.112}$$

旋转磁场在空间的旋转方向是由电流相序决定的。若把定子绕组与三相电源相联的三根导线中的任意两根对调位置，则旋转磁场将反向旋转。

2. 转子的转动

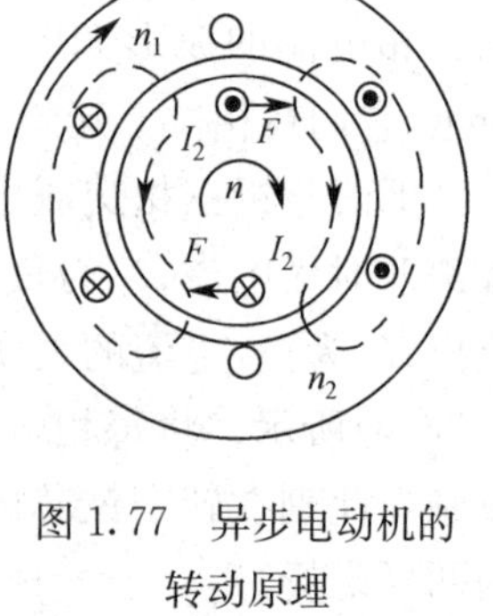

图 1.77　异步电动机的转动原理

设某瞬间定子电流产生的磁场如图 1.77 所示，它以同步转 n_1 按顺时针方向旋转，与静止的转子之间有着相对运动，这相当于磁场静止而转子导体朝逆时针方向切割磁力线，于是在转子导体中就会产生感应电动势，其方向可用右手定则来确定。由于转子电路通过短接端环（绕线型转子通过外接电阻）自行闭合，所以在感应电动势作用下将产生转子电流 I_2。通有电流 I_2 的转子导体因处于磁场中，又会与磁场相互作用，根据左手定则，便可确定转子导体受电磁力 F 作用的方向。电磁力 F 对转轴形成的电磁转矩 T，其方向与旋转磁场的方向一致，于是转子就顺着旋转磁场的方向转动起来。

由以上分析可知，异步电动机转子转动的方向与旋转磁场的方向一致，但转速 n 不可能达

到与旋转磁场的转速 n_1 相等，因为产生电磁转矩需要转子中存在感应电动势和感应电流，如果转子转速与旋转磁场转速相等，两者之间就没有相对运动，磁力线就不切割转子导体，则转子电动势、转子电流及电磁转矩都不存在，转子也就不可能继续以 n_1 的转速转动。所以转子转速与旋转磁场转速之间必须有差别，即 $n<n_1$。这就是"异步"电动机名称的由来。

3. 转差率

同步转速 n_1，与转子转速 n 之差称为转速差，转速差与同步转速的比值称为转差率，用 s 表示，即

$$s=\frac{n_1-n}{n_1}$$

转差率是分析异步电动机运行情况的一个重要参数。当 $n=0$，$s=1$，转差率最大；稳定运行时 n 接近 n_1，s 很小，额定运行时 s 约为 0.01～0.08，空载时 s 在 0.005 以下；若转子的转速等于同步转速，即 $n=n_1$，则 $s=0$，这种情况称为理想空载状态，在电动机实际运行中是不存在的。

由上述分析还可知道，异步电动机的转动方向总是与旋转磁场的转向一致的，如果旋转磁场反转，则转子也随着反转。因此，若要改变三相异步电动机的旋转方向，只需把定子绕组与三相电源连接的三根导线任意对调两根，改变旋转磁场的转向便可。

【例 1-18】 一台三相异步电动机的额定转速 $n_N=1\ 460$ r/min，电源频率 $f=50$ Hz，求该电动机的同步转速、磁极对数和额定运行时的转差率。

【解】 由于电动机的额定转速小于且接近于同步转速，可知，与 1 460 r/min 最接近的同步转速为 $n_1=1\ 500$ r/min，与此相对应的磁极对数 $p=2$，是 4 极电动机。额定运行时的转差率为

$$s=\frac{n_1-n}{n_1}=\frac{1\ 500-1\ 460}{1\ 500}=0.027$$

（三）三相异步电动机的特性

1. 转矩特性

前已述及，异步电动机的电磁转矩是由定子绕组产生的旋转磁场与转子绕组的感应电流相互作用而产生的。磁场越强，转子电流越大，则电磁转矩也越大。可以证明，三相异步电动机的电磁转矩 T 与转子电流 I_2、定子旋转磁场的每极磁通 ϕ 及转子电路的功率因数 $\cos\varphi_2$ 成正比，可表示为

$$T=K_T\phi I_2\cos\varphi_2 \tag{1.113}$$

式中，K_T 为与电动机结构有关的常数；ϕ 为旋转磁场的每极磁通。

三相异步电动机还有下列关系：

$$T=KU_1^2\frac{sR^2}{R_2^2+(sX_{20})^2} \tag{1.114}$$

式中，K 为比例常数；s 为转差率；U_1 为加于定子每相绕组的电压；X_{20} 为转子静止时每相绕组的感抗，一般也是常数；R_2 为每相转子绕组的电阻，在绕线式转子中可外接可变电阻器改变 R_2。由此可见，在式(1.114)中，可以人为改变的参数是 U_1 和 R_2，它们是影响电动机机械特性的两个重要因素。

可见当电源电压 U_1 和转子电阻 R_2 一定时，电磁转矩 T 是转差率 s 的函数，其关系曲线如图 1.78 所示。通常称 $T=f(s)$ 曲线为异步电动机的转矩特性曲线。图中给出的虚线是为了便于联系式(1.114)来理解。可以看出，三相异步电动机的电磁转矩 T 与转子电流 I_2、转子

电路的功率因数 $\cos\varphi_2$ 的乘积成正比。

从三相异步电动机的转矩特性可以看到，当 $s=0$，即 $n=n_1$ 时，$T=0$，这是理想的空载运行；随着 s 的增大，T 也开始增大（这时 I_2 增加快而 $\cos\varphi_2$ 减少得慢），但到达最大值 T_m 以后，随着 s 的继续上升，T 反而减小（这时 I_2 增加慢而 $\cos\varphi_2$ 减少得快）。最大转矩 T_m 又称临界转矩，对应于 T_m 的 S_m 称为临界转差率。

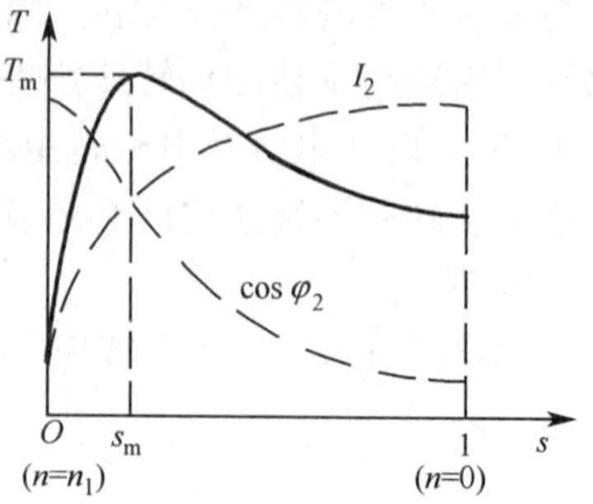

图 1.78　三相异步电动机的转矩特性曲线

2. 机械特性

转矩特性 $T=f(s)$ 曲线表示了电源电压一定时电磁转矩 T 与转差率 s 的关系。但在实际应用中，更直接需要了解的是在电源电压一定时转速 n 与电磁转矩 T 的关系，即 $n=f(s)$ 曲线，这条曲线称为电动机的机械特性曲线。

根据异步电动机的转速 n 与转差率 s 的关系，可将 $T=f(s)$ 曲线变换为 $n=f(T)$ 曲线。只要把 $T=f(s)$ 曲线中的 s 轴变换为 n 轴，把 T 轴平移到 $s=1$，即 $n=0$ 处，再按顺时针方向旋转 90°，便得到 $n=f(T)$ 曲线，如图 1.79 所示，为了正确使用异步电动机，应注意 $n=f(T)$ 曲线上的两个区域和三个重要转矩。

(1)稳定区和不稳定区

以最大转矩 T_m 为界，机械特性分为两个区，上边为稳定运行区，下边为不稳定区。

当电动机工作在稳定区上某一点时，电磁转矩 T 能与轴上的负载转矩 T_L 相平衡（忽略空载损耗转矩）而保持匀速转动。如果负载转矩 T_L 变化，电磁转矩 T 将自动适应随之变化达到新的平衡而稳定运行。现以图 1.80 来说明，例如当轴上的负载转矩 $T_L=T_a$ 时，电动机匀速运行在 a 点，此时的电磁转矩 $T=T_a$，转速为 n_a，如果 T_L 增大到 T_b，在最初瞬间由于机械惯性的作用，电动机转速仍为 n_a，因而电磁转矩不能立即改变，故 $T<T_L$，于是转速 n 下降，工作点将沿特性曲线下移，电磁转矩自动增大，直至增大到 $T=T_b$，即 $T=T_L$ 时，n 不再降低，电动机便稳定运行在 b 点，即在较低的转速下达到新的平衡。同理，当负载转矩 T_L 减小时，工作点上移，电动机又可自动调节到较高的转速下稳定运行。

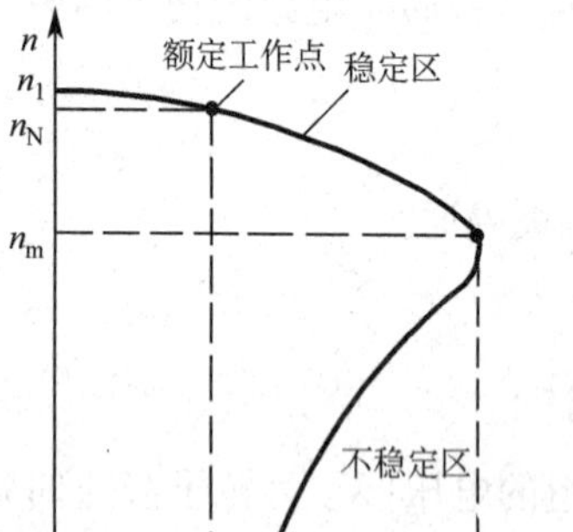

图 1.79　三相异步电动机的机械特性曲线

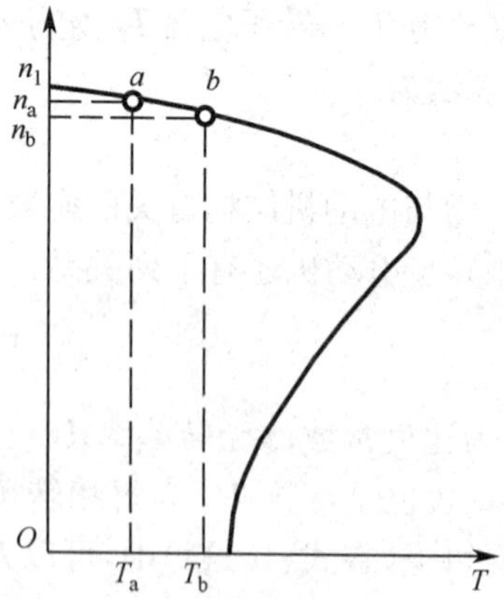

图 1.80　异步电动机自动适应机械负载的变化

由此可见，电动机在稳定运行时，其电磁转矩和转速的大小都决定于它所拖动的机械负载。如果电动机工作在不稳定区，则电磁转矩不能自动适应负载转矩的变化，因而不能稳定运行。例如负载转矩 T_L 增大使转速 n 降低时，工作点将沿特性曲线下移，电磁转矩反而减小，会使电动机的转速越来越低，直到停转(堵转)；当负载转矩 T_L 减小时，电动机转速又会越来越高，直至进入稳定区运行。

(2)三个重要转矩

① 额定转矩 T_e

额定转矩是电动机在额定电压下，以额定转速运行，输出额定功率时，其轴上输出的转矩。因为电动机转轴上的功率等于角速度 ω 和转矩 T 的乘积，即 $P=T\cdot\omega$ 故

$$T_e=\frac{P_e}{\omega_e}=\frac{P_e\times10^3}{\frac{2\pi n_N}{60}}=9\ 550\frac{P_e}{n_e} \tag{1.115}$$

式中，ω_e 的单位为 rad/s；P_e 的单位为 kW；n 的单位为 r/min；T_e 的单位为 N·m。

异步电动机的额定工作点通常大约在机械特性稳定区的中部，如图 1.79 所示。为了避免电动机出现过热现象，一般不允许电动机在超过额定转矩的情况下长期运行，但允许短期过载运行。

②最大转矩 T_m

最大转矩 T_m 是电动机能够提供的极限转矩。由于它是机械特性上稳定区和不稳定区的分界点，故电动机运行中的机械负载不可超过最大转矩，否则电动机的转速将越来越低，很快导致堵转。异步电动机堵转时电流最大，一般达到额定电流的 4～7 倍，这样大的电流如果长时间通过定子绕组，会使电动机过热，甚至烧毁。因此，异步电动机在运行中应注意避免出现堵转，一旦出现堵转应立即切断电源，并卸掉过重的负载。为了描述电动机允许的瞬间过载能力，通常用最大转矩与额定转矩的比值 T_m/T_N 来表示，称为过载系数 λ，即

$$\lambda=\frac{T_m}{T_e} \tag{1.116}$$

一般三相异步电动机的过载系数为 1.8～2.2。

③启动转矩 T_{st}

电动机在接通电源被启动的最初瞬间，$n=0$，$s=1$，这时的转矩称为启动转矩 T_{st}。如果启动转矩小于负载转矩，即 $T_{st}<T_L$，则电动机不能启动。这时与堵转情况一样，电动机的电流达到最大，容易过热。因此当发现电动机不能启动时，应立即断开电源停止启动，在减轻负载或排除故障以后再重新启动。

如果启动转矩大于负载转矩，即 $T_{st}>T_L$，则电动机的工作点会沿着 $n=f(T)$ 曲线从底部上升，电磁转矩 T 逐渐增大，转速 n 越来越高，很快越过最大转矩 T_m，然后随着 n 的升高，T 又逐渐减小，直到 $T=T_L$ 时，电动机就以某一转速稳定运行。由此可见，只要异步电动机的启动转矩大于负载转矩，一经启动，便迅速进入机械特性的稳定区运行。

异步电动机的启动能力通常用启动转矩与额定转矩的比值 T_{st}/T_e 来表示，称为启动系数，并用 λ_{st} 表示，即

$$\lambda_{st}=T_{st}/T_e \tag{1.117}$$

一般三相笼形异步电动机的启动能力是不大的，λ_{st} 约为 0.8～2.2。

【例 1-19】 已知两台异步电动机的额定功率都是 5.5 kW，其中一台电动机额定转速为 2 900 r/min，过载系数为 2.2，另一台的额定转速为 960 r/min，过载系数为 2.0，试求它们的额定转矩和最大转矩各为多少？

【解】 第一台电动机的额定转矩

$$T_{e1}=9\ 550\frac{P_{e1}}{n_{e1}}=9\ 550\times\frac{5.5}{2\ 900}=18.1(N\cdot m)$$

最大转矩　$T_{m1}=\lambda_1 T_{e1}=2.2\times18.1=39.8(N\cdot m)$

第二台电动机的额定转矩

$$T_{e2}=9\ 550\frac{P_{e2}}{n_{e2}}=9\ 550\times\frac{5.5}{960}=54.7(N\cdot m)$$

最大转矩　$T_{m2}=\lambda_2 T_{e2}=2.0\times54.7=109(N\cdot m)$

三、常用低压电器

低压电器是指工作在直流 1 200 V、交流 1 000 V 以下的各种电器，按动作性质可分为手动电器和自动电器两种。常用低压电器包括熔断器、铵钮开关、闸刀开关、组合开关、交流接触器、热继电器和自动空气断路器。下面先介绍继电—接触器控制系统中最常用的几种低压电器。

(一)闸刀开关

闸刀开关是结构最简单的一种手动电器，如图 1.81(a)所示，它由静插座、手柄、触刀、铰链支座和绝缘底板组成。刀开关在低压电路中，用于不频繁接通和分断电路，或用来将电路与电源隔离，此时又称为“隔离开关”。按极数不同刀开关分单极(单刀)、双极(双刀)和三极(三刀)三种，它们在电路图中的符号如图 1.81(b)所示。

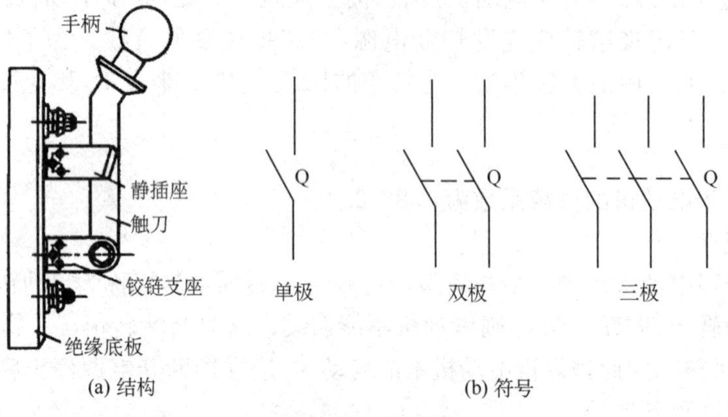

图 1.81　刀开关

(二)组合开关

组合开关又称转换开关，实质上也是一种刀开关，不过它的刀片是转动式的。它由装在同一根轴上的单个或多个单极旋转开关叠装在一起组成，有单极、双极、三极和多极结构，根据动触片和静触片的不同组合，有许多接线方式。如图 1.82 所示为常用的 H_{Z10} 系列组合开关，它有三对静触片，每个触片的一端固定在绝缘垫板上，另一端伸出盒外，连在接线柱上，三个动触片套在装有手柄的绝缘轴上。转动手柄就可将三个触点同时接通或断开。组合开关常用来作生产机械的电源引入开关，也可用于小容量电动机的不频繁控制及局部照明电路中。

(三)熔断器

熔断器是最常用的短路保护电器，串接在被保护的电路中。熔断器中的熔片或熔丝统称

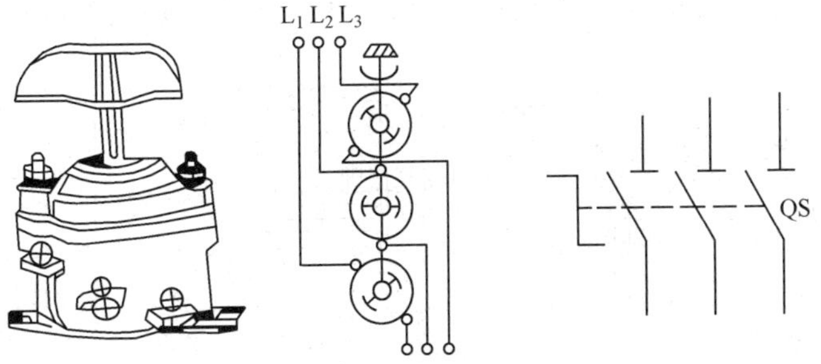

(a) 外形　　(b) 结构示意图　　(c) 符号

图 1.82　组合开关

为熔体，一般由电阻率较高而熔点较低的合金制成，在电流较大的电路中也有用细铜丝制成的。线路在正常工作时，熔断器的熔体不熔断，一旦发生短路，熔体应立即熔断，及时切断电源，以达到保护线路和电气设备的目的。如图 1.83 所示为三种常用的熔断器以及熔断器的图形符号。

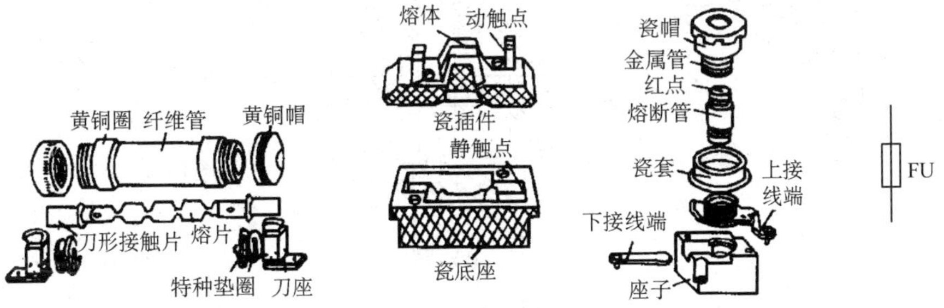

(a) 管式熔断器　　(b) 插入式熔断器　　(c) 螺旋式熔断器　　(d) 图形符号

图 1.83　熔断器

实用上，常把熔断器和刀开关组合在一起，称为闸刀开关和铁壳开关，既可用来接通或切断电路，又可起短路保护作用。

闸刀开关如图 1.84(a)所示，它用瓷料做底，刀片与刀座用胶木罩住，以保证用电安全。刀片下面装有熔丝，安装闸刀开关时，电源进线应接在刀座上，用电设备应接在刀片下面熔丝的另一端。这样当闸刀开关断开时，刀片和熔丝不带电，以保证装接熔丝时的安全。铁壳开关如图 1.84(b)所示，它由刀片、刀座、速断弹簧、操作手柄、熔断器等组成，安装在铁盒中。当通过手柄拉开刀片时，由于速断弹簧的作用，使刀片能迅速脱离刀座，避免电弧烧伤。在操作手柄一侧的铁壳盖上有一凸筋，它与操作手柄的位置有机械联锁的作用，当开关合上时，使铁壳盖不能打开；而当铁壳盖打开时，又使开关无法合上，以保证使用安全。

(四)按钮开关

按钮开关也是一种简单的手动开关，通常用于发出操作信号，接通或断开电流较小的控制电路，以控制电流较大的电动机或其他电气设备的运行。按钮的结构如图 1.85(b)所示，它由按钮帽、动触点、静触点和复位弹簧等构成。在按钮未按下时，动触点是与上面的静触点接通的，这对触点称为动断触点；这时动触点与下面的静触点则是断开的，这对触点称为动合触点。当按下按钮帽时，上面的动断触点断开，而下面的动合触点接通；当松开按钮帽时，动触点在复位弹簧的作用下复位，使动断触点和动合触点都恢复原来的状态。

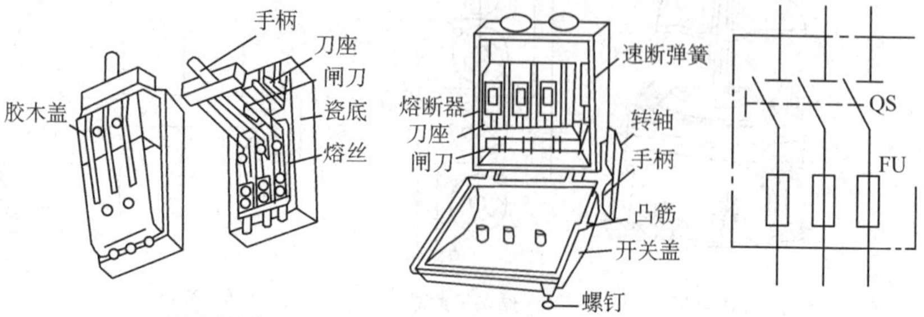

(a) 闸刀开关　(b) 铁壳开关　(c) 图形符号

图 1.84　闸刀开关与铁壳开关

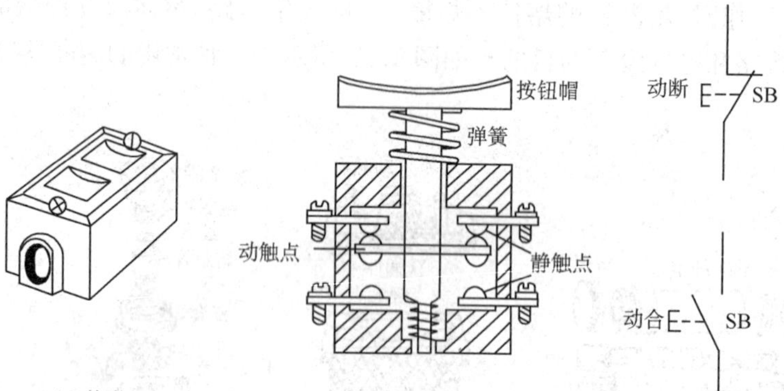

(a) 外形　(b) 结构　(c) 图形符号

图 1.85　按钮

（五）交流接触器

接触器是一种依靠电磁力的作用使触点闭合或分离来接通和断开电动机（或其他用电设备）电路的自动电器。图 1.86 是交流接触器的外形、结构和图形符号。其电磁铁的铁芯分静铁芯和动铁芯两部分，静铁芯固定不动，动铁芯与动触点连接在一起可以左右移动。当电磁铁的吸引线圈通过额定电流时，静、动铁芯间产生电磁吸力，动铁芯带动动触点一起右移，使动断触点断开，动合触点闭合；当吸引线圈断电时，电磁力消失，动铁芯在弹簧的作用下带动动触点复位，使动断触点和动合触点恢复原状，可见利用接触器线圈的通电或断电可以控制接触器触点的闭合或分开。

交流接触器的触点分主触点和辅助触点两种。主触点的接触面较大，允许通过较大的电流；辅助触点的接触面较小，只能通过较小的电流（5 A 以下）。主触点通常是三对动合触点，可接在电动机的主电路中。当接触器线圈通电时，主触点闭合，电动机就旋转；当接触器线圈断电时，主触点分开，电动机就停转。这就是利用线圈中小电流的通断来控制主电路中大电流的通断。接触器的辅助触点通常是两对动合触点和两对动断触点，可用于控制电路中。接触器的线圈和触点符号如图 1.86(c)所示。

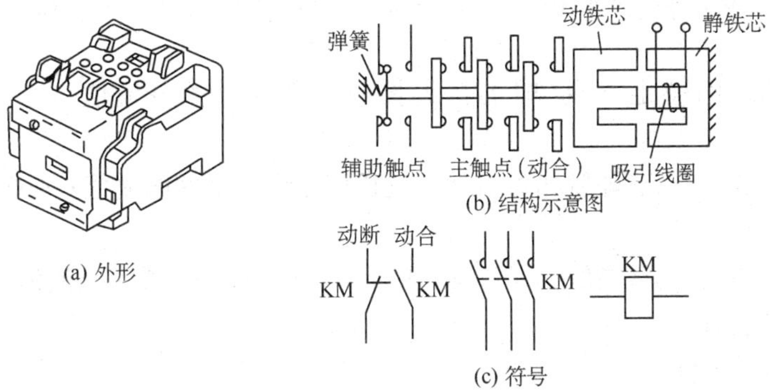

图 1.86 交流接触器

(六)自动空气断路器

自动空气断路器又称为空气自动开关(QF),它是一种常用的低压保护电器,用于低压(500 V 以下)的交直流配电系统。在正常供电时作不频繁接通和切断电路之用,一旦电路发生过载、短路和失压故障,其保护装置立即动作,使开关断开,切断电路。故障排除以后,只要把自动空气断路器的手柄扳到合闸位置就可恢复供电。自动空气断路器的结构较刀开关、组合开关复杂,形式也有多种,其一般原理如图 1.87 所示。自动空气断路器通过操作手柄扳到合闸位置时,与主触点相连的连杆被锁扣 5 锁住,主触点保持闭合状态,电源接通,电路正常工作。过电流脱扣器和欠电压脱扣器都没有动作,处于图中位置,不影响锁扣闭锁。当电路出现过载或短路时,与主电路相串联的电流继电器 7 线圈中的电流增大,电磁吸力也随之增大,衔铁下移。根据杠杆原理带动过电流脱扣器 6 上的凸出部分向上运动,将锁扣顶开。主触点 2 在释放弹簧 1 的拉力下迅速断开,这样就切断了主电路电源。由于辅助触点在正常工作时是闭合的,电压继电器的线圈得电,电磁力吸引衔铁下移插入线圈中。当电路发生故障而失去电压时,电压继电器失压、电磁力消失,衔铁上升。根据杠杆原理使欠电压脱扣器 8 向上运动将锁扣顶开,主触点在释放弹簧的拉力下迅速断开,切断主电路。待故障排除后须再次扳动手柄向上合闸,电路重新工作。自动空气断路器按组装型式分为塑料外壳(DZ)型和框架(DW)型两大类。

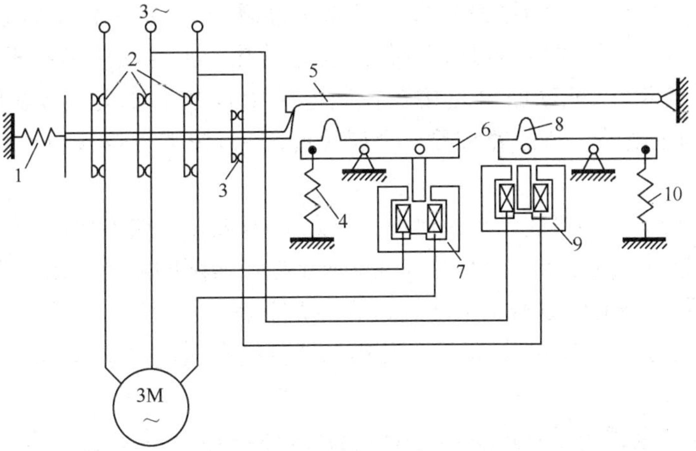

图 1.87 自动空气断路器原理示意图

1—释放弹簧;2—主触点;3—辅助触点;4—弹簧;5—锁扣;
6—过电流脱扣器;7—电流继电器;8—欠电压脱扣器;9—电压继电器;10—弹簧

对于自动空气断路器，在使用时应该注意其容量的选择。以下三点可保证对低压断路器的正确选择：

(1)低压断路器的额定电流(即主触头长期允许通过的电流值)，应按电路工作电流选择；

(2)脱扣器的额定电流(即脱扣器不动作时长期允许通过的电流值)，应按电路和工作电流选择；

(3)脱扣器的整定电流(指脱扣器不动作时允许通过的瞬时最大电流值)应按电路可能出现的最大尖峰电流选择。

(七)热继电器(FR)

热继电器是利用电流热效应工作的自动电器，它在电路中能起到过载保护的作用。当电流超过额定值的20%时，热继电器在20 min之内能自动切断主电路，保护电动机免受长时间过载的危害。图1.88是热继电器的外形图和原理图。

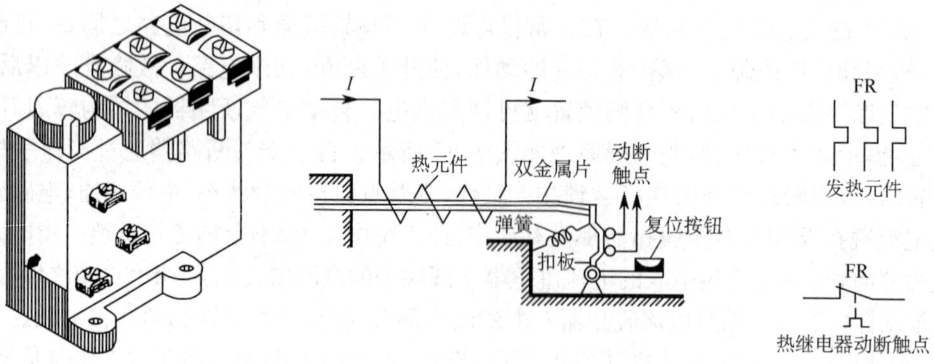

(a) 外形图　　(b) 原理图　　(c) 符号

图1.88　热继电器

热元件是一段电阻值不大的电阻丝绕制在一双金属片上而成，并串接在电动机的主电路中。通过它们的电流是电动机的线电流。双金属片由两片膨胀系数不同的金属片压制而成，上层膨胀系数小，下层膨胀系数大。当电路过载，电动机工作电流超过额定电流时，发热元件发出较多的热量并传递给双金属片，使它受热向上弯曲脱离扣板。扣板在弹簧的拉力下将动断触点断开(此动断触点接在控制电路中)，结果使交流接触器的吸引线圈失电，断开电动机的主电路。待故障排除双金属片冷却后，按下复位按钮动断触点闭合，热继电器恢复工作。

由于热惯性，热继电器不能作短路保护。因为，一旦发生短路事故，必须立即断开电路，而热继电器不能满足瞬动的要求。这种热惯性能合乎生产实际的需要。在电动机启动或短时间过载时，热继电器不会动作，以避免电动机的不必要停车。

热继电器的符号如图1.88(c)所示。发热元件应接在主电路中，动断触点应接在控制电路中。

通常用的热继电器有JRO、JR10、JR16系列，热继电器的主要技术数据是整定电流。JR10－10型的热元件有17个规格，整定电流的范围为0.25～10 A；JRO－40的热元件有9个规格，整定电流的范围为0.4～40 A。

热继电器的选用原则是：热元件的额定电流与电动机的额定电流 I_N 必须基本一致。

四、异步电动机控制电路

用继电器、交流接触器、按钮、熔断器等低压电器组成的有触点控制电路称为继电一接触器控制电路。通常继电一接触器控制电路分为主电路和控制电路两大部分。主电路部分应包含三相刀开关(或自动空气断路器)、熔断器、交流接触器的主触点、热继电器的发热元件、负载(电动机或照明)等部件;控制电路部分应包含熔断器、按钮、交流接触器、继电器等部件。主电路通过的电流比较大,因此串联在主电路中的触点必须具有承受大电流的能力。为了表达清楚、读图方便,各种电器必须用统一的符号来表示。为了便于设计电路,同一个低压电器上的各个部件分别画在主电路和控制电路中,但各部件的符号必须相同,不能随意变更。在不同的工作阶段,各个电器的状态是不同的。触点时闭时合,而在电气原理图中只能表示出一种状态,因此,电器原理图中所有的电器触点均为常态,即表示原始的状态——吸引线圈没有通电,按钮未按下。按照最新国家标准,电气原理图为自左至右纵向排列,但在教学上为便于讲述,使学生易于接受,能较直观地读图,同时与后续"可编程控制器"的梯形图保持一致性,本书的电气原理图仍采用按生产工艺顺序的先后自上而下的横向排列方式。

(一)电动机的点动及两地控制

点动切断自锁回路,就成为点动控制。按下按钮 SB2 接通控制电路,电动机启动运行;松开按钮 SB2,控制电路即断开,电动机立即停止运行。点动常用于生产机械个别环节单独调整运行、生产机械设备试车及只允许点动的机械设备,如吊车等。

图 1.89(a)为最简单的点动控制电路。图 1.89(b)是能点动控制又能自锁的控制单元。若开关 S 打开,只能点动;若开关 S 闭合,则自锁电路接通电动机能够连续运行。图1.89(c)是用复合按钮 SB3 进行点动和自锁控制。按下 SB3,复合按钮的动断触点切断了自锁回路,电动机进行点动控制。若不按 SB3 而只按 SB2,则具有自锁功能,电动机能连续运行。图 1.89(d)是采用中间继电器实现点动的控制单元。利用点动启动按钮 SB2 控制中间继电器 KA,KA 的动合触点并联在 SB3 两端,控制接触器 KM,再控制电动机实现点动,当需要连续控制时,按下 SB3 按钮即可,需要停止时只要按下 SB1 按钮即可。

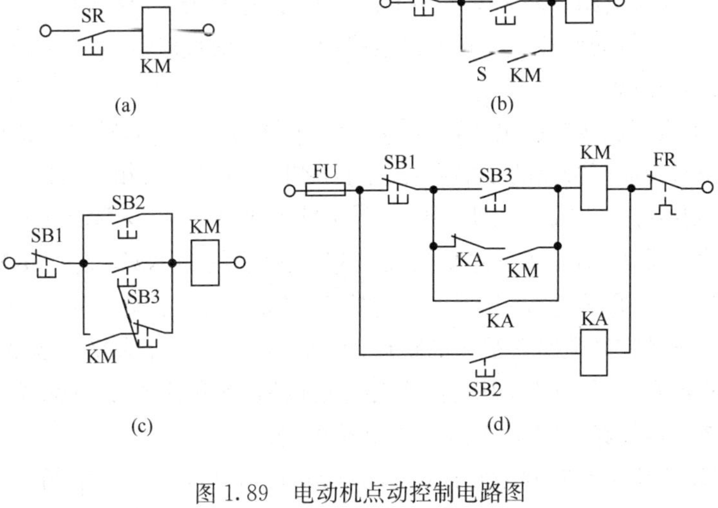

图 1.89　电动机点动控制电路图

在生产过程中为了操作方便，往往一台生产设备有几个操作台，每个操作台都能正常操作生产设备，也即两地及多地启动。图 1.90(a)是多地启动、停止控制电路。启动按钮 SB4、SB5、SB6 并联在一起，按任一按钮，吸引线圈 KM 都能得电，使主触点和自锁触点闭合，电动机正常运行。

停止按钮 SB1、SB2、SB3 串联在一起，按任一按钮都可以使吸引线圈失电，断开主电路，电动机停止运行。有些大型机械设备，为了保证操作人员安全，要求几个操作者同时按下启动按钮，电动机才能启动运行。为满足这种要求，可以将若干个启动按钮串联起来使用，图 1.90(b)所示。

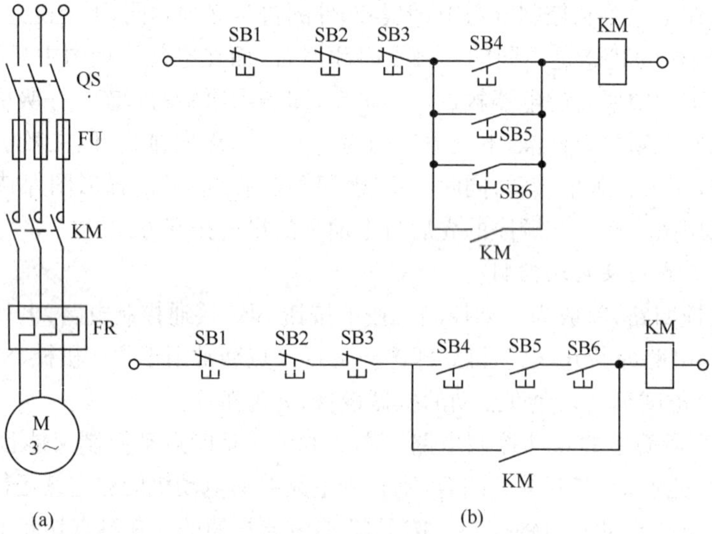

图 1.90 电动机两地及多地控制电路图

(二)电动机的正反转

在生产实践过程中，往往要求运动部件能进能退、能上能下，例如机床工作台的前进与后退、机床主轴的正转及反转、起重机的提升与下降等。这就要求带动机械运动的电动机具有正反转的功能。如何来控制电动机的正反转，其基本方法是改变电源的相序。为实现这个方法，应对使用的电器及控制电路有两个基本要求：①需要设置两个交流接触器，一个控制电动机的正转，另一个控制电动机的反转。②在控制电路中两个交流接触器绝对不能同时接通，否则将会造成严重的相间短路事故。

无互锁的电动机正反转控制电路图如图 1.91(a)所示，是电动机正反转控制电路的主电路，主电路含有两对交流接触器的主触点，其中有两相主触点是换相连接的。图 1.91(b)是无互锁的正反转控制电路。当按下按钮 SB_F 时吸引线圈 KM_F 得电，主触点 KM_F 闭合，电动机实现正转；若要改为反转，则先按下停止按钮 SB1，使吸引线圈 KM_F 失电，KM_F 主触点断开，电动机停止正转。然后再按下按钮 SB_R，吸引线圈 KM_R 得电，主触点 KM_R 闭合，电动机实现反转。由此可见，这种控制电路有很大的缺点：电动机从正转改变为反转必须按一次停止按钮和一次启动按钮，浪费时间；同时，万一操作时按错按钮，容易出现主触点 KM_F 与 KM_R 同时闭合的情况，造成电源短路。因此，控制电路必须改进。

有互锁的电动机正反转控制电路如图 1.91(c)所示，是接触器互锁的电动机正反转控制电路。该电路将两个交流接触器的辅助动断触点 KM_F、KM_R 分别串接在对方的吸引线圈控制电路中，形成相互制约的控制，这种方法称为电气互锁。起互锁作用的辅助动断触点称为互锁触点。这个控制电路解决了因按错按钮而造成电路相间短路的问题，但电动机从正转变为反转依然得先按一次停止按钮后再按一次启动按钮。

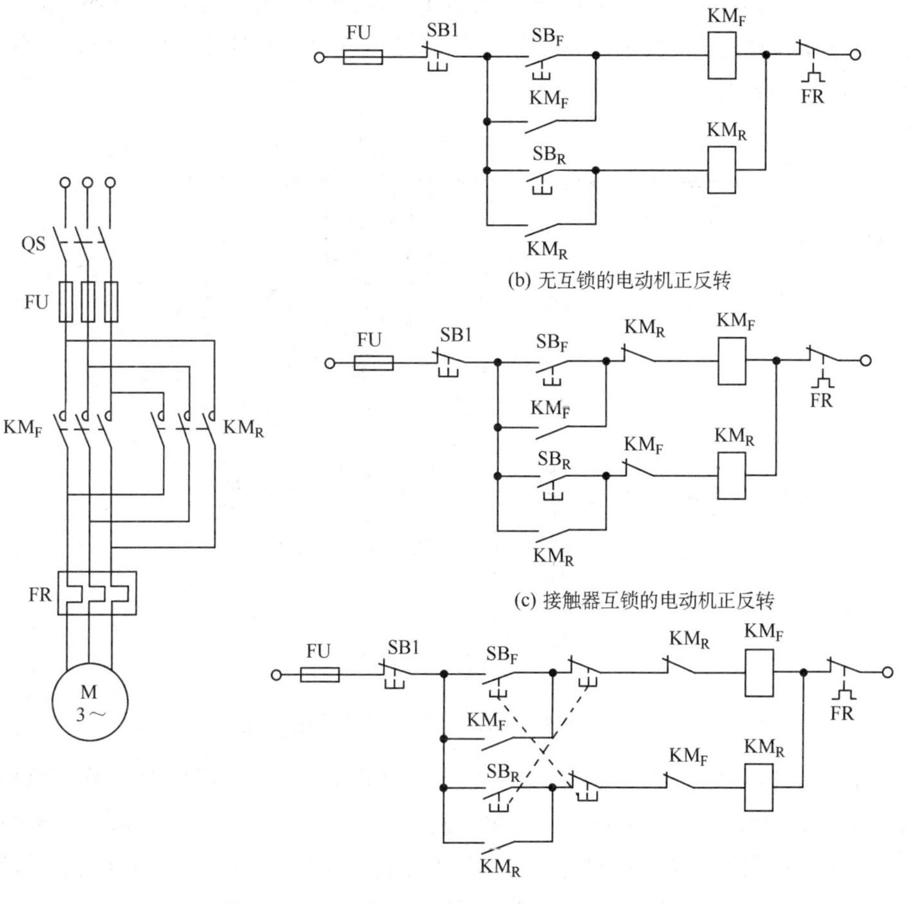

(b) 无互锁的电动机正反转

(c) 接触器互锁的电动机正反转

(a) 主电路

(d) 电气互锁，机械互锁的电动机正反转

图 1.91 电动机正反转控制电路图

对于要求频繁正反转启动的电动机，可采用如图 1.91(d)所示的控制电路。图中的正反转启动按钮 SB_F、SB_R 采用复合按钮，即把两个按钮中的动断触点分别串接到对方的控制电路中，利用按钮动合和动断触点的机械连接，在操作时两个触点同时动作。在电路中采用相互制约的接法以实现互锁，这种互锁称为按钮机械互锁。当电动机进行正转时，不需先停机再按按钮 SB_R 实现反转，只要直接按反转按钮 SB_R，电动机即可实现反转。

（三）电动机的顺序控制及时间控制

1. 电动机的顺序启动

实际生产中的机械设备往往有很多台电动机，如组合机床有几个动力头，每个动力头都有一台电动机，多台电动机的启动、停止控制有以下两种情况：

(1)多台电动机同时启动、停止控制电路。图 1.92(a)是三台电动机 M1、M2、M3 同时启动和同时停止的控制电路。按下启动按钮 SB1，吸引线圈 KM1、KM2、KM3 同时得电，使 M1、M2、M3 同时启动运行；按下停止按钮 SB1，吸引线圈 KM1、KM2、KM3 同时失电，M1、M2、

M3 同时停止运行。图 1.92(b)是两台电动机同时启动、停止，又能分别启动的控制电路。它既能实现同时启动、停止，又能分别单独启动。控制电路中的开关 S1、S2 是复合开关，对电动机作单独启动控制。要使 M2 单独启动和停止，只要合上开关 S1、S2 的动合触点闭合、动断触点断开，保证吸引线圈 KM1 不能通电，然后再按下启动按钮 SB2 或停止按钮 SB1 就能单独启动和停止了。同理，要使 M1 单独启动和停止，只要合上开关 S2 即可。如果 S1、S2 不动作，则可以使 M1 和 M2 同时启动，同时停止。

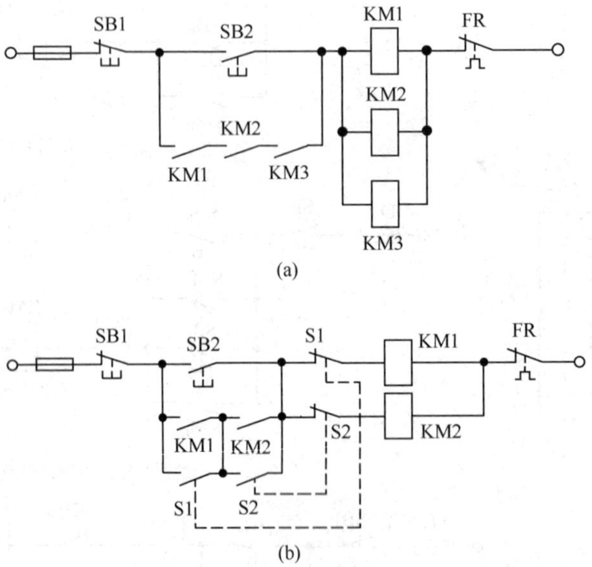

图 1.92　多台电动机同时启动、停止的控制电路

(2)多台电动机顺序启动控制电路：装有多台电动机的生产机械设备在工作中将根据生产工艺的要求各台电动机按一定的顺序启动和停止，这种控制方法称为顺序控制。顺序控制有：顺序启动顺序停止、顺序启动同时停止、顺序启动分别停止等多种形式。例如常见的磨床，要求在开机前先启动润滑液压泵，打出润滑液。只有当润滑液压泵电动机运转正常打出润滑液后，方能开动砂轮电动机进行磨削。当加工完毕，必须在砂轮停止运行后才能关闭润滑泵。润滑泵不能先行停止工作。图 1.93(a)就是顺序启动分别停止的控制电路。设 M1 是润滑泵电动机、M2 是砂轮电动机。按下启动按钮 SB2，吸引线圈 KM1 得电且自锁，润滑泵电动机启动运行。另一对串接在吸引线圈 KM2 线路中的辅助动合触点 KM1 闭合，为砂轮电动机启动作准备。待润滑泵运行正常后，按下启动按钮 SB4，吸引线圈 KM2 得电且自锁，砂轮电动机启动运行进行工件磨削。与此同时，另一对辅助动合触点 KM2 并联在 SB1 和 SB2 两端，确保即使误按停止按钮 SB1，润滑泵电动机也不能停止工作(即砂轮不停润滑泵也不能先停)。只有当工件磨削完毕，按下停止按钮 SB3，吸引线圈 KM2 失电，砂轮电动机停止运行后，并联在 SB1 和 SB2 两端的辅助动合触点 KM2 才断开，此时再按下停止按钮 SB1，润滑泵电动机才会失电停止工作。

2. 电动机的时间控制

由多台电动机作动力的组合机床，除了顺序控制以外，还可以按生产工艺要求经过一定时间延时自行启动、自动停止。这需要借助于时间继电器的时间延时功能来完成。

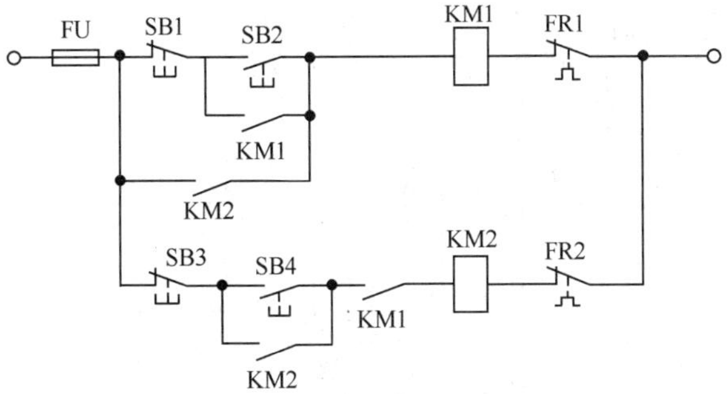

(a) 顺序启动分别停止的控制电路

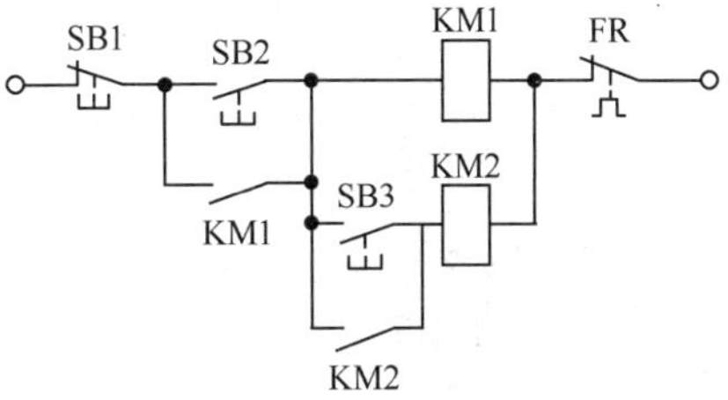

(b) 顺序启动同时停止的控制电路

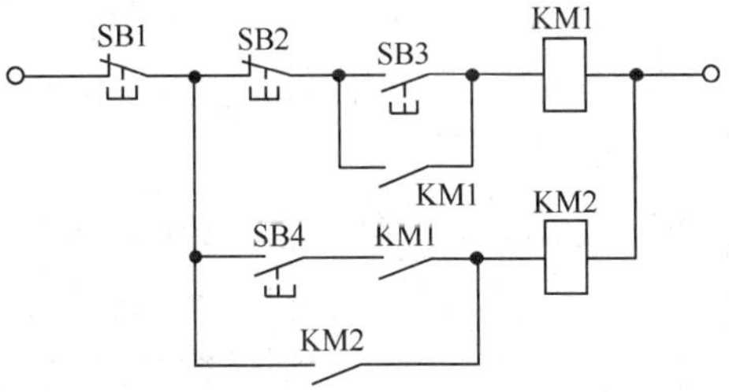

(c) 顺序启动同时停止，M1能单独停止的控制电路

图 1.93　顺序启动控制电路

(1)笼形异步电动机的星—三角启动控制电路

凡是笼形异步电动机在正常运行时定子绕组采用三角联结，为减小启动电流，在启动时可以采用星—三角降压启动方法。笼形异步电动机的星—三角启动控制电路采用了通电延时型时间继电器，这也是常用的时间原则控制电路。图 1.94(a)是笼形异步电动机星—三角启动的主电路。当主触点 KM1 和 KM3 同时闭合，而 KM2 断开时，电动机的定子绕组为星形联结；当主触点 KM1 和 KM2 同时闭合，而 KM3 断开时，电动机的定子绕组为三角形联结。为实现这样的要求，在启动时必须使交流接触器 KM1 和 KM3 同时得电工作，而 KM2 必须失电，此时电动机定子绕组为星形联结运行。与此同时，时间继电器 KT 得电，经过一定时间的延时后必须先使交流接触器 KM3 失电，然后交流接触器 KM2 才能得电，实现电动机定子绕组为三角形联结的正常运行状态。必须注意：交流接触器 KM1、KM2、KM3 不能同时得电进行工作，否则会发生短路事故。

这个控制电路比较简单，但电动机定子绕组在作星—三角切换时，交流接触器 KM1 始终未断电，主触点 KM1 始终处于闭合状态。电动机是感性负载，在作星—三角切换时，流过的电流较大，一般 KM3 主触点容量较小，容易产生电弧将主触点烧坏。同时，一旦主触点发生黏结现象而又未能及时发现处理，会造成主触点 KM1、KM2、KM3 同时闭合，电路发生短路事故。为避免出现上述情况，一般采用如图 1.94(c)所示的改进型控制电路。

(2)自耦变压器降压启动控制电路

在自耦变压器降压启动控制电路中，电动机启动电流的限制是依靠自耦变压器的降压作用来实现的。电动机启动时定子绕组上的电压是自耦变压器的二次电压(全电压的 65% 或 80%)，一旦启动完成，自耦变压器被断开，电动机定子绕组直接接到电源上，实现全电压正常运行。用作降压启动的自耦变压器在工矿企业被称为启动补偿器。

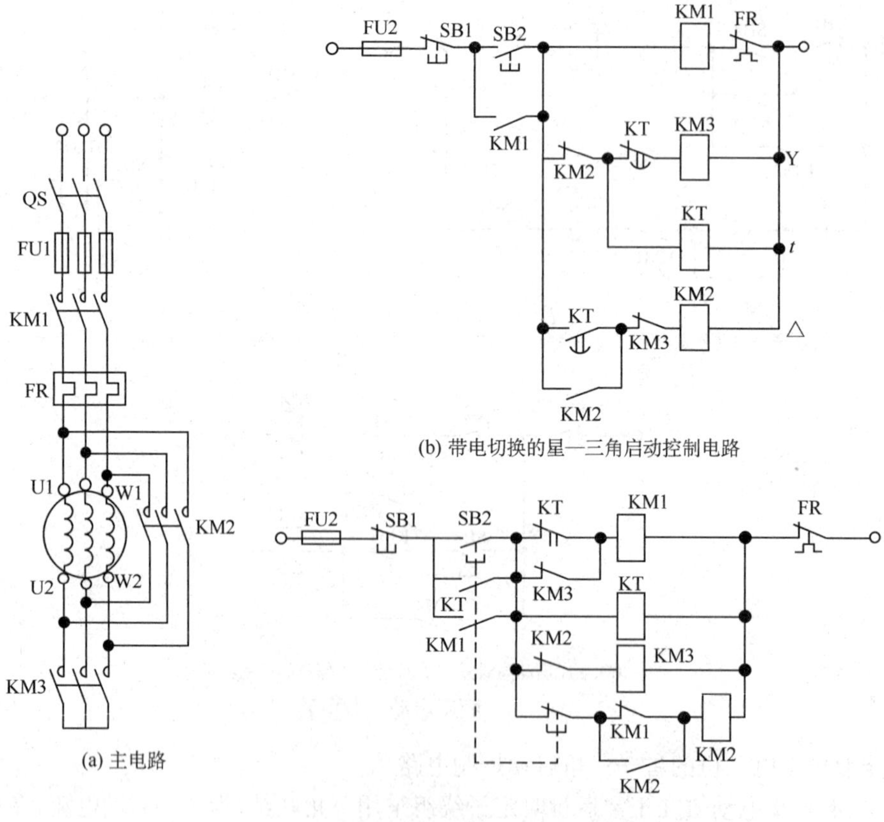

(a) 主电路

(b) 带电切换的星—三角启动控制电路

(c) 不带电切换的星—三角启动控制电路

图 1.94　电动机星—三角降压启动控制电路

图 1.95 就是自耦变压器降压启动控制电路图。启动时按下启动按钮 SB2，吸引线圈 KM1 得电且自锁，主触点 KM1 闭合，定子绕组两端电压为全电压的 65%，辅助动断触点 KM1 断开，切断吸引线圈 KM2 得电通路，电动机作降压启动。与此同时，由于自锁触点 KM1 的闭合，使通电型时间继电器得电工作，延时开始。

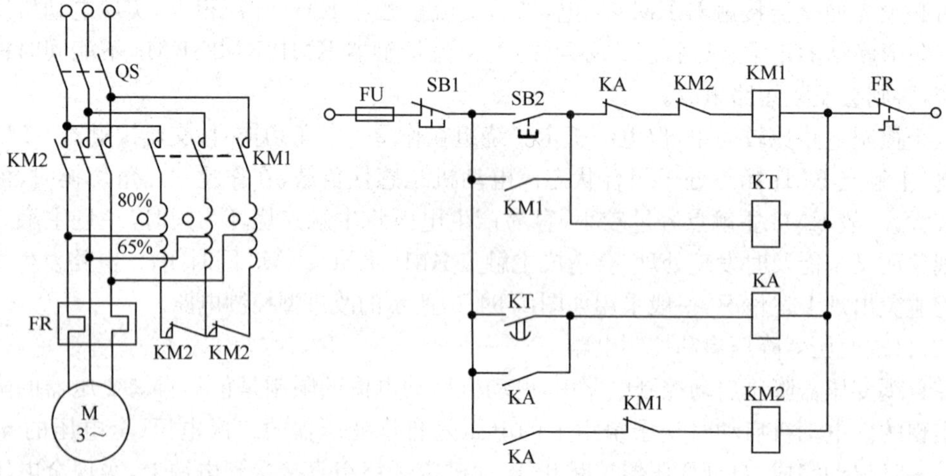

(a) 主电路

(b) 控制电路

图 1.95　自耦变压器降压启动

电动机启动后，随着时间继电器延时动合触点的闭合，中间继电器 KA 得电且自锁，串接在 KM1 控制电路中的动断触点 KA 断开，使吸引线圈 KM1 失电，主触点 KM1 断开，切除自耦变压器；与此同时，吸引线圈 KM2 得电，主触点 KM2 闭合，定子绕组得到全电压正常运行，同时时间继电器 KT 也失电停止工作。

电路中设置一只中间继电器 KA 的目的就是解决交流接触器 KM2 的辅助触点数不足，以及时间继电器 KT 触点电流容量不足的问题。

(3)笼形异步电动机的能耗制动控制电路

笼形异步电动机能耗制动的原理是：当电动机脱离三相交流电源后，立即在定子绕组里通入一组直流电流，使之产生一个静止的磁场，由于惯性、转子继续转动，产生的感应电流与静止磁场相互作用而产生制动转矩。电动机停止运行时，必须立即切除通入的直流电流。三相交流电源与直流电源之间必须采用互锁环节。

图 1.96 是电动机能耗制动的控制电路，电路中所用的时间继电器是断电延时型时间继电器。启动时按下按钮 SB2，吸引线圈 KM1 得电自锁，主触点闭合电动机正常运行。与此同时，时间继电器得电，延时断开的动合触点 KT 立即闭合，但由于 KM1 辅助动断触点的断开，吸引线圈 KM2 仍不能得电。制动时，按下按钮 SB1，吸引线圈 KM1 失电，主触点 KM1 断开三相电源，辅助动断触点 KM1 复原闭合。同时，时间继电器 KT 失电，延时开始。因延时断开的动合触点已保持闭合状态，使吸引线圈 KM2 得电，其主触点 KM2 闭合，向电动机定子绕组通入一组低压直流电，制动开始。经过延时，时间继电器的延时断开动合触点断开复原，吸引线圈 KM2 失电，切断直流电源，制动随之结束。

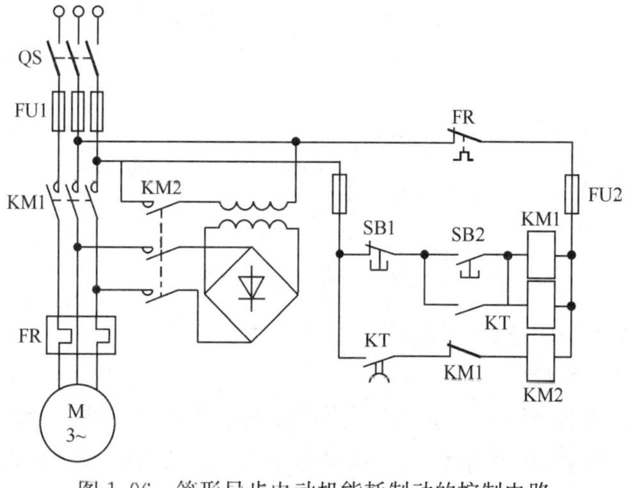

图 1.96　笼形异步电动机能耗制动的控制电路

第四节　施 工 供 电

一、工地变电所

发电厂发电机产生的电压，通常为 6.3 kV、10.5 kV、13.8 kV。为了减小电能在传输途中线路对电能的损耗，常常需要把电能经过升压变压器升压后，再向远处输电。工地变电所的任务是将电压降伏至 220/380 V，以便供负载使用。

施工工地用电，需要考虑的是从 6 kV 或者 10 kV 电压电源引入高压电，再用工地变电所降压到 220/380 V,向负载供电。其中比较重要的是工地变电所的变压器型号的选择及工地变电所设施位置的确定。

(一)工地变电所概述

工地变电所的作用是将较高的电网电压,降到 220/380 V,引入配电房再分配到各用电设备。图 1.97 是工地变电所的变压器与高压输电线和低压配电线连接关系的实体图,图 1.98 是其原理图。

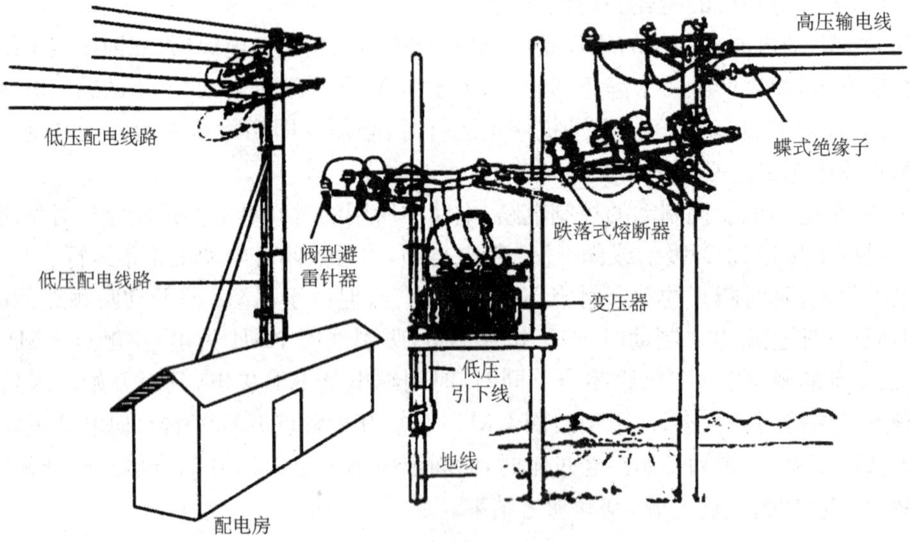

图 1.97　变电所接线实体图

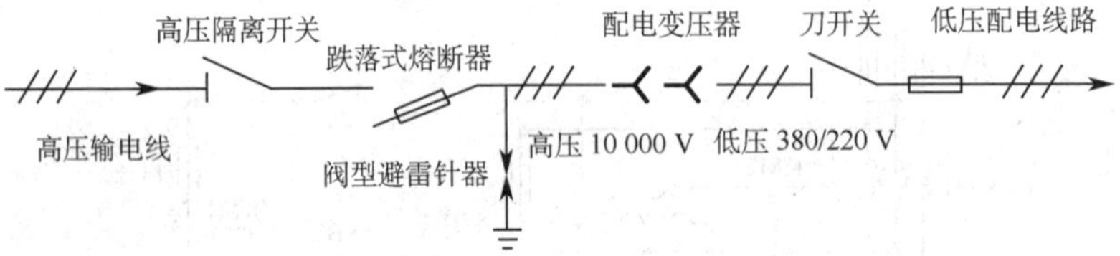

图 1.98　变电所接线原理图

变压器的工作原理前面已讨论过,这里不再赘述。

(二)变压器的技术指标

变压器的型号由两部分组成。前部分为字母,表示变压器的类别、结构特征、运行方式及用途等。后一部分为数字,其中分子表示额定容量(kV · A),分母表示高压供给的电压等级(kV)。

例:SL1-80/10 表示三相油浸自冷式铝线变压器,额定容量为 80 kV · A,高压绕组的电压等级为 10 kV。

变压器的主要参数指标:

(1)初级绕组的额定电压 U_{1e}

U_{1e}指规定加在初级绕组上的最高电压值(在三相变压器中指线电压)。

(2)次级供给的额定电压 U_{2e}

U_{2e}是在初级电压等于初级额定电压 U_{1e},并且在变压器空载时,次级绕组两端的电压值(三相变压器指线电压)。

(3)初、次级绕组的额定电流 I_{1e}、I_{2e}

初、次级绕组的额定电流 I_{1e}、I_{2e}是允许长期通过的最大电流值(三相变压器指线电流),它们是根据变压器长期工作时允许温升规定的。

(4)额定容量 S_e

S_e 是指变压器工作在额定状态时的视在功率,对于单相变压器,有

$$S_e = U_{2e} \cdot I_{2e}/1\,000 \quad (\text{kV} \cdot \text{A})$$

对于三相变压器,有

$$S_e = \sqrt{3}U_{2e} \cdot I_{2e}/1\,000 \quad (\text{kV} \cdot \text{A})$$

(5)额定温升 T_e

T_e 指变压器允许达到的最高温度与环境温度之差(绕组额定温升为 650 ℃)。变压器温升过高会使变压器绝缘损坏。变压器的实际负载与额定负载之比称负载系数 β_0。$\beta_0 = 0.5$ 时,变压器的损耗最小,温升最低;$\beta_0 = 0.3$ 时,变压器的损耗与满载相等,β_0 继续下降时,损耗急剧增加。

使用变压器时,一般来说 $\beta_0 = 0.75 \sim 0.90$,此时既能控制温升,又能充分利用变压器。

(三)配电变压器的位置选择

除了配电变压器的型号、容量选择之外,还应按照下列原则选最佳安装位置:

(1)尽量处于负荷中心。

(2)高压进线方便,尽量靠近高压电杆。

(3)地势较高而干燥,运输方便,易于安装。

(4)远离交通要道和人畜活动中心。

以上各点,往往不可兼得,但应该力求兼顾。

二、工地输配电路线

配电变压器输出线路为低压配电路线。从总配电盘到各分配电盘之间电路的基本形式有树干式和放射式两种,如图 1.99 所示。树干式优点是用料省,缺点是发生故障时影响面积较大,一般用在负荷较集中的场合;放射式优点是某一支路发生故障不会影响其他支路,一般用在负荷较分散的场合。

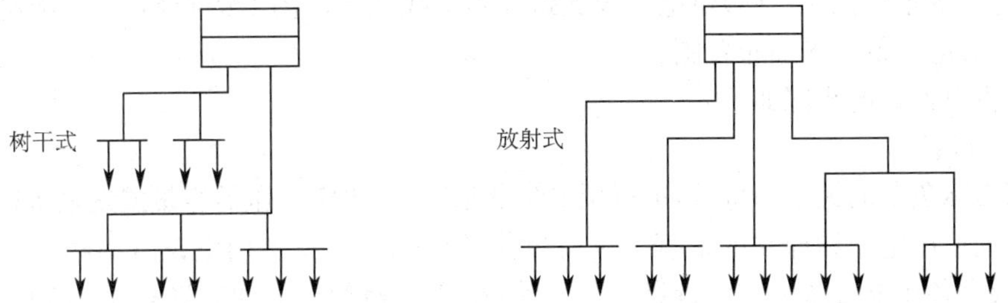

图 1.99 配电系统基本形式

在施工现场也有同时用树干式与放射式混合的电路形式。低压配电的线路有架空线路和电缆线路两种,施工现场的配电线路一般都采用架空线,因为架空线工程简单,费用低,便于检修。为了保证供电可靠、安全和不间断,其线路的布置应满足以下基本要求。

(1)线路应尽量架设于道路一侧,以免妨碍交通。

(2)线路应尽量平坦、取直,以免电杆受力不均而倾倒。在横跨道路时应尽量垂直相交,跨越线高要满足如图 1.100 所示的要求,并能使各种施工机械穿行不受妨碍。

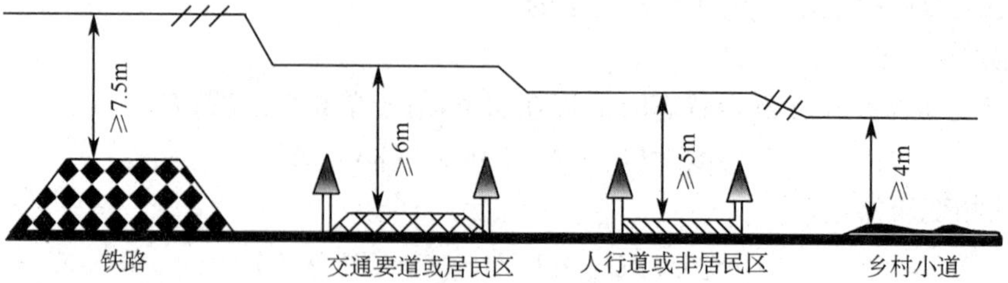

图 1.100　线路跨越各种道路的净高值

(3)线路与建筑物要保持安全距离,其水平距离不小于 1.5 m,距无门窗的墙不小于 1 m。

(4)在 220/380 V 的低压线路中,木电杆间距为 25～40 m。杆位应避开地下电缆、暗沟等。

(5)分支线和进户线必须由电杆接出。

(6)终端杆和分支杆的零线应采取重复接地,以减小接地电阻和防止因零线断线而引起的触电事故。

(7)线路的终端杆和转角杆要装拉线。

三、工地供电设计概要

在施工中,使用的能源主要是电能,施工现场的电力供应是保证实现高速度、高质量工程施工作业的重要前提。因此,在施工组织设计中,必须根据施工现场用电的特殊性,从节约用电、降低工程造价,保证工程质量和安全生产着手,进行周密的考虑和安排。施工工地用电与一般工厂用电比较,相似之处是用电设备主要是动力设备和照明设备,采用 220/380 V电压;不同之处是施工工地的用电设备移动性较大,环境较为恶劣,临时性强,负荷变化较大。

大量的工程实践表明,施工供电设计主要应考虑到下列几个方面的问题:(1)选择合适的电源。合适电源的选择有两种方案,一种是电网供电,这是首选方案;另一种是在施工现场距电网较远,或施工期较短,用电量不大而附近单位的变压器容量又没有裕量时,采用交流发电机作为电网供电的备用电源。(2)施工工地总用电量,以此选择工地变电所或发电机组的容量。(3)电源的最佳位置。(4)供电干线支路线和干线在平面图上的布局。(5)配电导线截面积计算。(6)电力供应平面布置图。

施工供电设计的步骤如下:

1. 负荷估算

根据实际负荷的大小和特点,进行用电量的估算,是决定变压器容量或发电机输出功率以及选择其他低压电器和导线的依据。进行负荷估算时不能将各用电设备的额定功率直接相加,必须根据各用电设备的工作特点进行一系列计算。计算的方法有许多种,这里只介绍需要系数法一种。

(1)需要系数 K

实际施工中各种用电设备并不同时使用,即使同时使用的设备也不大可能同时达到满载。因此,通过大量的实践表明,在设计供电总量时可以根据各种不同设备的特点和使用数量,将其额定容量乘上一个折减系数,这个折减系数就称为需要系数,并由折减系数确定实际供电需求。

(2)暂载率 J_C

在电气设备中,有些设备是连续工作的,有一些设备是断续工作的,所谓暂载率就是工作时间与工作周期之比的百分值。

$$J_C=(\text{工作时间}/\text{工作周期})\times 100\%$$
$$=[\text{工作时间}/(\text{工作时间}+\text{停歇时间})]\times 100\%$$

式中,工作周期=工作时间+停歇时间。

对于断续工作的电气设备,在进行用电量的估算前,应将其非规定暂载率时的额定功率换算为规定暂载率时的额定功率。工地上常用的断续工作设备主要有起重用电动机和电焊机。起重用电动机的规定暂载率为 25%,若其暂载率不等于 25%时,额定功率的换算公式为

$$P_e=2P_e'\sqrt{J_e} \tag{1.118}$$

式中　P_e——换算后电动机的额定功率,kW;

P_e'——换算前电动机的额定功率,kW;

J_e——换算前的暂载率,以百分值代入。

电焊机的规定暂载率为 100%,若暂载率不等于 100%,按下式将其额定功率换算为暂载率 $J_C=100\%$时的额定功率:

$$S_{100e}=\sqrt{J_e}\cdot S_e \tag{1.119}$$

式中　S_{100e}——暂载率 $J_e=100\%$电焊机的额定功率,kV·A;

S_e——换算前电焊机的额定功率,kV·A;

J_e——换算前电焊机的暂载率,以百分值代入。

(3)电动机的效率 η 与功率因数 $\cos\varphi$

电动机铭牌上标出的额定功率是电动机的输出功率,由于电动机内部存在消耗,在估算电源容量时,必须计入。即电动机实际消耗的电能,大于其输出功率。电动机的输出功率与实际消耗的电功率之比称为有效效率,用 η 表示。施工工地电动机的平均 η 值为 0.86。

有功功率 P 与无功功率之和称为视在功率 S,有功功率与视在功率的比值称为功率因数,其表达式为

$$\cos\varphi=P/S$$

(4)施工用电量的估算

施工用电量的精确计算是比较繁杂的,可以按下式估算施工用电总量:

$$S_{\text{总}}=1.1\left(K_1\frac{\sum \text{P}}{\eta\cos\varphi}+K_2\sum S_{100e}\right) \tag{1.120}$$

式中　$S_{\text{总}}$——总用电量,kV·A;

$\sum P$——各电动机额定功率的总和,kW,其中包括暂载率 $J_C=25\%$时起重用电动机的额定功率;

$\sum S_{100e}$——暂载率 $J_C=100\%$时各电焊机的额定功率的总和,kV·A;

$\cos\varphi$——电动机的平均功率因数,一般为 0.75~0.90,计算时取 0.85;

η——电动机的平均效率,可取 0.86;

K_1、K_2——电动机和电焊机的需要系数。

(5)选择变压器

根据工地用电总量和高压电路等级相关标准选用合适的变压器。

(6)选择发动机

若该工地选用发电机供电,由于工地用电量较大,负荷变化量也大,一般选用两台发电机组较合理。在这种情况下,应将发电机组布置在负荷相对集中的地方,以使布线距离最短,线损最小。

2. 电源位置的确定

电源位置确定的基本原则:

(1)电源为移动式发电机,应根据各个负载点实际用电量的多少,将发电机设置在负荷中心处,以使电能损耗、电压损耗和导线的消耗量减少。

(2)如果供电电源为电网,则应使变压器靠近高压电杆,以使高压进线方便,但低压供电距离一般不得大于 700 m。

(3)电源应设在工地的较高位置处,注意避开山洪口,以防洪水侵袭。电源处的地基要牢固,周围无化学废气和煤烟等。

(4)电源的设置位置应考虑电气设备的运输和安装问题。

(5)应考虑工程前后负荷多少及位置的变化,使电源尽量处于全工程中最大电能消耗的中心位置。

3. 导线的选择

为保证供电安全、经济及电压质量得到保障,配电线路的导线须按发热、电压损失和机械强度三个标准来确定。对于电流较大,输电距离较短的线路,按发热标准选择导线截面积,对于输电距离较长的线路,按电压损失标准来选择;对较小电流的线路按机械强度标准选择。用上述某种标准选择出了导线截面积后,还应用其他标准校核,经校核如不符合标准就要增大导线的截面积。

(1)发热标准选择截面积

导线的发热量与通过导线的电流强度及导线的电阻率、敷设方式等因数有关。一般都有规定的允许电流值,即导线的安全载流量。一般取导线的安全载流量等于线电流 I_L,即

$$I_L=\frac{S_{总}\times 10^3}{\cos\varphi\sqrt{3}U_L}\quad(\mathrm{A})\tag{1.121}$$

式中　$S_{总}$——视在功率,kV·A;

U_L——线电压,V。

确定了线电流以后,根据安全载流量,查相关标准确定导线型号。

(2)按允许的电压损失选择导线截面积

导线的电压损失过大会影响用电设备的安全和经济运行。电压低不仅使电动机的输出功率和效率降低,还会造成电动机过热而烧毁。在供电规则中规定,低压配电线路的电压波动值应为额定电压的±5%,临时供电时其值可以略大些,但不应超过 8%。因此在布置工地配电线路时应尽量减少配送电电压降。按电压损失选择导线截面积的简化公式为

$$S=\sum(P\cdot L)/(\Delta U\cdot C)\tag{1.122}$$

式中　S——导线的截面积,mm^2;

$\sum(P\cdot L)$——同一条线路上的功率矩之和,kW·m;

ΔU——允许的电压损失,指相对电压降,一般小于 5%,临时供电不大于 8%;

C——常数;

L——输电距离,m。

(3)按机械强度选择导线的截面积

由于导线本身的重量以及风雨冰雪等外加压力，要求导线有一定的机械强度，以保证在安装和运行中不致折断。按机械强度选择导线截面积，这种方法很简单，直接查表就可以了。

4. 电力供应平面图

电力供应平面图是施工组织设计的组成部分，是电气设备安装和检修工作的主要依据，是一种重要的技术文件。施工现场电力供应平面图在施工场地平面图的基础上明确地标示出电气设备及线路设施。图中应标出电源位置、配电线路走向、导线型号、根数及截面积、配电箱位置、电杆和用电设备等。配电线路的各支路应用文字符号标注，配电线的表示如图 1.101 所示。

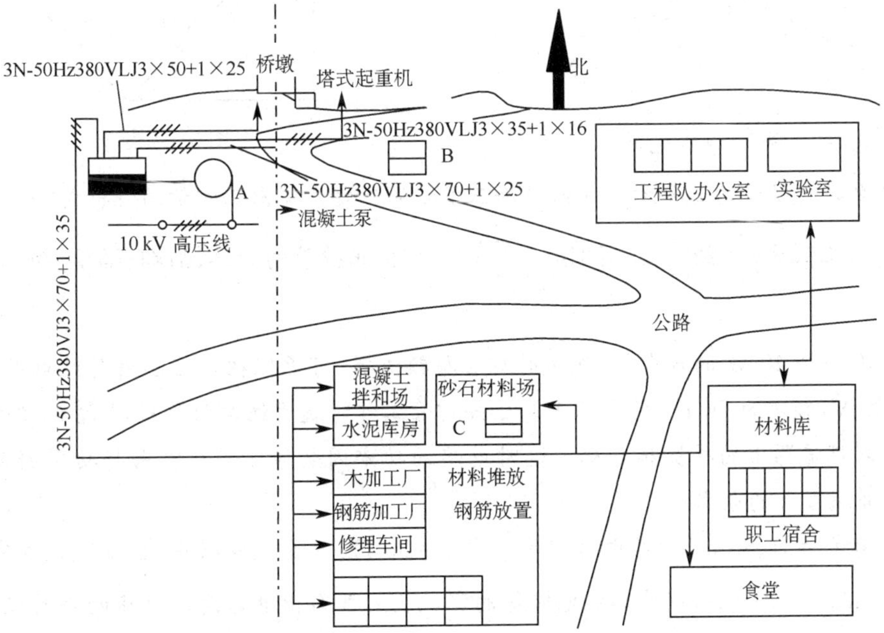

图 1.101　某施工电力供应平面图

本章小结

本章包含四节内容，重点学习了直流电路的欧姆定律和克希荷夫定律以及交流电路的相电压、相电流的计算；学会使用熔断器、按钮开关、闸刀开关、组合开关、交流接触器、热继电器和自动空气断路器等常用低压电器；掌握了能在施工组织设计中，根据施工现场用电的特殊性，从节约用电、降低工程造价、保证工程质量和安全着手各方面考虑，进行工地的供电设计。

复习思考题

1. 在如图 1 所示的电路中，已知各支路的电流 I、电阻 R 和电动势 E，试写出各支路电压 U 表达式。

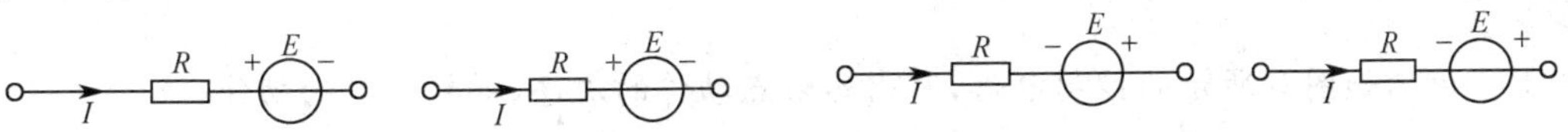

图1　习题1

2. 在如图 2 所示的电路中，已知各元件的参数，试求 U_{AB}、U_{BC}、U_{CA}。

3. 试求如图 3 所示电路中各电阻的电流及电压。已知 $R_1=4\ \Omega$，$R_2=12\ \Omega$，$R_3=6\ \Omega$，$R_4=8\ \Omega$，$U_S=10\ V$，$I_S=2\ A$。

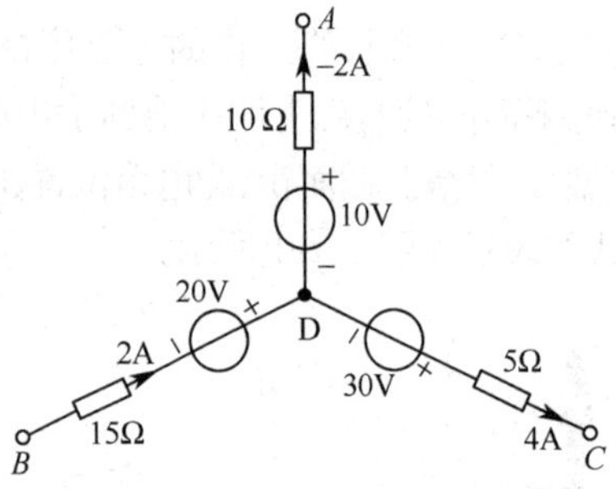

图 2　习题 2

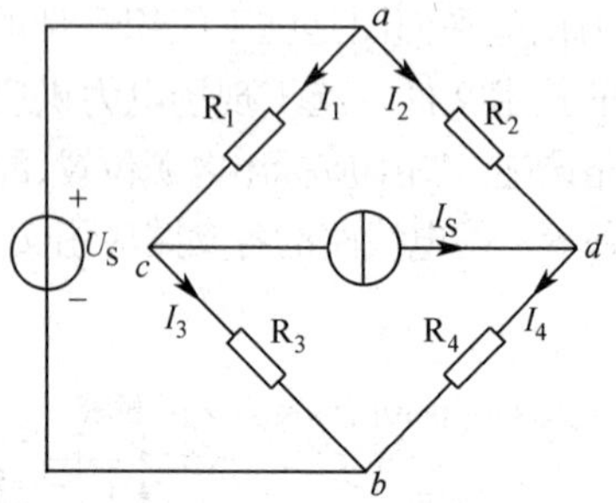

图 3　习题 3

4. 什么是正弦量的三要素？如何根据正弦量的三要素写出正弦量的解析式？

5. 已知正弦量 $u=220\sqrt{2}\sin\left(314t+\frac{\pi}{3}\right)$ V，求出正弦量的频率、周期、幅值、初相位，并画出矢量图。

6. 今有一个 40 W 的日光灯，使用时灯管与镇流器（可近似把镇流器看作纯电感）串联在电压为 220 V、频率为 50 Hz 的电源上。已知灯管工作时属于纯电阻负载，灯管两端的电等于 110 V，试求镇流器上的感抗和电感。这时电路的功率因数等于多少？若将功率因数提高到 0.8，问应并联多大的电容？

7. 容量 $C=31.85\ \mu F$ 的纯电容接于频率 $f=50$ Hz 的交流电路中，已知流过电容的电流 $i=2.2\sqrt{2}\sin(\omega t+90°)$ A，试计算该电容器的容抗 X_C，并写出电容两端电压的瞬时值表达式，计算无功功率 Q。

8. 电路如图 4 所示的三相四线制电路，三相负载连接成星形，已知电源线电压 380 V，负载电阻 $R_a=11\ \Omega$，$R_b=R_c=22\ \Omega$，试求：

（1）负载的各相电压、相电流、线电流和三相总功率；

（2）中线断开，A 相又短路时的各相电流和线电流；

（3）中线断开，A 相断开时的各线电流和相电流。

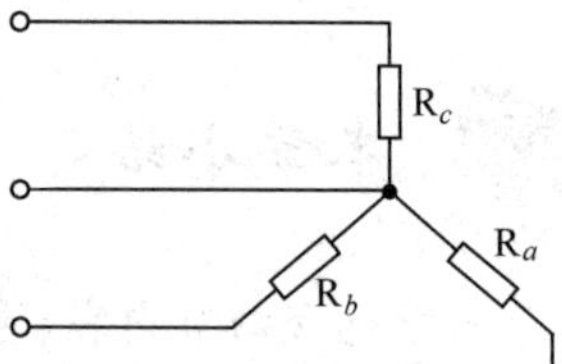

图 4　习题 8

9. 有一台变压器，一次绕组电压 $U_1=3\ 000$ V，二次绕组电压 $U_2=220$ V。如果负载是一台 220 V，25 kW 的电阻炉，试求变压器一、二次绕组的电流各为多少？

10. 一台三相异步电动机型号为 Y112M－2，电源频率为 50 Hz，转子额定转速为 2 890 r/min，求额定转差率。

11. 某多速三相异步电动机，频率为 50 Hz，若极对数由 $p=2$ 变到 $p=4$ 时，同步转速各是多少？

12. 试读如图 5 所示的控制电路，写出各触点动作的次序，并判断它的功能。

13. 试分析图 6 控制电路的工作原理，写出各触点的动作次序，并指出电路的功能。

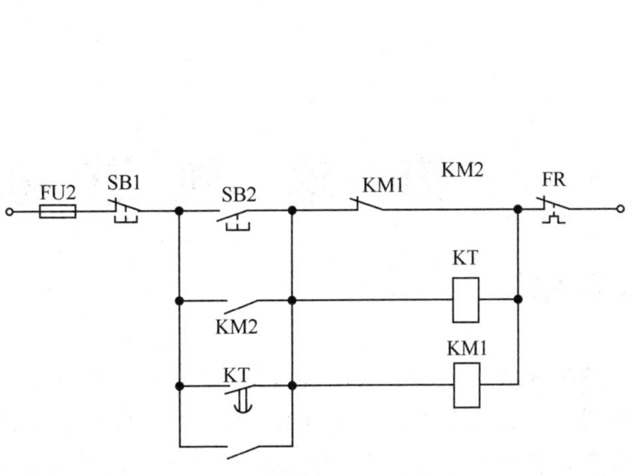

图 5 习题 12

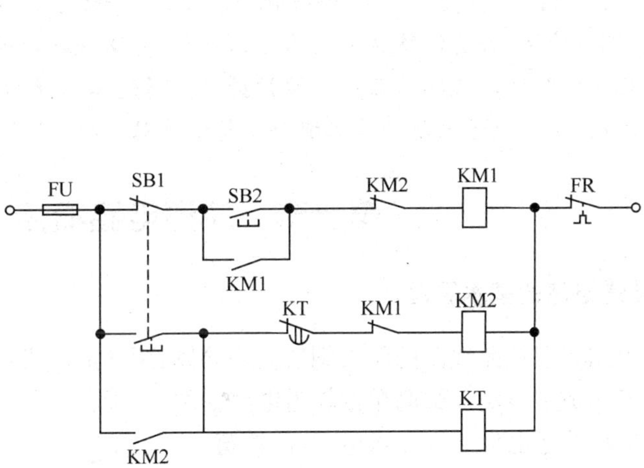

图 6 习题 13

14. 什么叫变压器的负载系数？使用变压器时，负载系数应取多大为好？为什么？

第二章 轨 道 电 路

本章概述

轨道电路是铁路信号的重要基础设备，它是由钢轨线路和钢轨绝缘设备等构成的电路，是保证行车和调车作业安全的组成部分。通过轨道电路可以监督检查某一固定区段内的线路(包括站线)是否有列车运行、调车作业或车辆占用的情况，并能显示该区段内的钢轨是否完整，其性能直接影响行车安全和运输效率。本章主要介绍轨道电路的工作原理、工频交流连续式轨道电路、25 Hz 相敏轨道电路、移频轨道电路、驼峰轨道电路、轨道电路的基本工作状态和基本参数、钢轨绝缘、普速铁路轨道电路施工配合、高速铁路轨道电路施工配合、轨道电路联合整治以及轨道电路区段线路作业安全防护措施。通过本章学习，使学生了解各式轨道电路组成及工作原理，掌握轨道电路的施工配合及整治注意事项，并具有安全防护的技能。

第一节 轨道电路概述

一、轨道电路的基本原理

轨道电路是以铁路线路的两根钢轨作为导体，两端加以机械绝缘(或电气绝缘)，接上送电和受电设备构成的电路。最简单的轨道电路如图 2.1 所示。

轨道电路的送电设备设在送电端，由轨道电源 E 和限流电阻 R_X 组成。限流电阻的作用是保护电源不致因过负荷而损坏，同时保证列车占用轨道电路时，轨道继电器可靠落下。接收设备设在受电端，一般采用继电器，称为轨道继电器，由它来接收轨道电路的信号电流。

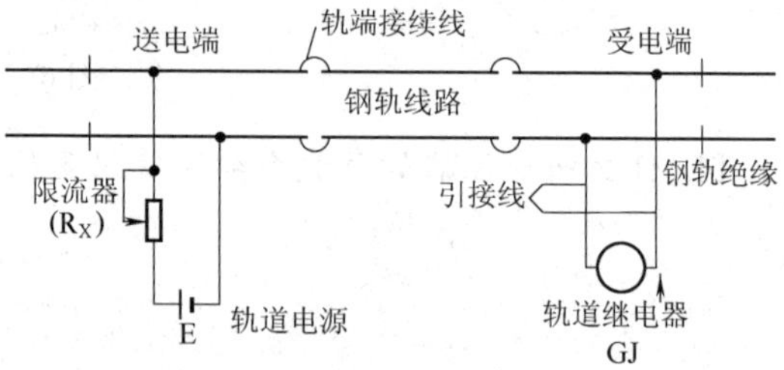

图 2.1 最简单的轨道电路

送、受电设备一般放在轨道旁的变压器箱或电缆盒内，轨道继电器设在信号楼内。送、受电设备由引接线(钢丝绳)直接接向钢轨或通过电缆过轨后由引接线接向钢轨。

钢轨是轨道电路的导体，为减小钢轨接头的接触电阻，增设了轨端接续线。钢轨绝缘是为分隔相邻轨道电路而装设的。两绝缘节之间的钢轨线路，称为轨道电路的长度。

当轨道电路内钢轨完整，且没有列车占用时，轨道继电器吸起，表示轨道电路空闲。轨道电路被列车占用时，它被列车轮对分路，轮对电阻远小于轨道继电器线圈电阻，流经轨道继电器的电流大大减小，轨道继电器落下，表示轨道电路被占用。

二、轨道电路的作用

轨道电路的第一个作用，是监督列车的占用。利用轨道电路监督列车在区间或列车和调车车列在站内的占用,是最常用的方法。由轨道电路反映该段线路是否空闲,为开放信号、建立进路或构成闭塞提供依据,还利用轨道电路的被占用关闭信号,把信号显示与轨道电路是否被占用结合起来。

轨道电路的第二个作用是传递行车信息。例如移频自动闭塞利用轨道电路中传递不同的频率来反映前行列车的位置,决定各通过信号机的显示,为列车运行提供行车命令。轨道电路中传送的行车信息,还为列车运行自动控制系统直接提供控制列车运行所需要的前行列车位置、运行前方信号机状态和线路条件等有关信息,以决定列车运行的目标速度,控制列车在当前运行速度下是否停车或减速,即轨道电路广泛作为传递行车信息的通道。

轨道电路的第三个作用是监督钢轨的完整性。轨道电路是把线路上的两根钢轨当作导线用,当钢轨折断时,轨道继电器上就没有电流流过,和有车占用轨道时一样,车站控制台显示"红光带"。

三、轨道电路的分类

轨道电路有较多种类,也有多种分类方法。

1. 按动作电源分类

按此方法,轨道电路可分为直流轨道电路和交流轨道电路。

轨道电路电源采用直流,称为直流轨道电路,如图 2.2 所示。它用于交流电源不可靠的非电力牵引区段。采用蓄电池浮充供电方式,交流有电时,由整流器供电;交流停电时,由蓄电池供电。该轨道电路电源设备安装较困难,检修不方便,易受迷流影响,现已很少采用。

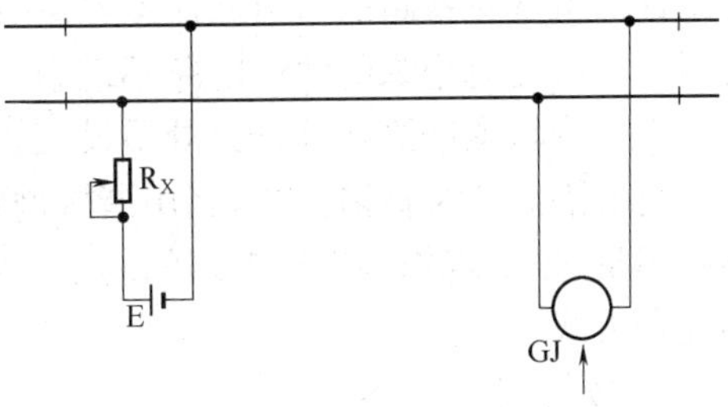

图 2.2 直流轨道电路

采用交流供电的轨道电路,称为交流轨道电路。交流轨道电路的种类很多,频带用得很宽,大体可分为三段:低频,300 Hz 以下;音频 300～3 000 Hz;高频 10～40 kHz。一般交流轨道电路专指工频 50 Hz 的轨道电路。25 Hz 和 75 Hz 的轨道电路也属于交流轨道电路,但必须注明电源频率,以示区别。国产移频轨道电路的频率在 495～905 Hz,UM71 轨道电路的频率在1 689～2 611 Hz,均属音频范围。道口用轨道电路,频率则在 14～40 kHz,属于高频。

2. 按工作方式分类

按此方法,轨道电路可分为开路式轨道电路和闭路式轨道电路。

开路式轨道电路平时呈开路状态,如图 2.3 所示,它的发送设备和接收设备安装在轨道电路的同一端。轨道电路无车占用时,不构成回路,其轨道继电器落下。有车占用时,轨道电路通过车辆轮对构成回路,轨道继电器吸起。由于轨道继电器经常落下,不能监督轨道电路的完整,遇有断轨或引接线、接续线折断等故障,不能立即发现。若此时有车占用,轨道继电器也不能吸起,很不安全。因此,极少采用。

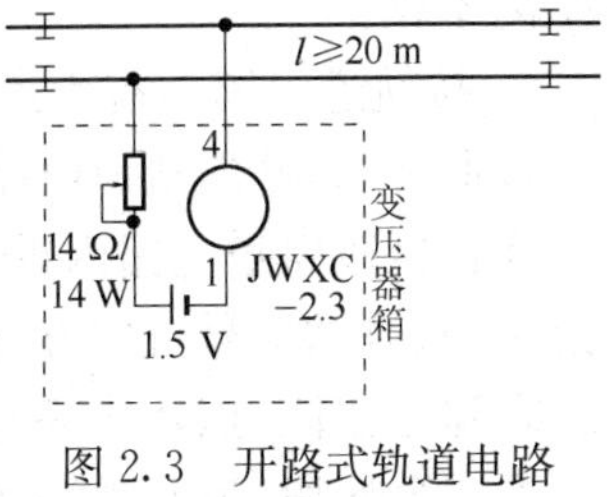

图 2.3 开路式轨道电路

闭路式轨道电路平时构成闭合回路,如图 2.2 所示,其发送设备(电源)和接收设备(轨道继电器)分别装设在轨道电路的两端。轨道电路上没有车占用时,轨道继电器吸起。有车占用时,因车辆分路,轨道继电器落下。当发生断轨、断线等故障时,轨道继电器落下,能保证安全。所以几乎所有轨道电路都采用闭路式。

3. 按所传送的电流特性分类

按此方法,轨道电路可分为连续式、移频式以及数字编码式。

连续式轨道电路中传送连续的交流或直流电流。这种轨道电路的唯一功能是监督轨道的占用与否,不能传送更多信息。

移频轨道电路在钢轨中传送的是移频电流,在发送端用低频(几赫至几十赫)作为行车信息去调制载频(数百赫至数千赫),使移频频率随低频作周期性变化。在接收端将低频解调出来,去动作轨道继电器。移频轨道电路可传送多种信息的信号。

数字编码式轨道电路也采用调频方式,但它采用的不是单一低频调制频率,而是一个若干比特的一群调制频率,根据编码去调制载频,编码包含速度码、线路坡度码、闭塞分区长度码、路网码、纠错码等,可以传输更多的信息。

4. 按分割方式分类

按此方法,轨道电路可分为有绝缘轨道电路和无绝缘轨道电路。

有绝缘轨道电路用钢轨绝缘将轨道电路与相邻的轨道电路互相隔离,大部分轨道电路是有绝缘的。一般的轨道电路即指有绝缘轨道电路。

钢轨绝缘在车辆运行的冲击力、剪切力作用下很容易破损,使轨道电路的故障率较高。绝缘节的安装,给无缝线路带来一定的麻烦,有时需锯轨,降低线路的轨道强度,增加线路维护的复杂性。电气化铁路的牵引回流不希望有绝缘节,为使牵引回流能绕过绝缘节,必须安装扼流变压器。因此有绝缘的轨道电路不理想。无缝线路和电气化铁路希望采用无绝缘轨道电路。

无绝缘轨道电路在其分界处不设钢轨绝缘,通常采用电气隔离式。

电气隔离式又称谐振式,利用谐振槽路,采用不同的信号频率,谐振回路对不同频率呈现不同阻抗,来实现相邻轨道电路间的电气隔离。UM71 轨道电路和 ZPW-2000 轨道电路即采用此种方式。

5. 按使用处所分类

按此方法,轨道电路分为区间轨道电路和站内轨道电路。

区间轨道电路主要用于自动闭塞区段,不仅要监督各闭塞分区是否空闲,而且要传输有关行车信息。一般来说,区间要求轨道电路传输距离较长,要满足闭塞分区长度的要求,轨道电路的构成也比较复杂。

站内轨道电路,用于站内各区段,一般只有监督本区段是否空闲的功能,不能发送其他信息。为了使机车信号在站内能连续显示,要对站内轨道电路实现电码化,即在列车占用本区段或占用前一区段时用预叠加方式转为能发码的轨道电路。站内轨道电路除了股道外,一般传输距离不长。

6. 按轨道电路内有无道岔分类

按此方法,站内轨道电路分为无岔区段轨道电路和道岔区段轨道电路。

无岔区段轨道电路内钢轨线路无分支,构成较简单,一般用于股道、尽头调车信号机前方接近区段、进站信号机内方、两差置调车信号机之间。

在道岔区段,钢轨线路有分支,道岔区段的轨道电路就称为分支轨道电路或分歧轨道电路。在道岔区段,道岔处钢轨和杆件要增加绝缘,还要增加道岔连接线和跳线。当分支超过一定长度时,还必须设多个受电端。

7. 按适用区段分类

按此方法,轨道电路分为非电气化区段轨道电路和电气化区段轨道电路。

非电气化区段轨道电路,没有抗电化干扰的特殊要求,一般的轨道电路指非电气化区段轨道电路,不必说明。

电气化区段轨道电路,既要抗电化干扰,又要保证牵引回流的畅通无阻。因钢轨中已流有50 Hz的牵引电流,轨道电路就不能采用50 Hz电源,而必须采用50 Hz以外的频率。对于有绝缘的轨道电路,必须安装扼流变压器,使牵引回流能顺利越过绝缘。

我国电气化铁路目前站内多采用25 Hz相敏轨道电路,区间多采用无绝缘移频轨道电路。

8. 按轨道电路利用钢轨作为通道的方式分类

按此方法,轨道电路分为双轨条和单轨条轨道电路。

多数轨道电路均利用同一线路的两根钢轨作为传输通道。一般的轨道电路均为双轨条轨道电路,不必说明。

单轨条轨道电路是利用线路的一条钢轨作为传输通道,另一通道由电缆构成。例如驼峰用的移频机车信号,地面发送设备即采用单轨条移频轨道电路。因其发送的区段有车占用,两根钢轨被轮对分路,无法构成轨道电路。计轴自动闭塞区段也用单轨条轨道电路发送移频信息,供机车信号接受。

四、轨道电路的应用

轨道电路主要用于区间和站内。

区间的轨道电路通常是与自动闭塞制式相一致的轨道电路,按照自动闭塞通过信号机的设置划分闭塞分区,每个闭塞分区就有其轨道电路。在半自动闭塞区段,区间一般不设轨道电路,只有在进站信号机的外方设有接近区段的轨道电路,以通知列车的接近以及构成接近锁闭。在提速半自动闭塞区段,进站信号机外方设第一接近区段和第二接近区段轨道电路。在半自动闭塞区段,为了监督区间是否空闲,也装设长轨道电路。位于区间的道口,其接近区段必须装设轨道电路。

站内轨道电路应用更为广泛。对于集中联锁来说,列车进路和调车进路都必须安装轨道电路,牵出线、机待线、出库线、专用线及其他用途的尽头线入口处和调车信号机前方,虽不在进路之内,也应装设一段长度不小于25 m的轨道电路,用来保证信号开放后机车车辆接近时完成接近锁闭,及时了解上述线路是否有车接近或占用。对于电锁器联锁的车站,正线及到发线接车进路的股道上,必须设轨道电路,进站信号机内方还设有为半自动闭塞通知出发或到达用的轨道电路。在驼峰调车场,除推送进路设有轨道电路外,峰下每组分路道岔、警冲标处均设有轨道电路。

对于机车信号来说,各种制式的区间轨道电路和站内电码化以后的轨道电路,就是其地面发送设备,也就是信息来源。对于列车运行超速防护来说,带有编码信息的轨道电路是其车—地之间传输信息的通道之一。

第二节 工频交流连续式轨道电路

工频交流连续式轨道电路采用工频50 Hz交流电源,以JZXC-480型继电器为轨道继电器,故又称JZXC-480型交流轨道电路。这种轨道电路实质上是交直流轨道电路,电源是交流电,钢轨中传输的是交流电,而轨道继电器为整流式。与交流轨道电路相比,无需调整相位角。

工频交流连续式轨道电路因结构简单,是目前我国铁路站内轨道电路运用最为广泛的制式。但是该轨道电路存在诸多缺点,如道砟电阻变化适应范围小,极限传输长度短,分路灵敏度低,防雷性能差,形成雨天“红光带”和分路不良等影响行车的情况。所以,必须逐渐用相敏轨道电路等制式所代替。

一、工频交流轨道电路的组成和工作原理

1. 工频交流轨道电路组成

工频交流轨道电路的构成如图 2.4 所示，它由送电端、受电端、钢轨绝缘、钢轨引接线、钢轨接续线以及钢轨组成。

送电端包括 BG_1-50 型轨道变压器、R－2.2/220 型变阻器，安装在变压器箱内，电源由室内用电缆送至送电端。

受电端包括 BZ_4（或 BZ_4－A 型）型中继变压器及 JZXC－480 型轨道继电器。其中，中继变压器设在变压器箱或电缆盒中，轨道继电器设在室内组合架上。

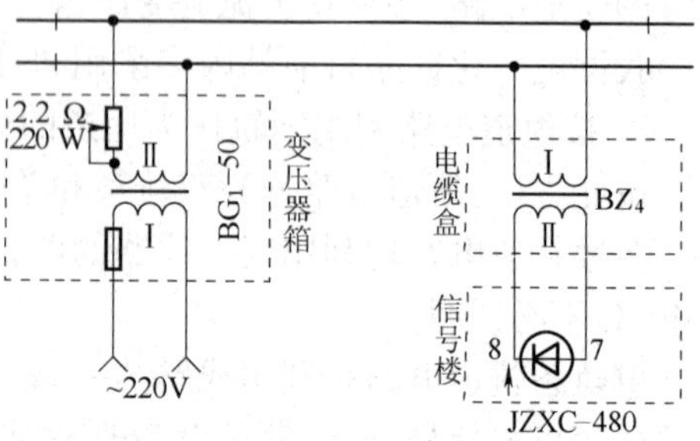

图 2.4　工频交流连续式轨道电路

送、受电端视相邻轨道电路的不同组合，有双送、一送一受、双受以及单送、单受等不同情况，除双受、单受可采用终端电缆盒外，其他情况必须采用变压器箱。

变压器箱或电缆盒用钢轨引接线接向钢轨。

钢轨接续线用来连接相邻钢轨，以减小钢轨接头处的接触电阻。

钢轨绝缘设于轨道电路分界处，用于隔离开相邻的轨道电路。

2. 工频交流轨道电路工作原理

当轨道电路完整，且无车占用时，交流电源由送电端经钢轨传输至受电端，轨道继电器吸起，表示本轨道电路空闲。此时轨道继电器的交流端电压应在 10.5～16 V 之间，即高于轨道继电器工作值(9.2 V)15%，有此安全系数，以保证轨道继电器可靠励磁。较长和道砟电阻较低的轨道电路，应参照调整表调整其轨道变压器输出电压。

当车占用轨道电路时，轨道电路被车辆轮对分路，使轨道继电器端电压低于其工作值，轨道继电器落下，表示本轨道电路被占用。分路时，轨道继电器的交流残压值不得大于 2.7 V，即轨道继电器释放值(4.6 V)的 60%，以低于释放值 40% 的安全系数保证轨道继电器可靠释放。

二、道岔区段轨道电路

道岔区段轨道电路与无岔区段轨道电路不同之处在于钢轨线路被分开产生分支，为此需增加道岔绝缘和道岔跳线，还有一送多受的问题。

单开道岔的道岔绝缘和道岔跳线配置，如图 2.5 所示，交叉渡线的道岔绝缘和道岔跳线配置如图 2.6 所示，复式交分道岔的道岔绝缘和道岔跳线配置如图 2.7 所示。

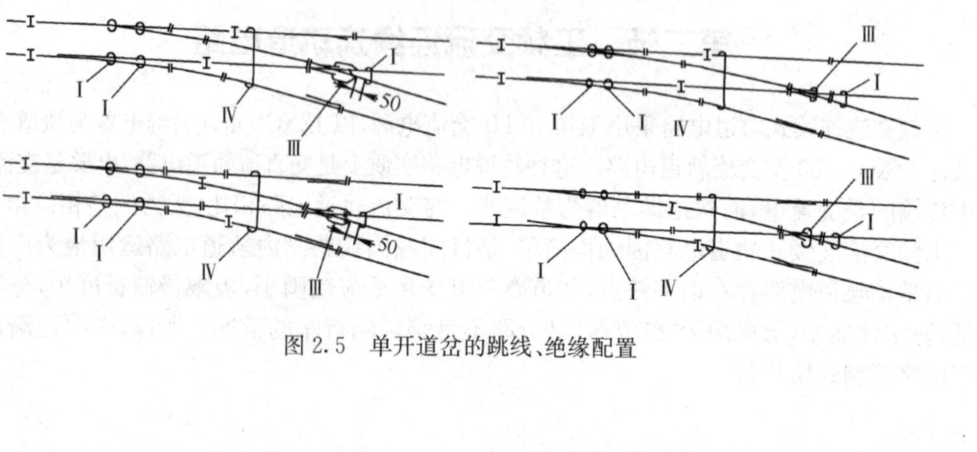

图 2.5　单开道岔的跳线、绝缘配置

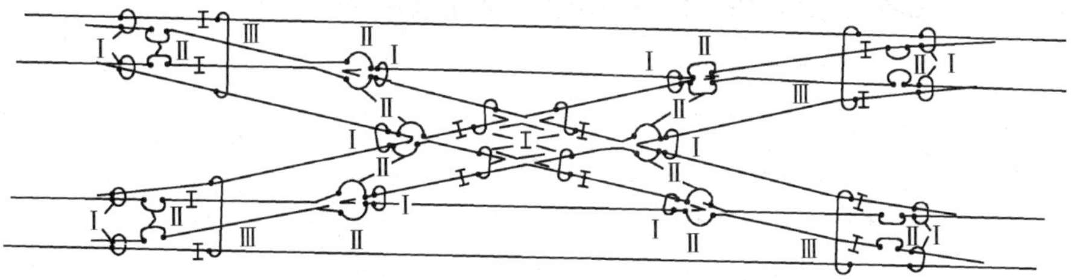

图 2.6　交叉渡线道岔的跳线、绝缘配置

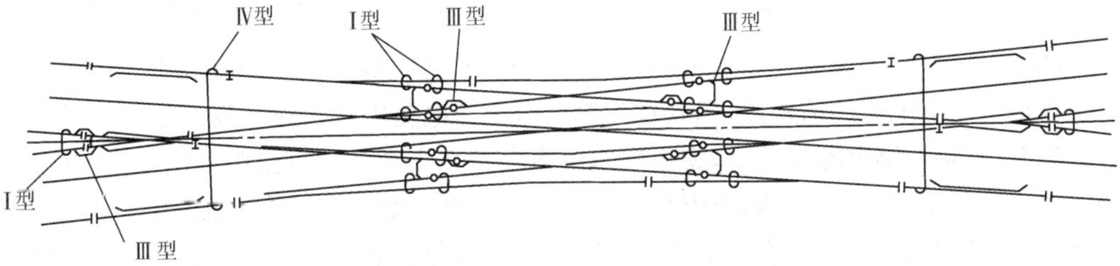

图 2.7　复式交分道岔的跳线、绝缘配置

(1)道岔绝缘

道岔区段除各种杆件、转辙机安装装置等要加装绝缘外，还要加装切割绝缘，称为道岔绝缘，以防止辙叉将轨道电路短路。道岔绝缘视需要，可设在道岔直股钢轨上，也可设在道岔侧股钢轨上。

(2)道岔跳线

为了保证信号电流的畅通，道岔区段除轨端接续线外，还需装设道岔跳线。道岔跳线由塞钉和镀锌低碳钢绞线组成，两端焊在圆锥形塞钉上。FAD 型防腐蚀免维护综合绝缘护套道岔跳线的外形如图 2.8 所示。

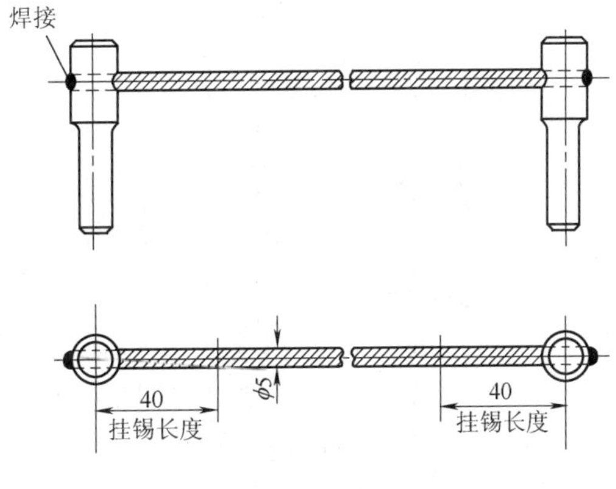

图 2.8　FAD 型道岔跳线(单位：mm)

三、道岔区段轨道电路的连接方式

道岔区段轨道电路的连接方式有串联式和并联式两种。图 2.9 所示为串联式道岔区段轨道电路，这种轨道电路的电流要流经整个区段的所有钢轨，可以检查所有跳线和钢轨的完整，因此比较安全；但结构较复杂，增加了一组道岔绝缘，且在直股和弯股两根钢轨间加装两根用电缆构成的连接线，或用长跳线，给施工和维修带来不便，所以它在我国未被广泛采用。

并联式道岔区段轨道电路如图 2.10 所示，这种电路较简单。直股或弯股有车占用时，轨道继电器因分路均能落下。但在分支线路上只有电压检查没有电流检查，当跳线、连接线折断，列车进入弯股时，因弯股未设受电设备，轨道继电器不会落下，这是非常危险的。解决的方法是用双跳线来防护，即增加第二跳线，以减少跳线折断的概率(为提高可靠性，现场使用中也将所有跳线改为双跳线)。另外，当弯股钢轨折断或弯股钢轨表面不洁或分支线路过长，列车占用时，轨道继电器也不落下，所以这种轨道电路不符合故障—安全原则的要求。鉴于这一严重缺陷，提出了一送多受轨道电路，使各分支线路都得到检查。

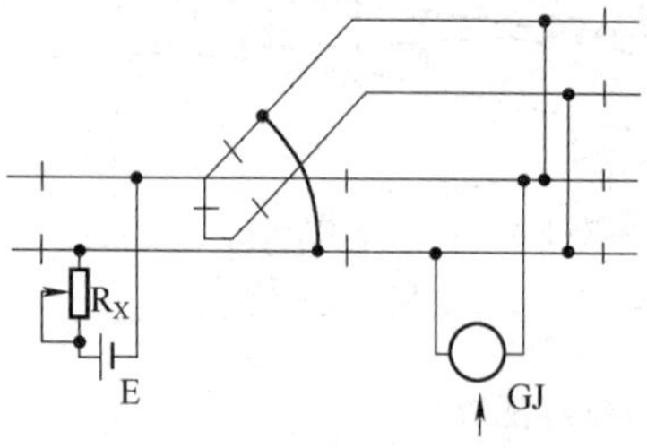

图 2.9　串联式道岔区段轨道电路

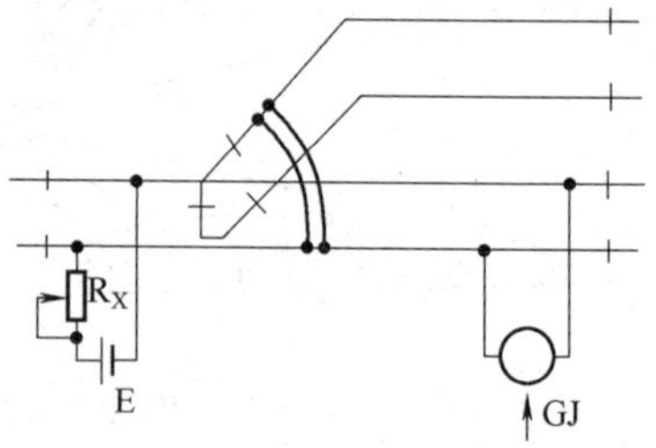

图 2.10　并联式道岔区段轨道电路

一送多受轨道电路设有一个送电端，在每个分支轨道电路的另一端各设一个受电端。各分支受电端轨道继电器的前接点，串联在主轨道继电器电路中。当任一分支分路时，分支轨道继电器落下，主轨道继电器也落下，将主轨道继电器接点用在联锁电路中。图 2.11(a)、(b)所示分别为一送两受和一送三受轨道电路。一送两受轨道电路，当分支轨道电路有车占用或跳线折断时，DGJ_1 落下，DGJ 也落下，就可监督轨道电路的状态。一送三受轨道电路，当 DGJ_1 或 DGJ_2 落下时，都使 DGJ 落下，以实现对整个轨道电路空闲与否的检查。

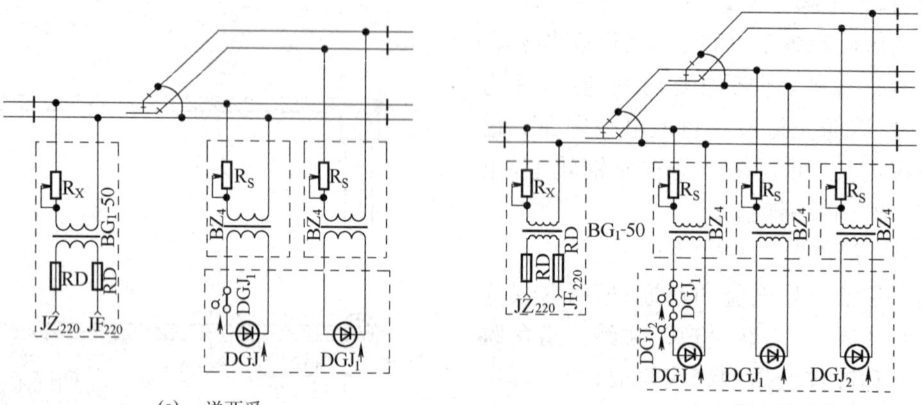

(a) 一送两受　　(b)一送三受

图 2.11　一送多受轨道电路

在受电端均串接可调电阻器，是为了提高轨道电路的分路灵敏度，以及使同一轨道电路内各轨道继电器的电压基本平衡。

采用一送多受轨道电路时，应注意以下各点：

(1)与到发线(包括场间列车走行线、外包线)相衔接(无其他道岔区段隔开)的道岔轨道电路的分支末端，应设受电端。

(2)所有列车进路上的道岔区段，其分支长度超过 65 m 时(自并联起点道岔的叉心算起)，在该分支末端应设受电端。

(3)个别分支长度小于 65 m 的分支线末端，当分路不良而危及行车安全时，亦应增设受电端。

(4)一送多受轨道电路最多不应超过三个受电端。一送四受轨道电路，因维修调整困难，不再使用。遇有此种情况应分成两个轨道电路。

(5)一送多受轨道电路任一地点有车占用时，必须保证有一个受电端被分路。

第三节　25 Hz 相敏轨道电路

一、电气化牵引区段对轨道电路的特殊要求

电气化牵引区段的轨道电路必须满足以下特殊要求。

1. 必须采用非工频制式的轨道电路

我国铁路电气化铁路均采用工频 50 Hz 交流供电，钢轨既是牵引电流的回流通道，又是轨道电路信号电流的传输通道。因此轨道电路必须采用非工频制式，且该制式对 50 Hz 牵引电流的基波及其谐波干扰应具备有效可靠的防护措施，以保证轨道电路设备安全可靠地工作。

2. 必须采用双轨条式轨道电路

双轨条轨道电路用扼流变压器沟通牵引电流成双轨条回流，轨道电路处于平衡状态，便于实现站内电码化。而单轨条由一根轨条沟通牵引电流，对牵引电能损耗较大，轨道电路仅一根轨条通过信号电流，且易造成站内电码化串码、掉码，故不能采用。

3. 交叉渡线上两根直股都通过牵引电流时应增加绝缘节

为了确保交叉渡线上轨道电路和机车信号设备能正常工作，当交叉渡线上两根轨道都通过牵引电流时，该交叉渡线上应增加绝缘节，如图 2.12 所示。由于交叉渡线道岔型号及铺设处所线路间距的不同，在辙叉处增设绝缘节的方向也不尽相同。

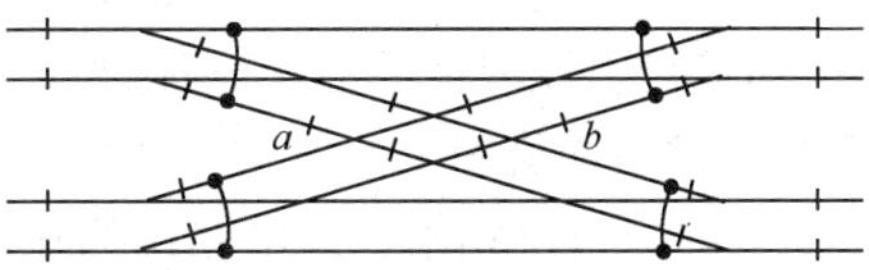

图 2.12　交叉渡线上增设绝缘节

4. 钢轨接续线截面加大

电气化区段的钢轨接续线，除应保证通过一定电流外，还要尽量减小钢轨接头的接触电阻，使两根钢轨阻抗平衡，减小牵引电流对轨道电路的干扰及牵引电能的损耗，以及保证设备和人身安全。因此，要求钢轨接续线有一定的截面积，且必须双套。

塞钉线接续线因受震松动和氧化作用，使接触电阻增大，造成两根钢轨阻抗不平衡。因此，要求采用铜焊接线或冷挤压式焊接线。鉴于铜材较缺及施工工艺尚存在一些问题，暂准使用塞钉式接续线，但应逐步淘汰。冷挤压焊接线接触电阻为微欧级，可重复使用，便于维修。当采用多股铜焊接线，其截面不小于 50 mm^2 时，可不再加设塞钉式接续线。

5. 道岔跳线和钢轨引接线截面加大，引接线等阻

为了减小钢轨阻抗，道岔跳线和钢轨引接线应采用截面积不小于 42 mm^2 的多股镀锌钢绞线。为了减小两根钢轨引接线因长度不同、阻抗不等对轨道电路不平衡度的影响，钢轨接续线宜采用等阻连接线。

横向连接线用于相邻股道之间的连接，扼流中心连接线或连接板用于相邻轨道电路的连接。

二、电气化区段站内轨道电路制式

我国电气化铁路采用的轨道电路曾用过：75 Hz 交流计数电码轨道电路、25 Hz 交流计数电码轨道电路、移频轨道电路、不对称脉冲轨道电路等制式。现均采用 25 Hz 相敏轨道电路。

以上各种制式除了选用 50 Hz 以外的信号电流频率，均采用了相应的技术措施来防干扰，以保证轨道电路的可靠工作。

三、扼流变压器

在电气化牵引区段，为保证牵引电流顺利流过绝缘节，在轨道电路发送端、接收端设置扼流变压器，轨道电路设备通过扼流变压器接向轨道，并传递信号信息，如图 2.13 所示。

扼流变压器对牵引电流阻抗很小，而对信号电流阻抗较大，沿着两根钢轨流过的牵引电流在轨道绝缘处通过扼流变压器的上部和下部线圈，再经过其中心线流向另一扼流变压器的上部和下部线圈，然后又流向相邻轨道电路的两根钢轨中去。这样，牵引电流就越过了绝缘节。因为钢轨中的牵引电流大小相等，扼流变压器上、下部线圈的匝数也相同，因此牵引电流在上、下线圈中产生的磁通相等而方向相反，它们的总磁通等于零。所以对次线线圈的信号设备没有影响。但若两钢轨中流过的牵引电流不平衡时，扼流变压器铁芯中总磁通不为零，在次级线圈中将产生干扰，影响信号设备使用，故需增设防护设备。

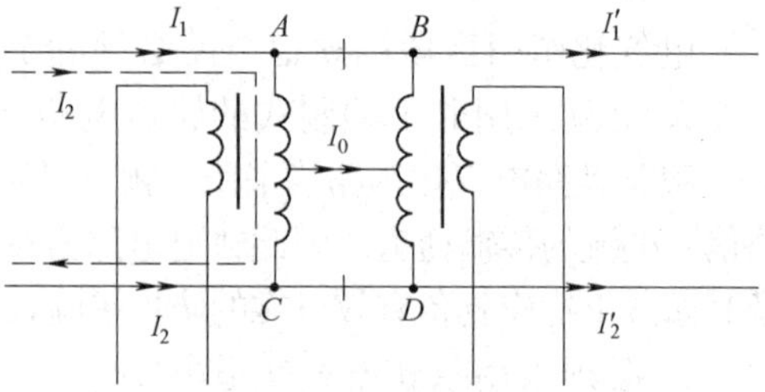

图 2.13　扼流变压器示意图

而信号电流因极性交叉，在两扼流变压器中点处电位相等，故不会越过绝缘节流向另一轨道电路区段，而流回本区段，在次级感应出信号电流。

97 型 25 Hz 相敏轨道电路用的扼流变压器有 BE_1 - 400/25、BE_2 - 400/25，BE_1 - 600/25、BE_2 - 600/25，BE_1 - 800/25 和 BE_2 - 800/25 等类型。

BE_1 - 400/25 型扼流变压器的结构和结线如图 2.14 所示。

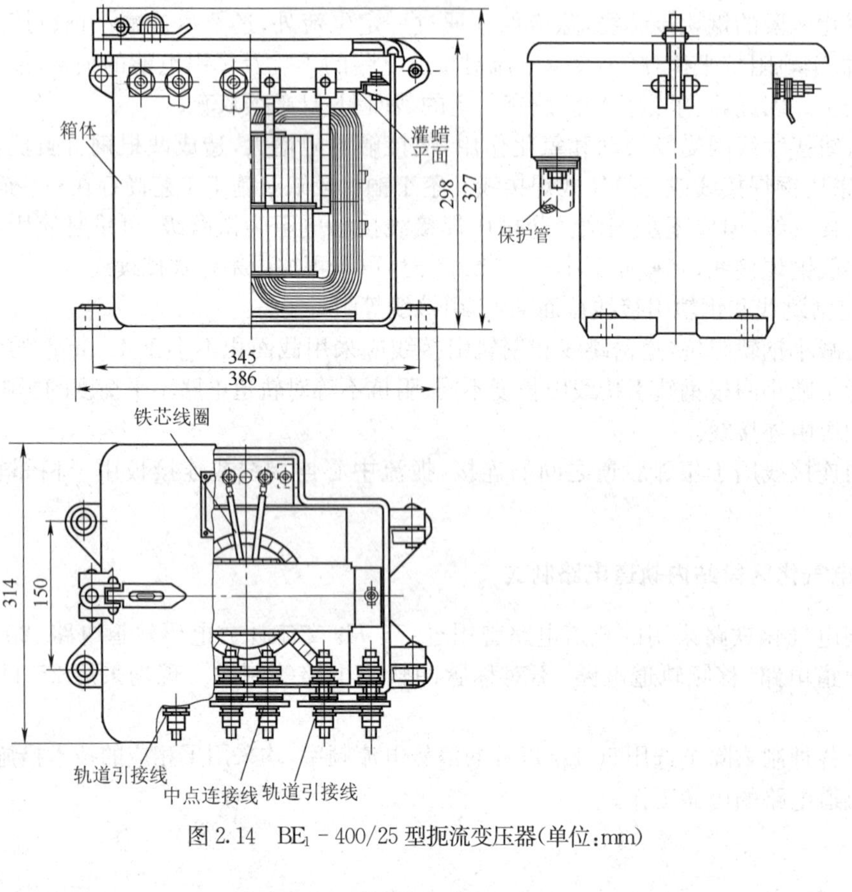

图 2.14　BE_1 - 400/25 型扼流变压器(单位:mm)

四、25 Hz 相敏轨道电路

1. 25 Hz 相敏轨道电路的组成

25 Hz 相敏轨道电路采用交流 25 Hz 电源连续供电，受电端采用交流二元轨道继电器。其原理电路如图 2.15 所示。

25 Hz 电源屏分别供出 25 Hz 轨道电源和局部电源。轨道电源由室内供出，通过电缆供向室外，经送电端 25 Hz 轨道电源变压器(BG_{25})、送电端限流电阻(R_X)、送电端 25 Hz 扼流变压器(BE_{25})、钢轨线路、受电端 25 Hz 扼流变压器(BE_{25})、受电端25 Hz轨道中继变压器(BG_{25})、电缆线路，送回室内，经过防雷补偿器(Z)、25 Hz 防护盒(HF)给交流二元轨道继电器(GJ)的轨道线圈供电。局部线圈的 25 Hz 电流由室内供出。当轨道线圈和局部线圈电源满足规定的相位和频率要求时，GJ 吸起，轨道电路处于调整状态，表示轨道电路空闲。

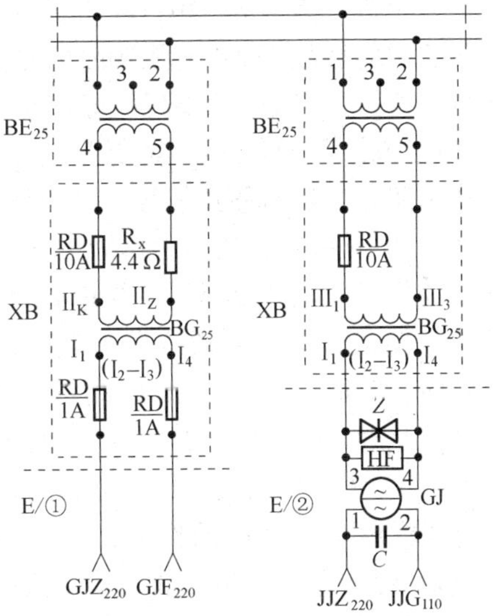

图 2.15　25 Hz 相敏轨道电路原理图

列车占用时，轨道电源被分路，GJ 落下。若频率、相位不符合要求时，GJ 也落下。这样，25 Hz 相敏轨道电路就具有相位鉴别能力，即相敏特性，抗干扰性能较高。

25 Hz 相敏轨道电路只能用以检测轨道电路区段是否空闲，不能传输其他信息。因电源频率较低，传输损耗较低，故传输距离长。

2. JXW25 型微电子相敏轨道电路

25 Hz 相敏轨道电路，发送设备为 25 Hz 铁磁分频器，工作稳定可靠；接收设备为交流二元继电器，存在较多问题：

(1)返还系数较低，约 50%，不利于提高轨道电路的传输性能。

(2)由于其机械结构的原因，易发生接点卡阻，列车进入该轨道电路区段，轨道继电器不能可靠落下，曾造成多起行车事故。

(3)抗干扰能力差。当电力机车升弓、降弓、加速或减速时，在轨道电路中产生较大的50 Hz脉冲干扰，可能造成继电器错误动作，直接危及行车安全。

JXW25 和 JXW50 型微电子相敏轨道电路接收器保留了原相敏轨道电路的优点，改进了原轨道电路的缺点，成为具有高可靠、高抗干扰能力的一种新型相敏轨道电路。

局部电源和轨道电源分别由局部 25 Hz 分频器和轨道 25 Hz 分频器提供，并且局部电源超前轨道电源 90°。当 25 Hz 微电子相敏轨道电路接收器接收到 25 Hz 轨道信号，且局部电压超前轨道电压一定范围的角度时，微电子接收器使执行继电器吸起。在 $\theta=90°$时，处于最佳接收状态。当收到的信号不能完全满足以上条件时，执行继电器落下。

第四节　移频轨道电路

移频轨道电路包括国产 4 信息、8 信息、18 信息移频轨道电路和引进的 UM71 无绝缘移频轨道电路，以及国产化的 WG－21A 型和 ZPW－2000A、ZPW－2000R 型无绝缘移频轨道电路。今后将大力发展的是 ZPW－2000 系列无绝缘移频轨道电路。移频轨道电路用于移频自动闭塞。

一、移频轨道电路

移频轨道电路是移频自动闭塞的基础，又用作监督该闭塞分区的空闲。它选用频率参数作为控制信息，采用频率调制的方式，把低频调制信号 F_C 搬移到较高频率（载频 f_0）上，以形成振荡不变、频率随低频信号的幅度作用期性变化的移频信号。移频信号波形如图 2.16 所示。从图中可看出，移频信号的变化规律，是以载频 f_0 为中心，作上、下边频偏移。即当低频信号为低电位时，载频向下偏移，$f_1=f_0-\Delta f$（称为下边频）；当低频信号为高电位时，载频向上偏移，$f_2=f_0+\Delta f$（称为上边频）。可见，移频信号是受低频信号调制的作上、下边频交替变化，两者在单位时间内的变化次数与低频调制信号频率相同。

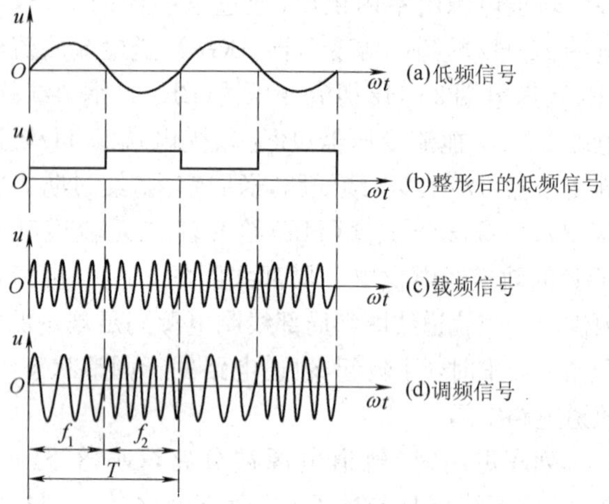

图 2.16　移频信号波形

二、UM 系列轨道电路

1. UM71 轨道电路

UM71 轨道电路采用调频方式，载频 1 700 Hz、2 000 Hz、2 300 Hz、2 600 Hz，频偏±11 Hz，低频从10.3 Hz至 29 Hz 每隔 1.1 Hz 呈等差数列共18 个。

UM71 轨道电路采用的是谐振式无绝缘轨道电路，由设在室内的发送器、接收器、轨道继电器和设在室外的调谐单元、空心线圈、带模拟电缆的匹配变压器及若干补偿电容组成，如图 2.17 所示。

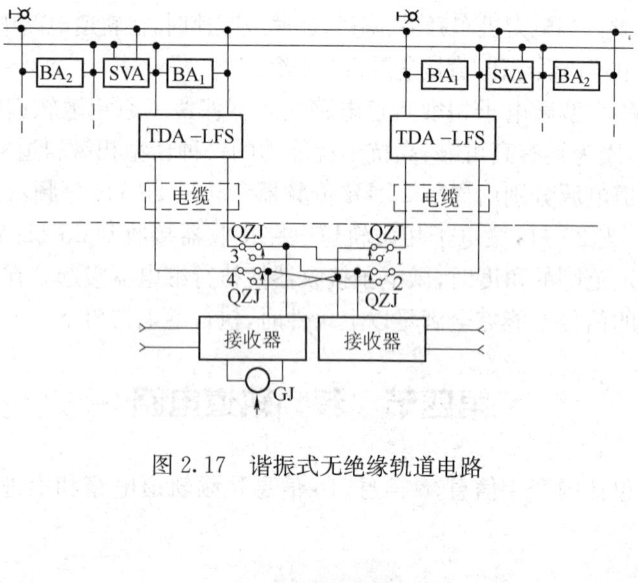

图 2.17　谐振式无绝缘轨道电路

两个调谐单元 BA_1 与 BA_2 间距离为 26 m，空心线圈 SVA 位于 BA_1、BA_2 的中间。BA_1、BA_2、SVA 及 26 m 长的钢轨构成电气调谐区。电气调谐区又称电气绝缘节，用以取代传统的机械绝缘节，实现相邻轨道电路的隔离。

电气绝缘节如图 2.18 所示。调谐单元 BA 是构成电气绝缘节的主要部件。相邻轨道电路的载频不同，BA 的型号也不同。BA_1 型由 L_1、C_1 构成，BA_2 型由 L_2、C_2、C_0 构成。

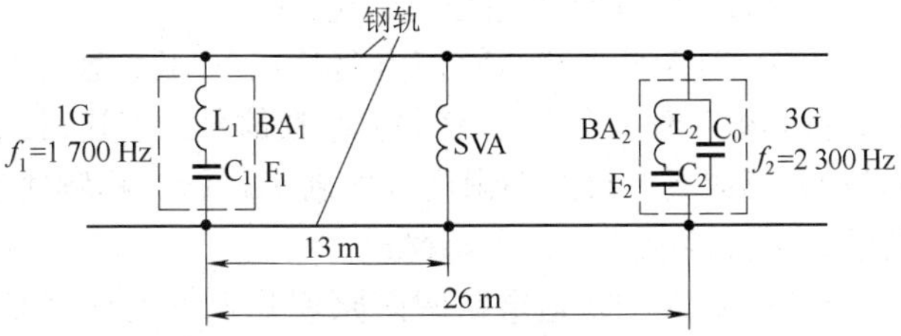

图 2.18　电气绝缘节

电气绝缘是通过谐振来实现的，载频确定后，选择 BA_1 及 BA_2 的参数，使本区段的调谐单元对相邻区段的频率呈串联谐振，只有百分之几欧姆的阻抗，移频信号被短路；而对本区段的频率呈容抗，与 26 m 钢轨的电感和 SVA 的电感配合发生并联谐振，有 2～2.5 Ω 的阻抗，移频信号被接收。这样，某种载频的移频信号只能在本区段内传送，而不能向相邻区段传送，就像有绝缘节一样，构成了电气隔离。

空心线圈 SVA 用来平衡两钢轨间的不平衡电流，还参加调谐区的工作以及保证维修安全。补偿电容用来抵消钢轨的感性，保证轨道电路的传输距离。

2. UM2000 轨道电路

UM2000 轨道电路在区间和站内均采用，实现了站内与区间一体化。

UM2000 是数字编码无绝缘轨道电路，与 UM71 模拟轨道电路不同，将单频信息改为 27 位数字编码。其中有效信息 21 位，信息量达 2^{21}，大大增加了信息的传输量，能满足分段连续速度模式曲线列控的需要。

UM2000 轨道电路电气隔离原理同 UM71，载频也相同。但用于秦沈客运专线的电气绝缘节长度，桥面 19.2 m，非桥面 20.24 m。

UM2000 轨道电路电气节原理图如图 2.19 所示。它在 UM71 的基础上采取了冗余措施，增加了补偿调谐单元 *DB*。*DB* 平时对轨道电路起补偿作用，当通用调谐单元 *BU* 故障时，*DB* 作为调谐单元的备用元件，起到电气隔离相邻轨道电路的作用，增加了系统的安全性和可靠性。

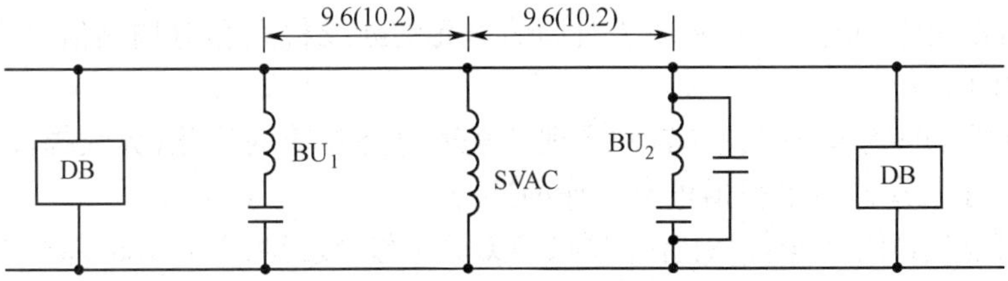

图 2.19　UW2000 轨道电路电气绝缘节

与 UM71 轨道电路一样，UM2000 轨道电路也采用加装补偿电容的方法来保证轨道电路的传输距离。补偿电容器电容量为 22 μF，但补偿电容的节距不是等距离的，而是根据载频和轨道电路的实际长度计算得到的。

UM2000 轨道电路采用数字调频方式，27 位数字编码中有效位 21 位（秦沈客运专线实际使用 18 位，预留 3 位）。前 6 位为循环冗余校验码（CRC），中间 18 位为实际使用码，其中坡度信息 4 位（可按坡度划分为 16 个等级），目标距离信息 6 位（按 5 m 精度划分），速度信息 8 位，最后 3 位为预留信息位。

3. WG－21A 型无绝缘轨道电路

WG－21A 型无绝缘轨道电路是在 UM71 型轨道电路的基础上，保留其技术优势，利用单片微机和数字信号处理技术实现移频信号的发送、接收和设备的检测，取代了由分立元件组成的技术，形成具有自主知识产权的新一代国产移频轨道电路。它可完全替代 UM71，它的接收器的抗干扰性能还超过了 UM71。

WG－21A 的轨道电路调谐原理和电气调谐区长度，中心载频、频偏、低频频率。调整方法均与 UM71 相同，室外设备也完全相同，只是对 UM71 的室内设备进行了微电子改造。

WG－21A 利用先进技术对 UM71 进行以下改进：

(1)发送器、接收器四种载频通用，减小了器材种类，降低了工程总造价。

(2)发送器采用 DDS 直接数字合成方式，无需进行方波—正弦波变换，即可生成相位连续的移频正弦信号。发送器还增加了低频及移频测试端子。

(3)接收器采用数字信号处理技术，实现了高分辨率、快速的频谱分析计算，增强了抗干扰性能。接收器的执行电路既能驱动 UM71 使用的 NS1. 24. 404 型轨道继电器，又能驱动国产的 JWXC－1700 型安全型继电器，适用于既有使用 UM71 设备的线路新建自动闭塞的线路。

(4)发送器和接收器均具有完善的检测功能，并可实现“$n+1$”冗余。

(5)可将原匹配变压器中的电缆模拟网络移至室内组合架，以尽量降低室外设备发生故障的可能性。

三、ZPW－2000 系列无绝缘轨道电路

1. ZPW－2000A 型无绝缘轨道电路

ZPW－2000A 型无绝缘轨道电路充分吸收 UM71 轨道电路的技术优势，并实现了重大技术改进和创新，它克服了 UM71 在传输安全性和传输长度上存在的问题，解决了轨道电路全程断轨检查、调谐区死区长度、调谐单元断线检查、拍频干扰防护等技术难题，延长了轨道电路的传输长度，采用单片微机和数字信号处理技术，提高了抗干扰能力。

ZPW－2000A 型无绝缘轨道电路具有以下特点：

①在解决调谐区断轨检查后，实现了对轨道电路全程断轨的检查，大幅度减少了调谐区死区长度（20 m 减小到 5 m 以内），实现了对调谐单元的断线检查和对拍频信号干扰的防护，大大提高了传输的安全性。

②利用新开发的轨道电路计算软件实现了轨道电路参数的优化，大大提高了轨道电路的传输长度，改善了低道砟电阻轨道电路工作的适应性。

③用国产铁路信号数字电缆取代法国的 ZCO3 型电缆，线径由 1.13 mm 降至 1.0 mm，减少了备用芯组，加大了传输距离（从 7.5 km 提高到 10 km），使系统的性能价格比大幅度提高，显著降低了工程造价。调谐区设备的 70 mm^2 铜引接线用钢包铜线取代，方便了维修。

④用单片微机和数字信号处理芯片代替晶体管分立元件和小规模集成电路，提高了发送移频信号频率的精度和接收移频信号的抗干扰能力。

⑤系统中发送器采用“$n+1$”冗余，接收器采用成对双机并联运用，提高了系统可靠性。

ZPW－2000A 型无绝缘轨道电路的载频为 1700－1、1700－2、2000－1、2000－2、2300－1、

2300-2、2600-1、2600-2(1为+1.4 Hz，2为-1.3 Hz)Hz，共8个。频偏和低频同UM71。

ZPW-2000A型无绝缘轨道电路的室内设备包括发送器、接收器和电缆模拟网络，室外设备包括调谐单元、空心线圈、匹配变压器、补偿电容。

ZPW-2000A型自动闭塞系统有电气—电气绝缘节(JES-JES)结构和电气—机械绝缘节(JES-BA//SVA′)结构两种，两者电气性能相同。前者系统构成如图2.20所示。

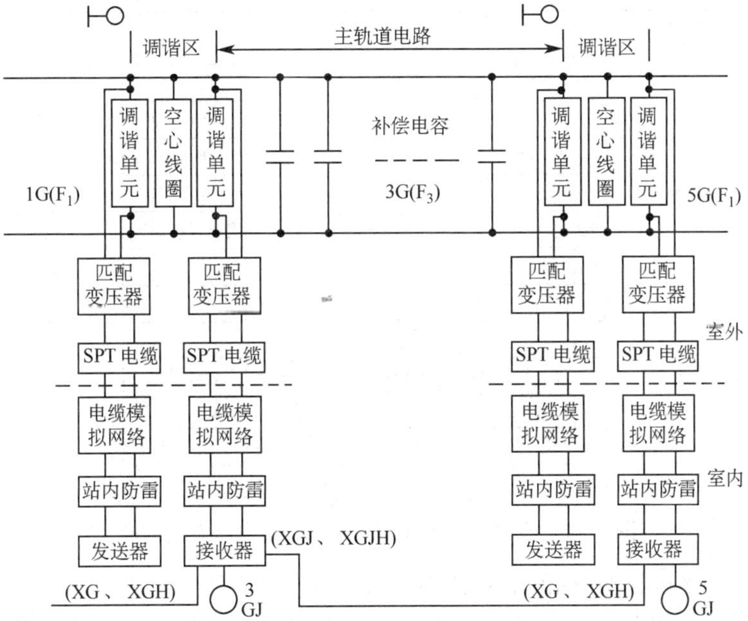

图2.20 ZPW-2000A型自动闭塞系统构成

ZPW-2000A型无绝缘轨道电路原将轨道电路分为主轨道电路和调谐区短小轨道电路两个部分，并将短小轨道电路视为列车运行前方主轨道电路的所属“延续段”。

发送器用来产生高精度、高稳定性的移频信号，同时向线路两侧主轨道电路、小轨道电路发送信号。

接收器用来接收主轨道电路和相邻区段发送器在调谐区构成的信号。除接收本主轨道电路频率信号外，还同时接收相邻区段小轨道电路的频率信号。接收器采用数字信息处理技术，将接收到的两种频率信号进行快速傅氏变换，获得两种信号能量谱的分布。

上述“延续段”信号由运行前方相邻轨道电路接收器处理，并将处理结果形成小轨道电路轨道继电器执行条件(XG、XGH)送本轨道电路接收器，作为轨道继电器(GJ)励磁的必要检查条件(XGJ、XGJH)之一。

这样，接收器用于接收主轨道电路信号，并在检查所属调谐区短小轨道电路状态(XGJ、XGJH)条件下，动作本轨道电路的轨道继电器(GJ)。另外，接收器还同时接收邻段所属调谐区小轨道电路信号，向相邻区段提供小轨道电路状态(XG、XGH)条件。

2. ZPW-2000R型无绝缘轨道电路

ZPW-2000R型无绝缘轨道电路的原理与ZPW-2000A型基本相同。频率参数与ZPW-2000A型完全相同。ZPW-2000R型无绝缘轨道电路系统构成如图2.21所示。

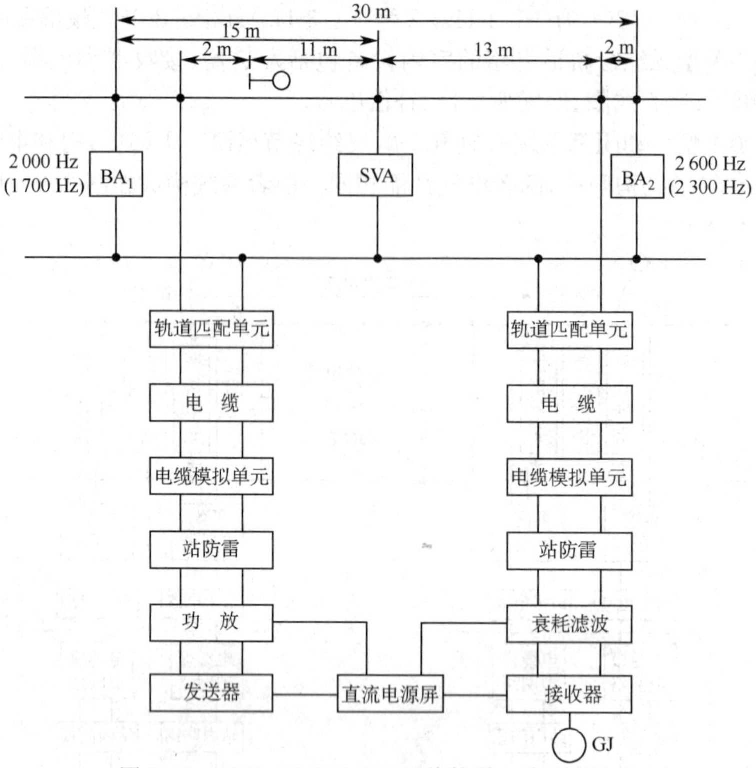

图 2.21　ZPW－2000R 型无绝缘轨道电路系统构成

调谐区设备由平衡线圈、调谐单元、匹配单元、钢包铜引接线组成。电气绝缘节平衡线圈、调谐单元和匹配单元按五点布置，分别安装在专用带有绝缘防护箱的支架或混凝土基础上，设备中心线与钢包铜引接线保持在同一直线上。

调谐区长 30 m，尽量选取长钢轨，不具备条件时，允许有一个轨缝，但两轨缝之间要连接良好，接触电阻要小于 50 Ω。

第五节　驼峰轨道电路

驼峰轨道电路，主要指驼峰调车场溜放部分分路道岔所使用的轨道电路。驼峰轨道电路除了监督区段是否空闲及线路完整外，在溜放进路自动控制中起着十分重要的作用，它参与进路命令的传递、执行和取消。

一、对驼峰轨道电路的特殊要求和特点

1. 对驼峰轨道电路的特殊要求

为满足驼峰溜放作业的需要，对驼峰轨道电路提出其特殊的技术要求：应变速度快，分路灵敏度高，对高阻轮对以及瞬间失去分路效应的车辆应予以防护等。

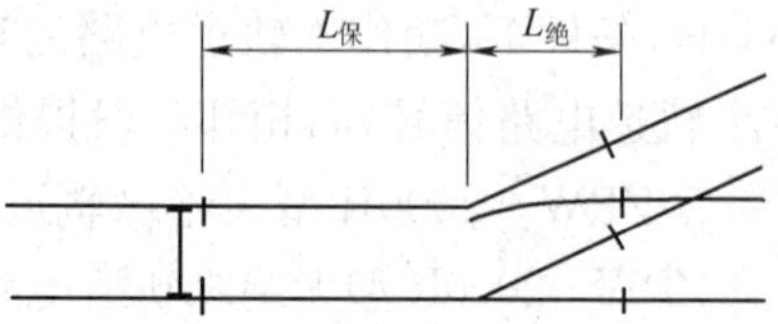

图 2.22　岔前保护区段

鉴于车组溜放作业的特点及溜放进路上的道岔只设区段锁闭，为了作业安全，道岔区段轨道电路的岔前绝缘节距尖轨尖端要保持一定距离，即设置保护区段，如图 2.22 所示。保护区段的长度应保证，当车组进入转

辙机刚启动的道岔区段轨道电路至车组第一轮对到达尖轨时，转辙机已转换完毕，道岔处于密贴位置。

2. 驼峰轨道电路的特点

驼峰轨道电路与一般轨道电路不同之处是：

(1)轨道电路长度较短，一般小于 50 m。

(2)为适应轻车分路电阻大的情况，分路灵敏度要高(规定为 0.5 Ω)，轨道继电器应可靠落下，释放时间要短。从车辆分路开始至前接点离开时止，其时间不超过 0.2 s。

(3)为防止轨道电路瞬间失去分路作用时轨道继电器错误吸起，采用双区段制，即把一个轨道电路分成两段。

(4)由于长度短，受气候影响小，可实现一次调整。

二、驼峰交、直流轨道电路

驼峰轨道电路如图 2.23 所示，其中图 2.23(a)是非电力牵引区段用的交流连续式轨道电路，图(b)是电力牵引区段用的直流连续式轨道电路，以防止电气化干扰。

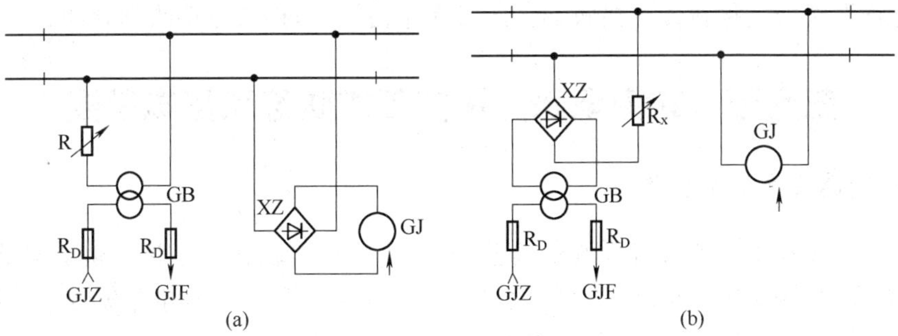

图 2.23　驼峰轨道电路

该轨道电路利用硒整流器的非线性特性，有车占用时，硒片上的正向电压降低，正向电阻急剧增加，从而加速轨道继电器的落下，提高了分路灵敏度。

三、双区段轨道电路

为防止轻车跳动失去分路作用使轨道继电器错误动作，分路道岔的轨道电路一般采用双区段轨道电路，如图 2.24 所示。

具体做法是在保护区段短轨与道岔基本轨接缝处加设绝缘节，把一个轨道电路分成两个区段。前面的无岔区段命名为 DG_1，后面的道岔区段称为 DG，各设一个轨道继电器 DGJ_1 和 DGJ。还设有 DGJ_1 的反复示继电器 $FDGJ_1$，将其后接点接至 DGJ 电路中。

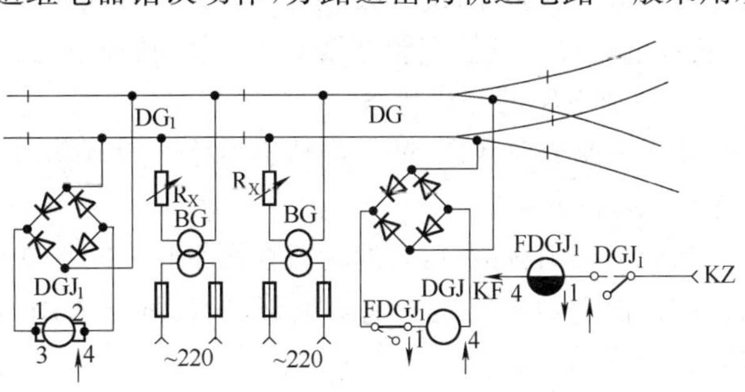

图 2.24　双区段轨道电路

四、驼峰高灵敏轨道电路

为了进一步提高轨道电路的分路灵敏度，解决高阻轮对造成的分路不良问题，研制了高灵敏轨道电路。

高阻轮对是由车轮本身的结构和材质及轮面锈蚀等原因造成的。驼峰溜放进路的轨面比较脏，从车组上散落下来的油污、沙子、煤屑等经车轮碾压形成导电不良的薄层，再加上雨雾水气使轨面生锈，这些都导致分路不良，以至分路失效，可能在解体作业过程中造成严重后果。

高灵敏轨道电路是针对提高分路灵敏度和快速动作的目标设计的。其电路如图2.25所示。主要由高压脉冲发送器、电子脉冲接收器、单闭磁轨道继电器组成。脉冲接收器和轨道继电器设在室内，脉冲发送器可分散设在现场变压器箱内，也可集中设于室内。

脉冲发生器利用二极管、电容、电阻、晶闸管将50 Hz交流电转换成为幅值约100 V的高压脉冲。

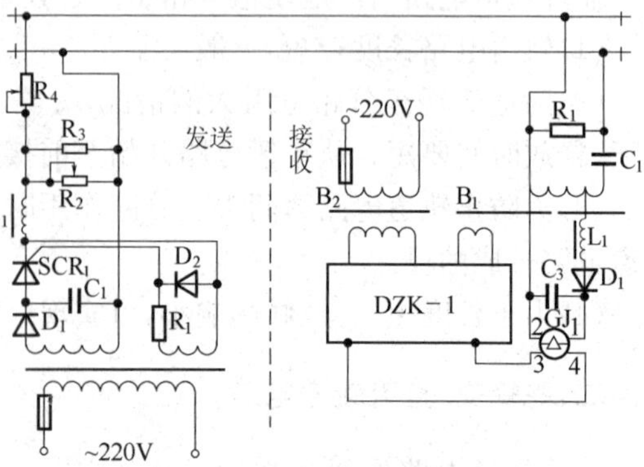

图 2.25 高灵敏轨道电路原理图

高压脉冲可击穿导电不良的薄层，该脉冲由轨道电路发送端经钢轨传至接收端。区段无车占用时，接收器接收到脉冲。

第六节 轨道电路的基本工作状态和基本参数

一、轨道电路基本工作状态

轨道电路的基本工作状态分为调整状态、分路状态和断轨状态三种。轨道电路在各种工作状态下，要受到许多外界因素的影响，其中受道砟电阻、钢轨阻抗和电源电压的影响最大。这三个参数的影响，对各种工作状态造成的影响又各不相同。

1. 轨道电路的调整状态

轨道电路的调整状态，就是轨道电路完整和空闲，接收设备(如轨道继电器)正常工作时的状态。

在调整状态，对轨道继电器来说，它从钢轨上接收到的电流越大，它的工作就越可靠。但这个电流值将随着道砟电阻、钢轨阻抗、发送电压的变化而变化。调整状态的最不利条件是：发送电压最低、钢轨阻抗最大、道砟电阻最小，同时轨道电路长度为极限长度。在最不利条件下，轨道电路接收设备应能可靠工作，反映轨道电路的空闲状态。

2. 轨道电路的分路状态

轨道电路分路状态，就是当轨道电路区段有车占用时，接收设备(如轨道继电器)应被分路而停止工作的状态。

当列车占用轨道时，它的轮对在两钢轨之间形成的电阻，按一般电路的分析，可看成是短路作用。但轨道电路是低电阻电路，所以列车占用时，只能看成两钢轨间跨接了一个分路电阻，故称分路状态。

分路状态的最不利条件是：发送电压最高、钢轨阻抗最小、道砟电阻最大、列车分路电阻也最大(车轻、轮对少、车轮与钢轨接触面不洁)。在分路状态的最不利条件下，轨道电路接收设备应能可靠地停止工作，反映轨道电路区段有车占用。

3. 轨道电路的断轨状态

轨道电路的断轨状态，是指轨道电路的钢轨在某处折断时的情况，此时钢轨虽已折断，但轨道电路仍可通过大地构成回路，接收设备中还会有一定值的电流流过。为了确保安全，断轨时，接收设备应不能工作。

断轨状态的最不利条件是，断轨时轨道电路的参数变化使轨道接收设备中获得最大电流。它除了与钢轨阻抗模值最小、发送电压最大有关外，断轨地点和道砟电阻的大小也有一定的影响。有一个使接收设备中电流最大的最不利数值——临界断轨地点和临界道砟电阻。

二、轨道电路分路的几个术语

1. 列车分路电阻

列车占用轨道电路时，轮对跨在两根钢轨上形成的电阻，就称为列车分路电阻。它由车轮和车轴本身的电阻，以及轮缘与钢轨顶部的接触电阻组成。由于轮缘与钢轨的接触面很小，因此车轮和车轴的电阻比接触电阻小得多，可忽略不计。所以列车分路电阻，实际上就是轮缘与钢轨的接触电阻。列车分路电阻的大小与轨道上分路的车轴数、车辆的载重情况、列车的运行状态、轮缘的装配质量和磨损程度、钢轨顶部的洁净程度等因素有关。它的变化范围很大，从千分之几欧到 0.06 Ω。

2. 分路效应

由于列车分路使轨道电路接收设备中电流减小，并处于不工作状态，称为有分路效应。在分路状态最不利条件下，有列车分路时，对于连续式轨道电路，要保证轨道继电器的端电压不大于它的可靠释放值；对于脉冲式轨道电路，要保证轨道继电器的端电压由不大于它的可靠不吸起值。分路效应在很大程度上决定了轨道电路的质量。

3. 分路灵敏度

分路灵敏度指在轨道电路的钢轨上，用一电阻在某点对轨道电路分路，若恰好能使轨道继电器线圈中的电流减小到释放值(脉冲式轨道电路为不吸起值)，则这个分路电阻值就叫做该点的分路灵敏度。轨道上各点的分路灵敏度不一样。分路灵敏度用电阻值(Ω)来表示。

4. 极限分路灵敏度

对某轨道电路来说，各点的分路灵敏度中的最小值，就是该轨道电路的极限分路灵敏度。

5. 标准分路灵敏度

标准分路灵敏度是衡量轨道电路分路效应优劣的标准。我国规定一般的轨道电路标准分路灵敏度为 0.06 Ω。对于一轨道电路，在分路状态最不利的条件下，用 0.06 Ω 的标准电阻线，在任何地点分路时轨道电路的接收设备必须停止工作，该轨道电路的分路效应才符合标准。

驼峰分路道岔区段的轨道电路长度很短，且线路坡度大，曲线半径小，又进行溜放作业，所以规定其标准分路灵敏度为 0.5 Ω。驼峰高灵敏轨道电路标准分路灵敏度为 3 Ω。

UM71 无绝缘轨道电路标准分路灵敏度为 0.15 Ω。

三、轨道电路的基本参数

轨道电路是通过钢轨传输电流的，钢轨铺设在轨枕上，轨枕置于道砟中，所以轨道电路是具有低绝缘电阻的电气回路。钢轨阻抗和道砟电阻是轨道电路的两个基本参数，理论上的一次参数。

(1)钢轨阻抗

每公里两根钢轨(回路)的阻抗，称为单位钢轨阻抗，简称钢轨阻抗，用 Z 表示，单位是 Ω/km。钢轨阻抗是相对交流轨道电路而言的，当轨道电路中通以直流电流时，钢轨阻抗就是纯电阻，称为钢轨电阻。钢轨阻抗由钢轨本身的阻抗及钢轨接头处的阻抗串联而成；钢轨接头处的阻抗则由接头夹板及导接线的阻抗并联而成。钢轨接头处的阻抗取决于夹板与钢轨接触面大小、钢轨端部表面的污垢及锈蚀程度、螺栓的松紧、气候条件等。

我国钢轨阻抗和钢轨电阻的标准见表 2.1。

表 2.1　钢轨阻抗和钢轨电阻标准

接续线类型	轨道电路类型	频率(Hz)	钢轨阻抗(Ω/km)	
			区间	站内
塞钉式	交流	50	$1.0\angle 48^{\circ}$	$1.2\angle 43^{\circ}$
	直流	—	—	0.8
	25 Hz	25	$0.5\angle 52^{\circ}$	$0.62\angle 42^{\circ}$
	移频	550	$5.1\angle 79^{\circ}$	$5.1\angle 79^{\circ}$
		650	$5.9\angle 79.2^{\circ}$	$5.9\angle 79.2^{\circ}$
		750	$6.7\angle 80^{\circ}$	$6.7\angle 80^{\circ}$
		850	$7.75\angle 81^{\circ}$	$7.75\angle 81^{\circ}$
焊接式	交流	50	$0.8\angle 60^{\circ}$	$0.8\angle 60^{\circ}$
	直流	—	0.2	0.2
	25 Hz	25	$0.5\angle 52^{\circ}$	—
	移频	550	$5.1\angle 79^{\circ}$	$5.1\angle 79^{\circ}$
		650	$5.9\angle 79.2^{\circ}$	$5.9\angle 79.2^{\circ}$
		750	$6.7\angle 80^{\circ}$	$6.7\angle 80^{\circ}$
		850	$7.75\angle 81^{\circ}$	$7.75\angle 81^{\circ}$
长钢轨(无缝钢轨)	ZPW－2000	1700	$14.08\angle 85.2^{\circ}$	$14.08\angle 85.2^{\circ}$
		2000	$16.44\angle 85.44^{\circ}$	$16.44\angle 85.44^{\circ}$
		2300	$18.798\angle 85.62^{\circ}$	$18.798\angle 85.62^{\circ}$
		2600	$21.147\angle 85.78^{\circ}$	$21.147\angle 85.78^{\circ}$
	交流	50	$0.65\angle 70^{\circ}$	$0.65\angle 70^{\circ}$

(2)道砟电阻

轨道电路的漏泄电流是由一根钢轨经轨枕、道床流往另一根钢轨的，其大小由钢轨线路的绝缘阻抗，即道砟电阻决定的。道砟电阻是一个分布参数，通常以每千米钢轨线路所具有的漏阻值表示，称为单位道砟电阻，简称道砟电阻，用 r_d 表示，单位是 Ω · km。道砟电阻的大小，一方面取决于道砟的材料、道砟层的厚度、轨枕的材料和数量；另一方面还取决于温度、湿度的变化，以及道床土壤的导电率等因素。

为了防止轨道电路的电流由送电端到受电端漏泄过多，我国对道砟电阻规定了最小值，标准见表 2.2。

表 2.2　道砟电阻最小值

道床种类	道砟电阻(Ω · km)	
	直流	50 Hz 交流
区间碎石道床	1.2	1.0
站内碎石道床	0.7	0.6

第七节 钢轨绝缘

钢轨绝缘是指安装于轨道电路分界处，钢轨接缝间及钢轨与接头夹板间的绝缘装置。用于防止一个轨道电路中的电流流入另一轨道电路，以保证相邻轨道电路间有可靠的电气绝缘，互不影响。

钢轨绝缘分为机械绝缘和电气绝缘两类。

一、机械绝缘

机械绝缘分为普通绝缘接头和胶接绝缘接头两种。机械绝缘多采用机械强度高、绝缘性能好的材料，在钢轨与夹板间垫有槽形绝缘板，在夹板螺栓与夹板之间装有绝缘套管和绝缘垫圈，在两个钢轨衔接的断面间还夹有与钢轨断面相同的轨端绝缘。

机械绝缘轨道电路，既要有足够的强度保证列车运行安全，又要有足够的电气绝缘，以实现电气分隔。目前，我国采用尼龙绝缘节作为分隔设备。但由于上述元件要承受车辆行走时的冲击力、剪切力，所以很容易破损，这样电气隔离性能就会消失。此外，机械绝缘节的安装给无缝线路的应用带来了麻烦。在轨道电路的分割处，为了要安装绝缘节一定要把长轨锯断，从而降低了轨道强度，使线路维护工作复杂化。另外，当绝缘节安装在电气化区段时，则沿钢轨构成的牵引电流回路的连续性被破坏，为此需增设扼流变压器等特殊器件，以便让牵引电流绕过绝缘节。因此，机械绝缘节轨道电路对列车运行并不是理想的。

(一)普通绝缘接头

1. 普通绝缘接头组成

普通绝缘接头一般由轨端绝缘、槽形绝缘、绝缘管、绝缘垫圈、绝缘接头夹板、高强度螺栓、平垫等组成，如图 2.26 和图 2.27 所示。槽形绝缘主要有两段式和三段式两种。钢轨绝缘的材料应为热塑性高分子或热固性高分子材料。

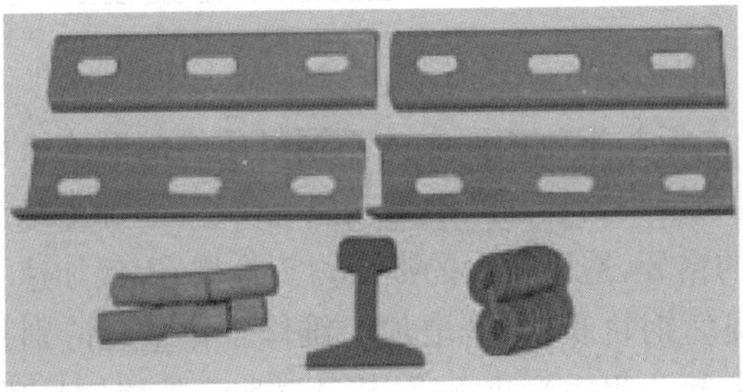

图 2.26 普通绝缘接头绝缘件

图 2.27 普通绝缘接头

普通绝缘接头不仅存在有与非绝缘接头同样的病害，而且其病害程度远比非绝缘接头严重，反复整治的频率也高于非绝缘接头。现行的钢轨绝缘接头系在钢轨与接头夹板之间放入尼龙绝缘体，用螺栓的夹紧力固定钢轨和接头夹板，整体性差，不能克服钢轨温度变化产生的纵向拉、压力和钢轨接头的挠曲力，造成接头夹板与钢轨之间的蠕动，从而导致绝缘材料的压溃和磨损。

2. 普通绝缘接头安装技术要求

(1)钢轨绝缘应做到钢轨、槽型绝缘、接头夹板相吻合，轨端绝缘安装应与钢轨接头保持平直。

(2)装有钢轨绝缘处的轨缝应保持在 6～10 mm，两钢轨头部应在同一平面，高低相差不大于 2 mm；在钢轨绝缘处的轨枕应保持牢固，道床捣固良好。

(3)安装时绝缘管和绝缘垫圈不得遗漏。

(4)绝缘垫圈和铁垫圈的位置不应装反。

(5)绝缘夹板相邻两螺栓应对向安装，紧固螺母时须使用扭矩扳手按规定扭矩紧固，无松动。

3. 高强度钢轨绝缘接头安装的特殊技术要求

(1)六个紧固螺栓应依次倒、顺排列。

(2)紧固螺栓时应用增力扳手，并使其达到规定的力矩。每根螺栓紧固后的扭矩：43 kg/m、50 kg/m 应不小于 700 N·m；60 kg/m 及其以上钢轨应不小于 900 N·m。

(3)不再使用弹簧垫圈，但高强绝缘垫圈带有凹槽的一面应贴向铁垫圈。

(4)初次安装后，应按规定在第 3 天、第 15 天进行两次重复紧固。

4. 高强度钢轨绝缘接头和普通钢轨绝缘接头的区别

高强度钢轨绝缘的安装技术要求和结构与普通钢轨绝缘基本相同，但配件所用材料的强度加大，能承受列车较大的冲击力、振动力和剪切力，从而提高了钢轨绝缘的使用寿命。

高强度钢轨绝缘和普通钢轨绝缘的区别见表 2.3。

表 2.3 高强度钢轨绝缘和普通钢轨绝缘的区别

项目		高强度钢轨绝缘	普通钢轨绝缘
紧固螺栓、螺母材料		20 号锰硅钢材	A3 钢材
绝缘垫圈	材料	3240 环氯酚醛层压玻璃布板	尼龙 6 和尼龙 1010
	结构	结构在其中心孔边缘 4 mm 圆周内凹下 2 mm	平面、无凹下部分
铁垫圈	材料	65 号锰钢材	A3 钢材
	直径	同绝缘垫圈	小于绝缘垫圈
	厚度	5 mm	3 mm
弹簧垫圈		无弹簧垫圈	有弹簧垫圈

(二)胶接绝缘接头

轨道电路中的绝缘接头，过去一直在接头夹板与钢轨槽间嵌入不同材质的槽形绝缘板来达到绝缘目的。由于夹入槽形绝缘层，使钢轨和接头夹板间产生了四条有害缝隙，加上绝缘层较软，在列车行至接头的瞬间，轨头产生较大的错牙，造成很大的冲击力。这样，不仅加速了绝缘层的损坏，也引起接头处线路坍砟、翻浆、损坏钢轨和轨枕，增加了维修工作量。特别是夏天，由于绝缘接头夹板螺栓垫有软的绝缘垫圈，接头阻力严重下降，钢轨膨胀后轨缝容易顶严，使轨端失去绝缘。

钢轨胶结绝缘接头是利用特制高强度接头夹板、高强度螺栓和特殊的胶粘工艺，将钢轨接头与接头夹板粘接成钢轨胶接绝缘接头。采用胶接绝缘接头时，应保证绝缘体与钢轨的连接牢固、无松动，测试电气绝缘性能良好。胶结绝缘接头可以现场安装，直接替换现有的普通绝缘接头。条件允许，最好是线下胶接，由电务测试绝缘性能达标后再更换上道。

钢轨切割后，轨腹钻上螺栓孔，去除碎屑打磨除锈后即可安装胶结绝缘接头。轨腹和胶结绝缘接头夹板的间隙要用合成胶泥填充，以加强接头的强度和耐用性，其强度应符合铁路高速重载的技术要求。

1. 胶接绝缘接头组成

胶接绝缘接头由胶接绝缘夹板、轨端绝缘板、绝缘套管、高强度螺栓(60 kg/m 钢轨用10.9 级、M27 螺栓;50 kg/m 钢轨用 12.9 级、M24 螺栓)、10H 级防松螺母及高强度平垫圈组成,如图 2.28 所示。

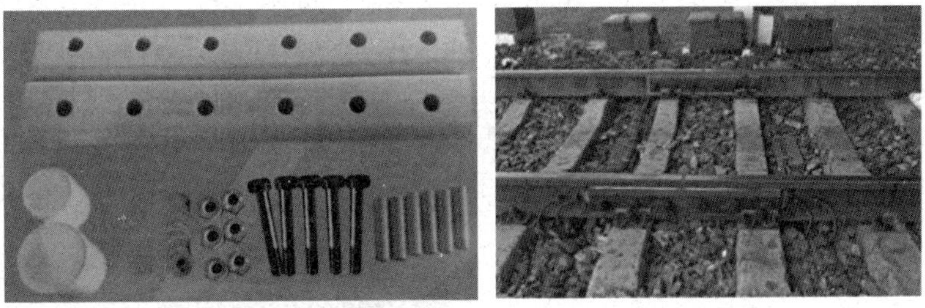

(a) 胶接绝缘接头零件图　(b) 现场实景

图 2.28　胶接绝缘接头

胶接绝缘接头一般有两种:一种是厂制热胶钢轨绝缘接头,另一种是现场胶粘常温固化胶钢轨绝缘接头。厂制热胶钢轨绝缘接头是在工厂内采用加温(或常温)、加压的胶接工艺,将两根钢轨与夹板、绝缘槽板(或绝缘布与胶粘剂)、绝缘端板、绝缘套管、高强度螺栓粘结并紧固而成的绝缘接头,具有强度高、绝缘性能可靠以及使用寿命长的特点;现场胶粘常温固化胶钢轨绝缘接头是在施工现场,用胶粘剂将绝缘夹板与钢轨粘结,并采用高强度螺栓紧固的钢轨接头,运输制作方便,成本费用较低。

钢轨胶接绝缘接头可实现站区轨道电路的有效划分,完全约束长钢轨的轴向温度力,并提供道岔区段温度力的传递,能降低轮轨冲击力,提高钢轨使用寿命和列车运行速度,同时还能有效控制轨道交通的噪声。

2. 胶接绝缘接头技术性能

(1)工作时温度范围:−40 ℃～+60 ℃。

(2)绝缘夹板:采用抗拉结构钢制成,抗拉强度 500～700 MPa。

(3)绝缘螺栓:采用 10.9 级抗拉钢材制成,抗拉强度 1 000～1 200 MPa。

(4)绝缘套管及轨端绝缘(工字片):采用硬塑料制成,具有如下特点:

①机械性能:抗弯、抗拉、抗压强度分别为 350 MPa、240 MPa、220 MPa。

②电气性能:表面电阻 100 MΩ(在 80%湿度 4 d 后测得),击穿电压 40 kV(在 20 ℃)。

③热性能:热稳定 130 ℃。

④吸水率 0.6%(在水温 25 ℃±2 ℃条件下浸水 24 h)。

⑤体积电阻系数≥10 GΩ · cm。

(5)胶接绝缘接头组装完成后的主要整体特性:

①绝缘接头阻抗:在干燥条件下≥10 MΩ,在潮湿条件下≥1 kΩ。

②接头抗拉力(P60 轨):平均值 2 175 kN,最小值 1 950 kN。

二、电气绝缘

(一)电气绝缘节的形成

电气绝缘节是利用电子电气元件组成电路代替机械绝缘,同样完成阻止相邻区段电流互串的功能。因此使用电气绝缘节的轨道电路又称为无绝缘轨道电路。

在电气绝缘节内有调谐区。在该区段内用标准分路电阻在钢轨间进行分路，此时轨道继电器不落下时的轨道电路区段，称为死区段。

(二)电气绝缘节的设备组成及工作原理

1. 设备组成

电气绝缘节由空芯线圈、长钢轨(路基地段为 29 m，桥梁地段为 32 m)及调谐单元组成，可实现相邻两轨道电路的电气隔离。

在空芯线圈两端各设一个调谐单元，对于较低频率轨道电路(1 700 Hz、2 000 Hz)端，设置 L_1、C_1 两元件的 F_1 型调谐单元；对于较高频率轨道电路(2 300 Hz、2 600 Hz)端，设置 L_2、C_2、C_3 三元件的 F_2 型调谐单元。电气绝缘节的组成如图 2.29 所示，现场设备如图 2.30 所示。

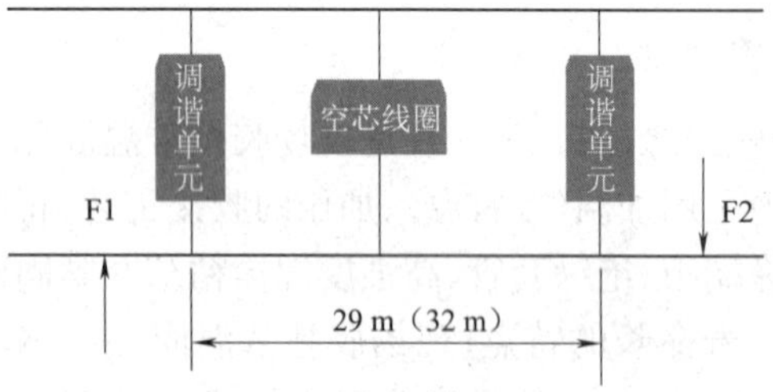

图 2.29　电气绝缘节设置示意图

图 2.30　电气绝缘节的设备组成

2. 工作原理

"F_1"(F_2)端调谐单元的 L_1C_1(L_2C_2)对"F_2"(F_1)端的频率为串联谐振，呈现较低阻抗(约数十毫欧姆)，称"零阻抗"，相当于短路，阻止了相邻区段信号进入本轨道电路区段。

"F_1"(F_2)端调谐单元对本区段的频率呈现电容性，并与调谐区钢轨(29 m)、空芯线圈的电感构成并联谐振，呈现高阻抗，相当于开路，称"极阻抗"。从而，降低电气绝缘节对信号的衰减。

三、轨道电路钢轨绝缘的设置

轨道电路钢轨绝缘的设置应符合下列要求：

(1)在道岔区段，设于警冲标内方与警冲标相关的用于分割轨道区段的钢轨绝缘，除双动道岔渡线上的绝缘外，在无动车组运行的线路上，其安装位置距警冲标不得小于 3.5 m，如图 2.31 所示；在有动车组运行的线路上，其安装位置距警冲标不得小于 5 m。当不得已必须装于警冲标内方且距警冲标的距离小于上述数值，以及与警冲标并置或设于警冲标外方时，应按侵入限界考虑。

(2)轨道电路的两钢轨绝缘应设在同一坐标处，当不能设在同一坐标时，其错开的距离(死区段)不应大于 2.5 m，如图 2.32 所示。对旧结构道岔，道岔内的死区段不大于 5 m。

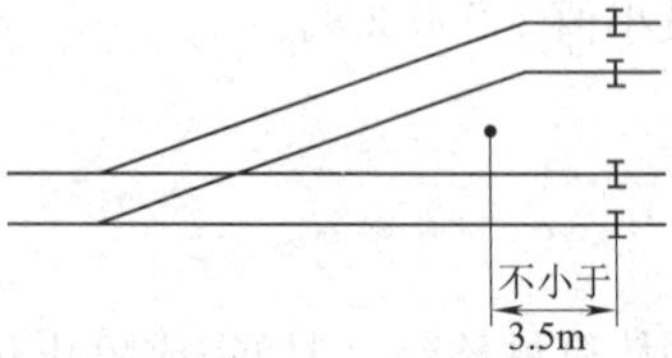

图 2.31　绝缘接头与警冲标位置示意图

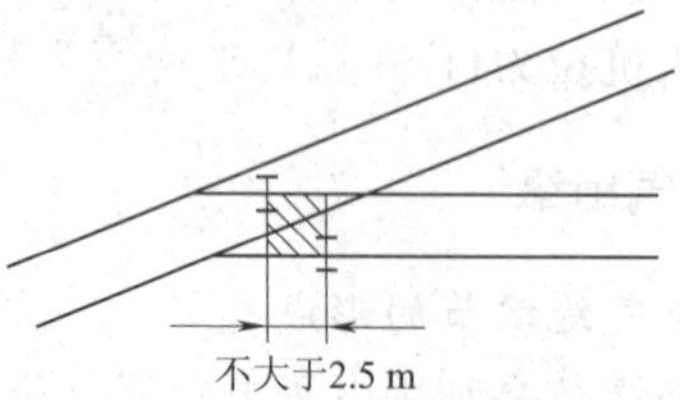

图 2.32　死区段示意图

(3)两相邻死区段间的间隔如图 2.33 所示,或与死区段相邻的轨道电路的间隔如图 2.34 所示,一般不小于 18 m;当死区段的长度小于 2.1 m 时,其与相邻死区段间的间隔或与相邻轨道电路的间隔允许 15～18 m。

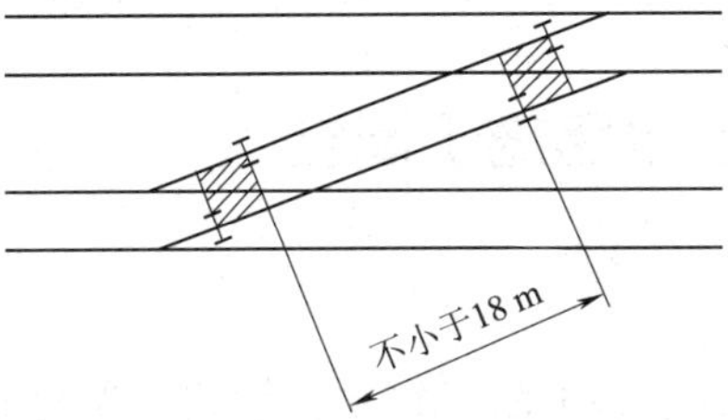

图 2.33　两相邻死区段间的间隔

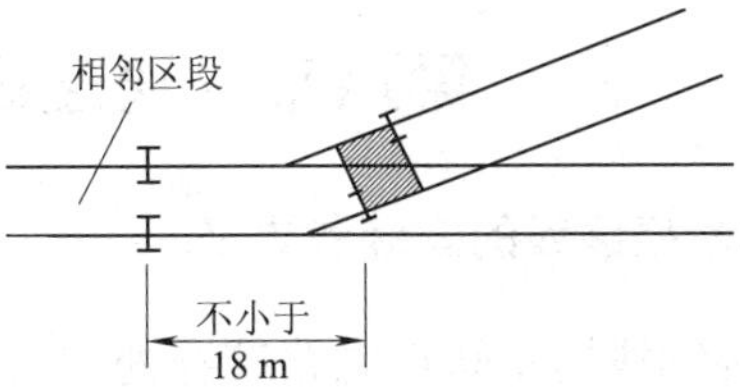

图 2.34　死区段相邻的轨道电路的间隔

(4)设于信号机处的钢轨绝缘,应与信号机坐标相同,当不能设在同一坐标处时,应符合下列要求:

①进站、接车进路信号机和自动闭塞区间并置的通过信号机处,钢轨绝缘可设在信号机前方 1 m 或后方 1 m 的范围内。

②出站(包括出站兼调车)或发车进路信号机、自动闭塞区间单置的通过信号机处,既有钢轨绝缘可设在既有信号机前方 1 m 或后方 6.5 m 的范围内,如图 2.35 和图 2.36 所示,但新设钢轨绝缘或信号机时,钢轨绝缘距信号机的距离不宜大于 1 m。

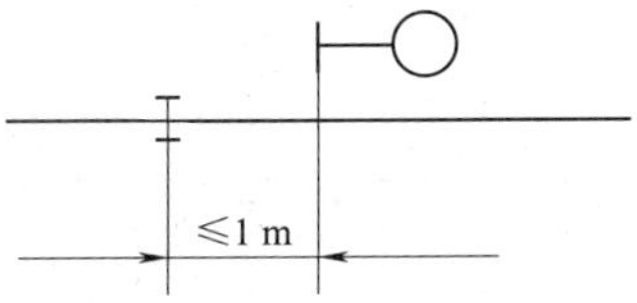

图 2.35　前方 1 m

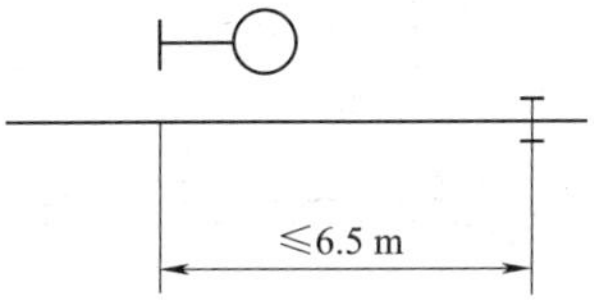

图 2.36　后方 6.5 m

③调车信号机处,钢轨绝缘可设在信号机前方或后方各 1 m 的范围内,当该信号机设在到发线时,按本款第②项规定处理。

(5)集中联锁车站的牵出线、机待线、出库线、专用线或其他用途的尽头线入口处的调车信号机前方,应设轨道电路,其长度不得小于 25 m。与专用铁路接轨的入口处的信号机为调车信号机时,其外方的轨道区段的长度不宜小于 400 m。

(6)安全线或避难线纳入集中联锁时,其所在区段的钢轨绝缘应设在安全线或避难线的末端。

(7)列车运行速度不超过 120 km/h 时非自动闭塞区段的集中联锁车站,进站预告信号机处的钢轨绝缘,宜安装在预告信号机前方不小于 100 m 处。

(8)异形钢轨接头处不得安装钢轨绝缘。

(9)在平交道口处的钢轨绝缘,应安装在公路路面两侧外不小于 2 m 处。桥梁(隧道)护轮轨两端应安装钢轨绝缘,护轮轨超过 200 m 时,每根护轮轨间隔 200 m 增加 1 组钢轨绝缘。

轨道电路内的各种绝缘装置,均须保持绝缘良好。邻接轨道电路间钢轨绝缘破损时,轨道接收设备不应受邻接轨道电路电流影响而误动或有符合设计要求的防护措施,电码化轨道区段应采取串码防护措施。

钢轨绝缘应做到钢轨、槽形绝缘、钢轨连接夹板相吻合，轨端绝缘安装应与钢轨接头保持平直。

装有钢轨绝缘处的轨缝应保持在 6～10 mm，两钢轨头部应在同一平面，高低相差不大于 2 mm；在钢轨绝缘处的轨枕应保持坚固，道床捣固良好。

胶接式绝缘接头、粘接式绝缘轨距杆的绝缘电阻值应大于 1 MΩ。

第八节　普速铁路轨道电路施工配合

一、钢轨接续线的安装和更换

钢轨接续线用于轨道电路接缝处的连接，以减少接触电阻。钢轨接续线分塞钉式钢轨接续线和焊接式钢轨接续线两种。

（一）塞钉式钢轨接续线

塞钉式钢轨接续线是由两根直径为 5 mm 的镀锌铁丝与两端的圆柱形（略带锥形）塞钉焊接而成，如图 2.37 所示。铁丝绕成云圈形，以便在钢轨爬行时不至于损坏接续线，在列车通过时不至于因剧烈震动而使接续线脱落。

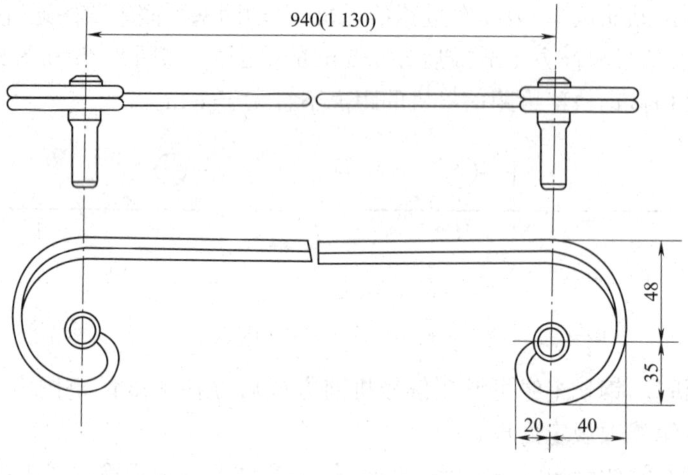

图 2.37　塞钉式钢轨接续线（单位：mm）

钢轨接续线安装在钢轨外侧，两塞钉孔距夹板端边缘应均匀，接续线应无影响强度的伤痕，焊接牢固。塞钉式接续线的塞钉打入深度最少与轨腰平，露出不超过 5 mm，塞钉与塞钉孔要全面紧密接触，并涂漆封闭，保持线条密贴接头夹板，满足平、紧、直的要求。塞钉孔钻孔后，应在当天安装接续线或涂油防锈，以免轨孔生锈。

（二）焊接式钢轨接续线

焊接式接续线折成“U”字形，焊在钢轨轨头外侧，焊点应平整，焊点厚度不应大于 4 mm，以不影响单轨车推行和其他工务设备施工为宜，轨头焊接点须保证焊接质量，应用砂轮机打磨干净，无油污和锈蚀，外观光滑饱满，焊接牢固，导线无损伤、无漏焊、无假焊；焊接线焊在钢轨两端，两焊点中心距离应在 70～150 mm 范围内，焊接接头的上端端头应低于新钢轨轨面 11 mm，与接头夹板固定螺母竖向中心线的间距不得小于 10 mm，如图 2.38 所示。焊接线焊后须防锈处理，断根数不得超过 1/5，焊接时注意调整时间（0～5 s）与电源释放电流（220～280 A）的关系。电流大，电压高，时间短，反之则长。

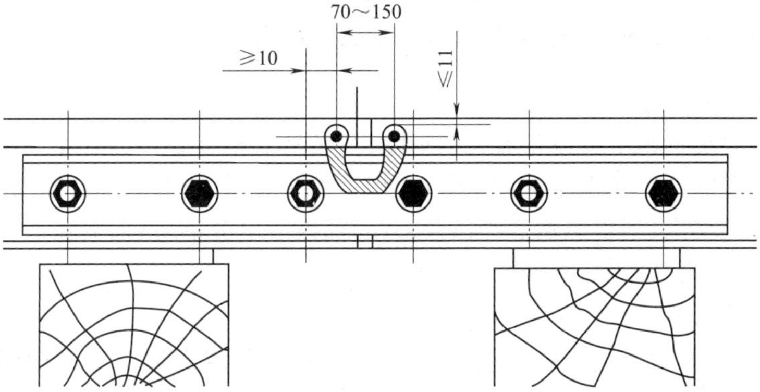

图 2.38　焊接式接续线(单位:mm)

二、钢轨引接线的安装和更换

钢轨引接线现多用塑胶防腐防混引接线,一端焊接在塞钉上,另一端焊接在螺栓上,如图 2.39 所示。塞钉端连接到钢轨上,螺栓端连接到轨道变压器箱或电缆盒壳体上。

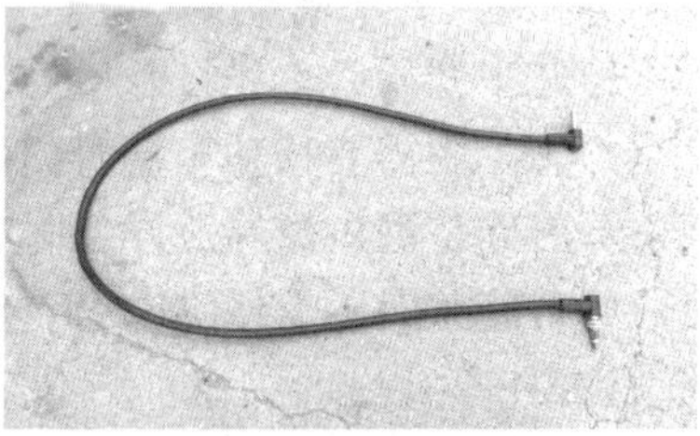

图 2.39　钢轨引接线

钢轨引接线须采用截面积不小于 15 mm^2(非电气化区段,ϕ1.0 mm×19)或截面积不小于 42 mm^2(电气化区段,ϕ1.2 mm×37)的多股镀锌钢绞线。钢轨引接线塞钉孔距接头夹板边缘应为 100 mm 左右。引接线与变压器箱、电缆盒连接时,应将螺栓拧紧,不得有松动现象。绝缘片、绝缘管应完整无破损,保证绝缘良好。引接线的裸线部分不得与箱、盒金属体接触。钢轨引接线处不得有防爬器和轨距杆等物,引接线穿越钢轨处,距轨底不应小于 30 mm,不得与可能造成短路的金属件接触。引接线的长度、规格适当,焊接牢固,应平直地固定在轨枕或其他专用设备上。当轨枕为木枕时,可用 U 形卡钉固在木枕上,但不能钉得太紧;当轨枕为混凝土轨枕时,可用特制卡具固定,不得埋于土或道砟中,必须涂油防腐,断根数不得超过 1/5。变压器箱或电缆盒与钢轨间应设置小混凝土枕,将引接线的余量部分盘成圆圈固定在小混凝土枕上,小混凝土枕应埋设牢固。

三、道岔跳线的安装和更换

道岔跳线现多用塑胶防腐防混引接线,两端焊接在塞钉上,如图 2.40 所示。道岔跳线需采用截面积不小于 15 mm^2(非电气化区段)的多股镀锌钢绞线。道岔跳线应按规定位置安装,跳线敷设应平直,安装要求同钢轨引接线的安装要求。

图 2.40　道岔跳线

四、区间换轨、换枕、放散、清筛、捣固等作业工电配合

(一)配合的主要内容

电务部门主要负责与电务设备有关的拆除、安装及安全等事宜，如在清筛作业中，检查、探测并标示地下电缆的位置及埋设深度，不符合规定的应及时处理；封锁时间内将影响机械清筛的电务设备拆除或移出，不得影响清筛作业；开通前恢复电务信号；加强施工监护，防止造成信号故障。

(二)施工前的准备

(1)根据施工方案由负责人组织召开施工例会，将任务落实到人头，明确施工时间、地点、内容及有关各项要求。

(2)施工提前一天对施工地段各种塞钉进行写实。

(3)施工前对有关区段进行测试(要有记录)，施工后对照检查。

(4)准备好抢修材料、仪表、工具、电容、塞钉等有关器材。

(三)施工中的安全

(1)施工开始后首先将开口处的电容、钢包铜线撤除，由近及远，防止电容拉坏。

(2)施工中需要移动箱盒时测量箱盒限界不得超限，箱盒复位后必须开盖检查电缆。

(3)石砟整型机械经过设备附近时要有人监督其作业，防止刮碰设备和电缆。

(4)若施工时不需撤除电、钢包铜线，则作业人员应对施工地段的电容、钢包铜引接线进行保护性绑扎。

(5)电容、调谐区的地方安排专人监控，捣固机通过时进行提醒，防止设备损伤。

(四)人身安全防护

(1)配合人员要在封锁线路侧路肩行走和避车，两线间作业要一人作业一人防护，并时刻注意听从施工单位安全员号角声及时下道避车。

(2)配合人员尽量避开大型机械，熟悉施工车辆的鸣笛信号含义。封锁后的设备检查和巡视作业要保证每组两人以上。

(3)工务断轨时配合人员不得围观，防止轨条碰伤。

施工结束开通前应对有关区段进行测试对照检查，如钢包铜引接线、电容塞钉接触是否良好，电缆绝缘状况是否良好，并进行分路不良测试，不合格及时登记。开通后，施工单位人员没有撤离施工地段前，配合人员不得离开，直到信号设备正常，室内测试良好后，经施工负责人同意后方可离开现场。

第九节　高速铁路轨道电路施工配合

一、轨道电路安装

(1)轨道电路采用的设备及器材型号、规格及安装位置符合设计要求。

(2)轨道电路调谐区不宜设在路基桥梁的过渡地段，当必须设置时由设计确认。

(3)在轨道电路区段内，连接两轨条间具有导电性能的各种装置均应装设绝缘。相邻轨道电路的电气传输极性(相位或频率)交叉。

(4)轨道电路轨旁设备的安装不得侵入铁路建筑限界，并满足路基、桥梁及隧道地段的特殊安装要求。

(5)轨道电路与钢轨连接均采用截面面积为 95 mm^2 带有绝缘防护外套的钢包铜双引接线，长、短钢轨引接线从设备处并在一起连接到钢轨。

(6)轨旁设备与钢轨引接线连接部位的绝缘装置安装正确，完整无损。引接线在轨道板上的走线用线卡固定，线卡采用化学锚栓固定在轨道板上。

二、轨道板钻孔

(1)在轨道板表面钻孔固定补偿电容防护盒、各种钢轨引接线卡具时，必须保证水不会灌入轨道板内。

(2)轨道板上严禁使用机械膨胀螺栓，只能在指定的范围内植入 M8×100 mm 化学锚栓，锚栓为不锈钢材质，埋深 80 mm，外露长度 20 mm。

(3)植入化学锚栓时，允许用带标尺的电锤钻在轨道板上钻直径为 ϕ10 mm、深度为 80 mm 的锚栓孔。

三、钢轨钻孔

(1)扼流变压器、调谐单元、空芯线圈、补偿电容引线均采用标准塞钉，使用专用钢轨钻机钻孔。

(2)专用钢轨钻机需安装 60 kg/m 卡轨配件，保证钻孔位置精度，钻孔两侧应做 1～2 mm 的倒角。

(3)单塞钉头的引接线在两承轨台中间钻孔，双塞钉头的引接线两孔眼间距不小于 50 mm。

(4)从钢轨外侧向钢轨内侧钻孔，在钻孔时应不断向钻头浇水降温。钻头露出钢轨 10 mm 时才能断电退钻，将钻孔周围的金属屑清除干净。

(5)钻孔完毕后应立即打上塞钉。

四、轨道连接线安装

(一)钢轨引接线的安装

(1)ZPW－2000A 轨道电路设备与钢轨连接均采用截面面积为 95 mm^2 带有绝缘防护外套的单接头钢包铜双引接线，路基地段电气绝缘节处连接线长度为 2 000 mm 和 3 700 mm 各 6 根；桥梁地段安装在防护墙外侧电气绝缘节的连接线长度为 2 500 mm 和 4 200 mm 各 6 根；用长 1 200 mm、ϕ95 mm 外径加强 PVC 管防护。隧道内电气绝缘节处的连接线长度为 2 000 mm 和 3 700 mm 各 6 根，如图 2.41 和图 2.42 所示。

图 2.41 连接线现场安装图

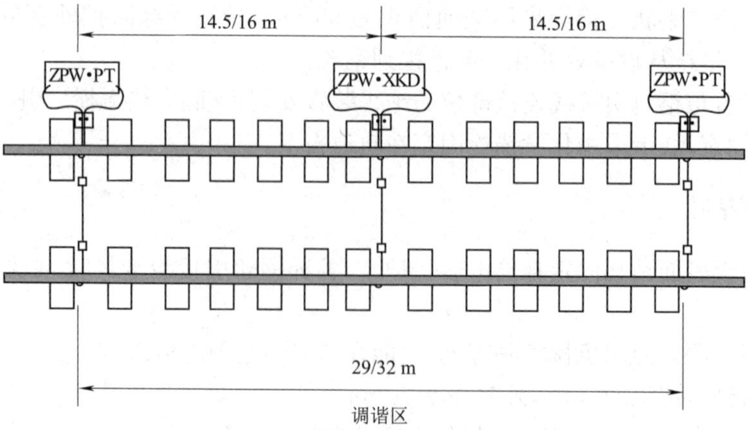

图 2.42　电气绝缘节设备布置及引接线走线示意图

(2)机械绝缘节处相邻两轨道电路的另一端分别为电气绝缘节和机械绝缘节时,轨道电路设备与钢轨连接线长度为 2.0 m 和 7.2 m。其中长钢轨引接线应分别绕过绝缘节并交叉从轨底穿越与另一根轨条连接,贴近轨腰走线,如图 2.43 所示。

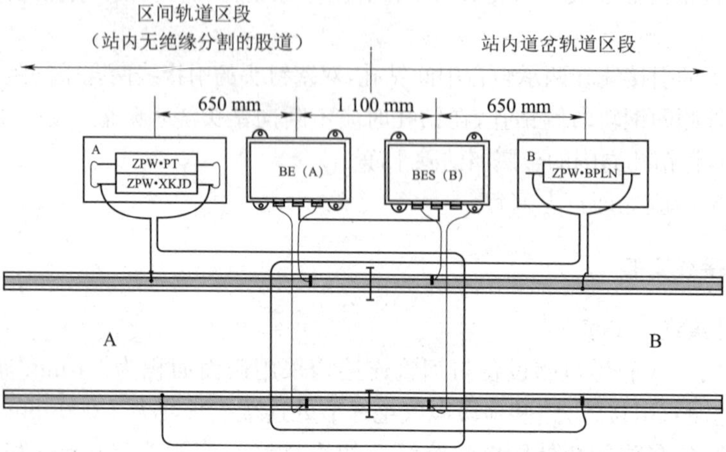

图 2.43　机械绝缘节—电气绝缘节设备布置及引接线走线示意图

区间轨道区段侧的调谐匹配单元与机械绝缘节空芯线圈采用 10 mm^2 多股铜线连接,双钢轨引接线分别连接机械绝缘节空芯线圈和调谐匹配单元。

(3)扼流变压器连接线安装应符合下列要求:

①扼流变压器应采用双等阻线。ZPW - 2000 轨道电路采用截面积不小于 70 mm^2 的带绝缘防护外套的铜线或 95 mm^2 钢包铜引接线;25 Hz 轨道电路采用截面积不小于 42 mm^2 的油浸钢绞线。两扼流变压器的中点用长 1 100 mm 的整体中间连接板连接,扼流变压器钢轨引接线的安装如图 2.44 所示。

②钢轨引接线长度为 1 600 mm 和 3 600 mm。因受设置位置的地形影响,扼流变压器位移时应按实际距离加长。

③钢轨引接线塞钉不得打弯,塞钉与塞钉孔接触紧密,螺帽紧密。

④引接线螺栓的绝缘管、垫圈等部件应齐全,螺扣无损伤,绝缘垫圈与铁垫圈安装正确,螺母紧固。

图 2.44 扼流变压器钢轨引接线的安装图

(4)钢轨引接线第一塞钉孔距接头夹板边缘 80 mm,第二塞钉孔距第一塞钉孔 60 mm,第三塞钉孔距第二塞钉孔 80 mm,第四塞钉孔距第三塞钉孔 60 mm。塞钉孔形成后应立即安装塞钉。钢轨引接线塞钉应从钢轨外侧打入轨腰孔中,打入深度为露出钢轨 1～4 mm。安装完成后,应立即在塞钉头与钢轨的接缝处涂白漆密封。

(5)钢轨引接线的余量在有砟轨道区段应固定在轨枕上,在无砟轨道区段应固定在轨道板上。固定引接线的卡钉、卡具不得接触轨底及钢轨铁垫板。穿越钢轨的长引接线应沿轨枕敷设平直,固定良好,且距轨底的距离不应小于 30 mm。线卡采用化学锚栓固定在轨道板上。

(6)钢轨引接线与变压器箱、电缆盒连接时,应将螺母拧紧,不得有松动现象。绝缘片、绝缘管应安装完整、无破损。

(二)钢轨接续线的安装

(1)钢轨接续线应安装在钢轨外侧,两塞钉孔分别距夹板两端应均匀,在道岔辙叉根部处或其他安装困难处,可以反向安装在钢轨内侧(线条部分向下)。

(2)塞钉式钢轨接续线应平直无弯曲并与钢轨接头夹板上部密贴。在钢轨内侧安装时应降低安装高度或紧贴钢轨接头夹板下部安装。

(3)塞钉式钢绞线型钢轨接续线应沿钢轨底边敷设安装。钢轨接续线的金属裸露部分不得锈蚀,接续线与塞钉不得脱焊。

(三)道岔跳线的安装

(1)跳线安装位置、并联线的距离应符合 ZPW－2000 轨道电路设计规定。

(2)单开道岔的长跳线(带绝缘护套)宜安装在道岔绝缘节后第三、四轨枕间隙处。

(3)道岔多分支轨道电路区段采用“分支并联的一送一受轨道电路”结构,ZPW－2000 轨道电路的道岔跳线、长分支并联线采用截面面积为 70 mm^2 带绝缘防护外套的铜线或 95 mm^2 钢包铜引接线,长度按设计规定位置的实际测量数据为准。25Hz 相敏轨道电路的道岔跳线截面积不小于 42 mm^2,长跳线应采用尼龙卡具固定在钢轨下端,距轨底不得小于 30 mm。跳线安装平顺,不得松股。

(4)道岔跳线应从道岔弯股末端(即道岔弯股的轨道绝缘节)起,向岔心方向(即道岔绝缘节)依次按不大于 20 m 的间隔安装,岔心区间隔不大于 30 m,两端部(道岔绝缘节和轨道绝缘节)必须设置道岔分支并联线。

(5)长道岔“跳线”及道岔“分支并联线”应尽量贴近轨腰安装并用卡具固定,在钢轨接头处,长道岔“跳线”及道岔“分支并联线”应套防护管防护。跨线路的长道岔“跳线”及道岔“分支并联线”应用卡具固定在无砟轨道板表面。

(6)岔尖内部加强引接线布置和走线示意如图 2.45 和图 2.46 所示。

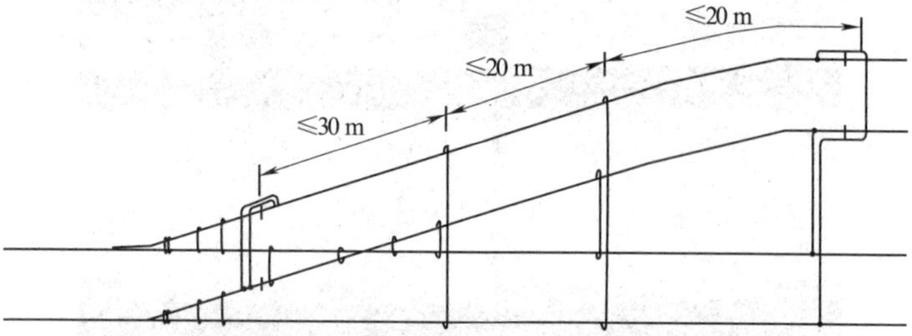

图 2.45　加强引接线布置和走线示意图

图 2.46　加强引接线安装图

(7)渡线道岔轨道绝缘处的道岔“跳线”引线布置和走线示意如图 2.47 所示。

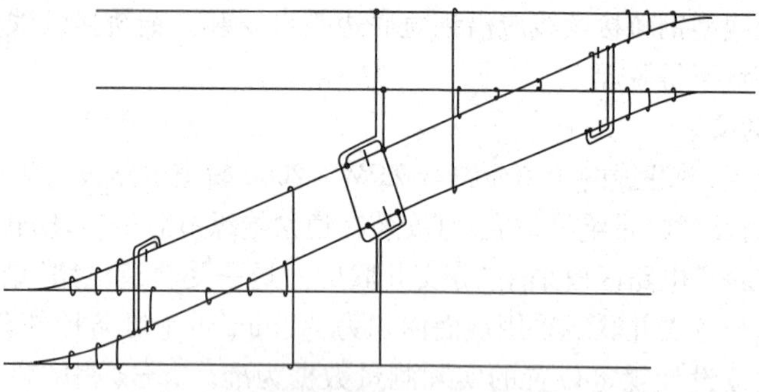

图 2.47　道岔“跳线”引线布置和走线示意图

(四)冷挤压胀钉式钢轨接续线的安装

(1)冷挤压胀钉的规格、型号应符合设计要求或相关技术标准的规定。冷挤压胀钉安装时应选用专用的钻具和钻头,以确保安装精度。

(2)冷挤压胀钉安装在钢轨轨腰中部,安装孔中心距轨顶面的距离随钢轨类型的不同而不同,钻孔完成后宜立即安装冷挤压胀钉。

(3)钢轨引接线、钢轨接续线、道岔跳线根据其规格选用相应的压接端子,使用与压接端子配套的压接钳进行压接。

(4)冷挤压胀钉安装的操作工艺流程应符合产品安装手册的要求及相关规定。

(五)横向连接线的安装

1. 横向连接的方式

(1) 简单横向连接:双线轨道间的等电位连接,并通过防雷元件接地。

(2) 完全横向连接:双线轨道间的等电位连接,并直接接地。

2. 横向连接线的安装要求

(1)横向连接线应采用截面积不小于 70 mm^2带绝缘防护外套铜线或 95 mm^2钢包铜引接线,横向连接线长度以现场实测为准,最长不得大于 105 m。牵引变电所处横向连接线的截面积应符合设计要求,横向连接线的安装如图 2.48 所示。

图 2.48　横向连接线的安装图

(2)两相邻完全横向连接间的距离应不小于 1 200 m,特殊情况下不得小于 1 000 m;完全横向连接与相邻简单横向连接间的距离不得小于 1 000 m。一段轨道电路内不得设置两个空扼流。

(3)轨道电路区段长度小于 1 200 m 时,可以通过空芯线圈实现完全横向连接,也可以通过增加空扼流变压器实现完全横向连接。

(4)牵引电流超过空芯线圈容量时,不可以通过空芯线圈实现横向连接,而应增设空扼流变压器进行连接。

(5)三条线路,一条横向连接线严禁连接两段同一频率的轨道电路。如果不能通过绝缘节方式完成横向连接时,应增设空扼流变压器完成连接。

(6)无砟地段轨枕板的横向连接线穿越钢轨时,应采用卡具固定在轨枕板上。有砟地段普通轨枕的横向连接线穿越钢轨时,应采用尼龙卡具固定在钢轨下端,距轨底不得小于 30 mm。

(六)轨枕板上的引接线、横向连接线、道岔跳线、长分支并联线的安装

(1)钻孔前用钢筋探测仪探测钢筋位置,避开钢筋画好钻孔位置。

(2)钻孔时应使用标尺电钻,钻孔直径为 10 mm,深度为 40 mm。

(3)轨枕板上的钢轨引接线,并拢后敷设在整体道床 V 形槽内或轨枕板上。在轨道板上植入 M8 化学锚栓,对线卡进行固定。(轨枕板上不得使用膨胀螺栓)

(4)两股道之间的横向连接线应固定在轨枕板下部道床的立面上。

(5)有砟地段的设备端的引接线和横向连接线应用砖砌围桩将引接线固定。

(6)防护墙至轨道板之间的引接线和横向连接线,在穿过防护墙后应并拢,采用非金属管、架防护固定,不得使用金属管防护。

(7)机械绝缘处的 7 200 mm 长引接线,应在钢轨腰下部紧贴钢轨布设,并固定牢固。

(8)钢绞线不得断股、锈蚀，金属裸露部分在安装完后应涂机械油。

(9)固定引接线的卡钉、卡具不得与钢轨铁垫板接触。

五、补偿电容的安装

为抵消钢轨电感对移频信号传输的影响，采取在轨道电路中，分段加装补偿电容的方法，使钢轨对移频信号的传输趋于阻性，接收端能够获得较大的信号能量；同时，加装补偿电容能够实现钢轨断轨检查。补偿电容应采用容量为 25 μF 的全密封式电容。

(1)普通轨枕地段的电容，应安装在电容防护轨枕内，电容防护盖齐全，电容引接线敷设在防护枕内，两端用线卡固定在钢轨上，宽轨枕地段的电容应固定在两轨枕之间的 V 形槽内。

(2)无砟区段补偿电容安装在外侧时，补偿电容连接线长度分别为 1 170 mm 和 2 950 mm，外套 ϕ16 mm(外径 26 mm)的钢丝编织软管进行防护。在有支承平台时，采用 Ω 形卡具将补偿电容固定在轨枕板外侧下层支承台平面上，固定螺栓可采用 M8×100 膨胀螺栓。轨枕板上补偿电容连接线应采用 Ω 形卡具固定在整体道床板面或 V 形槽内，固定螺栓必须采用 M8×70 化学螺栓，如图 2.49 所示。无支承平台时，或虽有支承平台但曲线外侧超高引起引接线长度不足地段、隧道内轨枕板与踏步间隙大于 82 mm 的地段，补偿电容均应安装在轨枕板外侧立面上，外侧螺栓距整体道床边沿 60 mm，内侧螺栓距离外侧螺栓 50 mm。轨枕板上补偿电容连接线应采用 Ω 形卡具固定在整体道床板面或 V 形槽内，固定螺栓必须采用 M8×70 化学螺栓，如图 2.50 所示。

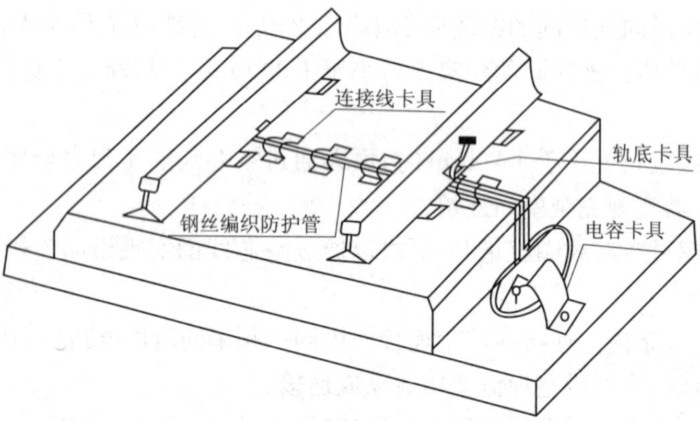

图 2.49　有支承平台补偿电容安装

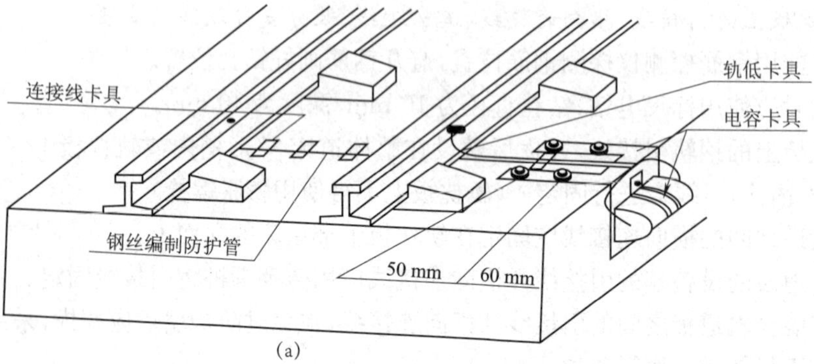

(a)

图 2.50　轨枕板外侧立面补偿电容安装

(b)

图 2.50　轨枕板外侧立面补偿电容安装(续)

(3)无砟区段补偿电容安装在线路中间时,补偿电容应采用三点固定方式,一点在中间固定电容部分,另外两点固定引接线部分。线路中间补偿电容安装如图 2.51 所示。

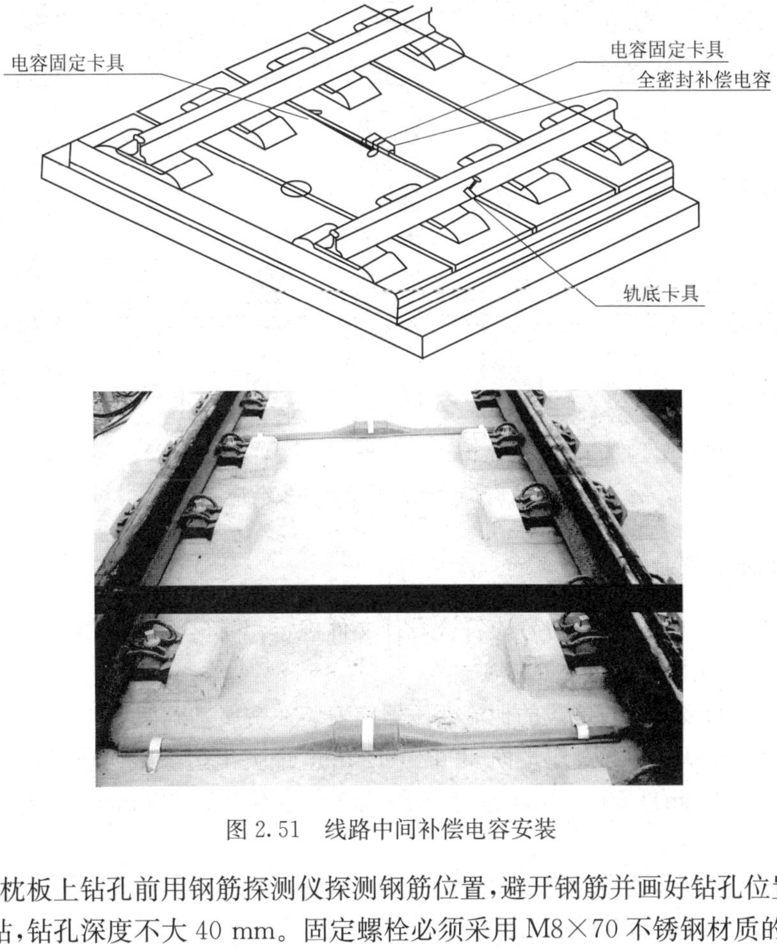

图 2.51　线路中间补偿电容安装

(4)在轨枕板上钻孔前用钢筋探测仪探测钢筋位置,避开钢筋并画好钻孔位置。钻孔时应使用标尺电钻,钻孔深度不大 40 mm。固定螺栓必须采用 M8×70 不锈钢材质的化学螺栓。

六、应答器安装

应答器安装在轨道中央，用于向列控车载设备传输地面线路参数与信息。无源应答器不与其他设备进行物理连接，传输预先存储的地面固定参数与信息；有源应答器通过电缆与地面电子单元(LEU)连接，传输来自于LEU的实时变化的参数与信息。应答器安装方向有横向安装与纵向安装两种，组内安装间距为5～5.5 m，组间安装间距不小于100 m，列车以最高速度在1 s时间内走行的距离范围内最多安装8个应答器；应答器与钢轨接头的最小间距为1 m；应答器安装高度，其侧边参考标记至钢轨顶部为93～150 mm，顶面参考标记中心点至两股钢轨间中心线的最大横向误差为15 mm。在应答器周围一定范围内避免金属或导磁材料。

当应答器安装在护轮轨处时，应答器中心至护轮轨轨基之间的横向无金属距离缩小为：横向安装应答器为320 mm，纵向安装应答器为220 mm。有护轮轨情况下横向安装应答器如图2.52所示。

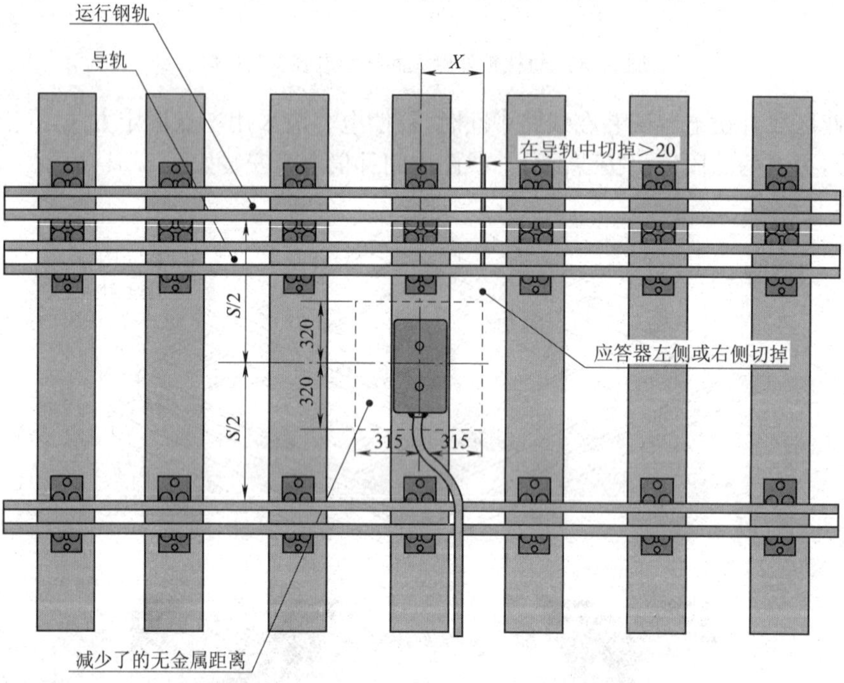

图2.52　有护轮轨情况下横向安装应答器

七、扼流变压器安装

扼流变压器安装方式、设置位置应符合设计文件规定，并符合下列要求。

(一)级配碎石地段的扼流变压器安装

(1)有防水层的级配碎石地段的扼流变压器应安装在金属基础架上。

(2)扼流变压器基础顶面高于地面(300±50) mm，最突出边缘距所属线路钢轨内侧不小于(试验段内1 200 mm)1 500 mm，试验段内距轨缝中心不大于325 mm。两台扼流变压器中心距离不大于650 mm。

(3)固定底座埋设深度不应小于500 mm，地表面往下采用100 mm厚的水泥砂浆灌注，地面以上采用150 mm的砖砌围桩。

路基地段扼流变压器安装如图 2.53 所示。

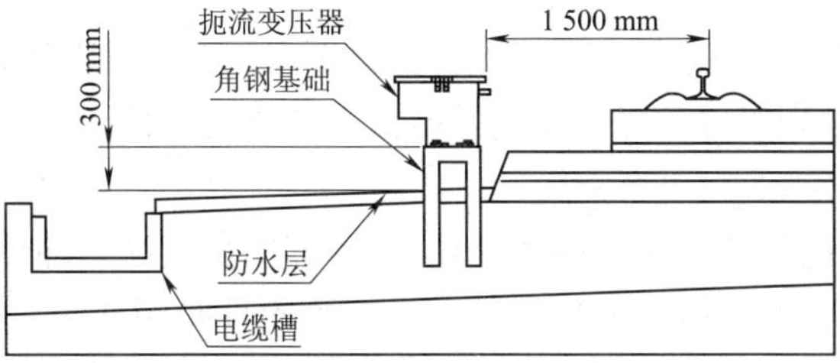

图 2.53　路基地段扼流变压器安装图

(二)高架桥地段的扼流变压器安装

(1)扼流变压器应安装在防护墙外侧的金属基础架上,端子面向防护墙。

(2)扼流变压器基础顶面高于电缆槽顶面(150±20) mm。

(3)基础支撑底板应在电缆槽立面的盖板上部。

桥梁地段扼流变压器安装如图 2.54 所示。

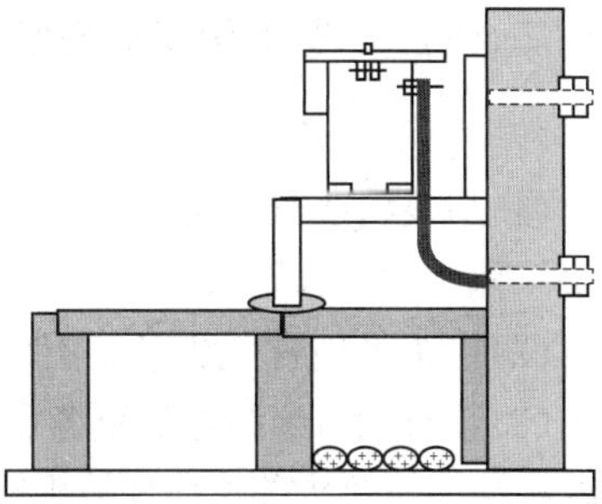

图 2.54　桥梁地段扼流变压器安装图

(三)隧道内扼流变压器安装

隧道内的扼流变压器应安装在电缆槽外侧,切除混凝土"踏步",采用膨胀螺栓固定在混凝土地面上。隧道内扼流变压器安装如图 2.55 所示。

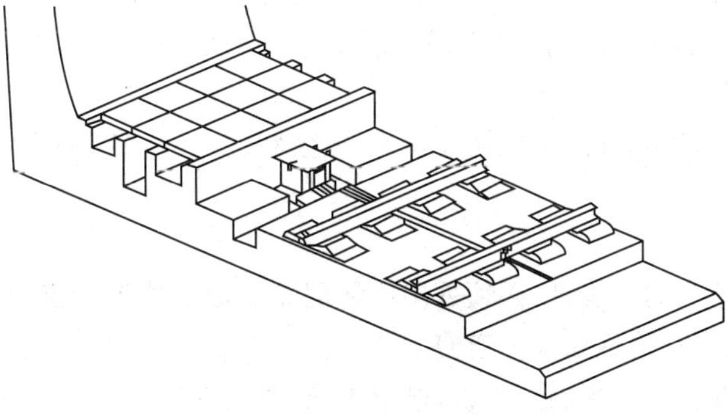

图 2.55　隧道内扼流变压器安装

扼流变压器基础架与地面或防护墙连接牢固,穿越防护墙的基础固定螺栓、补强板、防松螺帽、开口销齐全,开口销劈开角度为 60°～90°。

扼流变压器安装应平顺、端正。连接板与连接线连接牢固。防护墙基础架下部的防振垫齐全。机械绝缘处的两扼流变压器连接板由三块组合式改为整体式。连接板中心为 1 100 mm。

第十节　轨道电路联合整治

一、钢轨绝缘、轨道电路整治分工

普通绝缘接头夹板及其螺栓等有关线路强度的金属部分由工务负责维护,其保证电气特性的绝缘部分由电务负责维护。电务测试发现绝缘接头电气特性超标需分解检查或更换时通知工务实施。

胶接绝缘接头、轨距拉杆(撑杆)、地锚拉杆由工务负责维护，其保证电气特性的绝缘部分由电务负责测试，测试发现绝缘部分存在问题时由工务负责维修。

工电部门配合的规定：

(1)更换绝缘时，由电务部门负责联系登记，工务部门负责联结部件的拆装和施工防护。

(2)在高强绝缘接头安装前，工务部门负责检查紧固件是否非标，接头夹板螺孔周围是否有毛刺及凹凸不平等缺陷，电务部门负责检查绝缘固化后测试绝缘电阻是否符合高、普速铁路信号维护规则的规定。

(3)工务部门新增设绝缘轨距杆时，安装前必须经电务部门绝缘测试合格。

二、钢轨绝缘、轨道电路的联合整治标准

(一)工务标准

(1)绝缘接头处应使用厂制标准长度钢轨，使用非标准长度钢轨时，应将厂制端放在绝缘接头一侧。

(2)接头处轨枕无失效，扣件应保持齐全，作用良好。

(3)装有钢轨绝缘处的轨缝宽度：胶接绝缘应保持 6 mm，普通绝缘接头应保持 6～10 mm。轨缝两端钢轨轨头部位应保持平顺，高低相差不大于 2 mm，无低塌接头和轨面错牙、接头肥边。

(4)接头处道床应经常保持饱满、均匀、排水良好，无翻浆冒泥。

(5)正线上的绝缘接头必须采用高强螺栓及高强度钢平垫紧固件。

(6)高强绝缘接头应采用符合标准的绝缘接头夹板和紧固件，无毛刺及凹凸不平缺陷。

(7)高强绝缘接头螺栓应从钢轨两侧交叉配置，不得从一侧安装，安装后确保扭矩不小于 700 N · m。

(8)绝缘拉杆、尖轨连接杆的绝缘性能良好，安装状况良好，绝缘拉杆无接触轨底导致导电的现象。

(二)电务标准

(1)高强度绝缘接头的绝缘件，必须采用增韧尼龙制成的槽形绝缘及绝缘管和轨端绝缘。严禁有气泡、裂纹、变形缺陷绝缘件上道使用。

(2)安装钢轨绝缘接头时要做到钢轨、槽形绝缘、接头夹板吻合良好，轨端绝缘安装应与钢轨接头保持平直，工字绝缘头部不得高于轨面，两者相差不大于 2 mm，高强绝缘垫有凹槽的一面，应贴靠在高强度绝缘钢平垫的一侧，钢平垫的外侧不得增设弹簧垫圈。

(3)轨道电路整体良好，电阻符合要求，各种轨道连接线、导接线连接良好，无松动、严重锈蚀、失效的接线。

三、钢轨绝缘接头故障原因及整治

绝缘接头是轨道电路的重要组成部分，是线路的最薄弱环节，也是工电结合的主要部位，更是制约安全行车的敏感区域，由于绝缘被拉坏或顶死造成红光带而影响行车的事故时有发生。

(一)钢轨绝缘接头故障原因

(1)由于生产工艺不良、安装侵害(扣件安装不良、引线安装不良等)、电压击穿绝缘接头和

电流拉弧灼伤钢轨等造成电绝缘性能不良。

(2)由于绝缘管、绝缘垫、槽形破损，钢轨肥边将槽形短路，钢轨扣件超过槽形，轨端挤死，轨距杆绝缘破损等原因造成钢轨绝缘故障。

(3)由于角钢绝缘破损、各部拉杆与连接杆绝缘破损造成短路，导致道岔装置故障。

(4)由于轨缝设置不合理、轨端不垂直、端部顶面肥边、接头低扣空吊、扣压力不足等维修不到位原因造成绝缘破损出现红光带。

(二)钢轨绝缘接头的整治

1. 普通钢轨绝缘接头的整治

(1)绝缘接头处所用钢轨必须使用工厂生产的标准钢轨，如果需要截断时，应将原始端放在绝缘接头处。

(2)两钢轨头部应保持水平，高低、内外相差不大于 1～2 mm。轨面应该平顺，无低塌接头。

(3)混凝土枕地段，轨端绝缘两侧的扣板不得"上炕"，扣板螺栓不得松动。

(4)接头钢轨两端面不得有肥边，以免钢轨两端面顶"死"，造成轨端绝缘失效。

(5)保养过程中及时调整轨缝，且采取防爬措施，使轨缝保持在 6～10 mm，以避免轨缝太小，挤坏轨端绝缘；轨缝太大，拉弯、拉断紧固螺栓，挤碎绝缘管。

(6)接头处轨枕无失效，扣件应保持齐全，作用良好。道床石砟应保持饱满、均匀，排水良好，无翻浆冒泥。

(7)绝缘接头处的道钉应反钉在钢轨底，以防止道钉头部接触接头夹板，绝缘失效。

(8)接头处的夹板紧固螺栓无弯曲现象，并应保持紧固，不得松动。夹板螺栓孔周围无毛刺及凹凸不平等缺陷。与槽形绝缘接触的夹板平面应平整光洁，无凸筋。

(9)消除扣件及引接线的安装侵害，避免撞击绝缘接头部位，从而破坏绝缘层，造成绝缘性能失效。现场制作常温固化胶钢轨绝缘接头时应避免绝缘套管损坏。

对于高强度绝缘接头的整治还应注意紧固螺栓、螺母和铁垫圈必须符合高强度的标准；紧固螺栓必须使用增力扳手，并经常保持紧固状态。

电务部门整治钢轨绝缘接头的项目及要求：

(1)钢轨绝缘接头处必须采用符合标准的绝缘材料，特别是高强度绝缘材料。

(2)当绝缘接头处绝缘件伤损时，必须及时更换有损伤的绝缘件。

(3)绝缘安装应符合技术要求。

2. 胶接绝缘接头的整治

胶接绝缘接头安装完成后，要注意对接头加强保养，如果在更换胶接绝缘接头之前，接头道床有翻浆冒泥或塌砟、泛白，要在安装前进行处理，安装后保养，接头轨底胶垫磨损时要及时更换；待胶粘剂完成固化后或第二天，将全部螺栓再次拧紧至 1 000 N·m(施必牢螺栓则拧紧至 1 200 N·m)，定期检查螺栓扭矩。定期检查轨枕空吊，对轨面肥边打磨，保持高低平顺，轨距不超验收标准；工长每月设备检查时需对绝缘接头进行检查，电务人员结合检查对其绝缘性能进行测试；安装好后，如果出现绝缘断面与轨头略微不平顺，可进行打磨处理，以免车轮冲击造成绝缘断面的破损。

对已经上线的胶接绝缘接头，设备管理单位应按照日常检查、定期检查和专业联合检查分别制定检查制度、检查方法。工务段、电务段应安排人员有计划地对胶接绝缘接头进行检查。工务部门重点检查：①接头是否存在肥边、压溃或掉块；②接头是否拉开或挤死，夹板与钢轨的粘接是否脱离，内层钢轨和夹板是否分离或移位，夹板四周是否有缝隙；③接头螺栓是否拉弯、松动；④检查绝缘塞片是否碎裂掉块；⑤检查接头处是否翻浆、板结、空吊、几何尺寸超限；⑥线路是否存在爬行现象，防爬器是否失效或数量不足，扣件扣压力是否符合标准。电务部门重点检查：①绝缘塞片状态是否正常；②测试绝缘接头电气特性，检查是否有电流泄露、绝缘性能下降等现象；③检查影响绝缘性能良好的其他各因素。

采取如下措施加强对钢轨胶接绝缘接头的维护：

(1)对绝缘端板处破裂或两端钢轨轨头经车轮碾压后出现肥边的绝缘接头应打磨或切除轨端肥边，并将轨头部位再倒棱。

(2)检查轨头上颚、下颚、夹板端部是否积存污物，若出现积存污物应及时清除干净，避免污物侵蚀破坏绝缘胶层。

(3)定期检查钢轨对钢轨、钢轨对夹板的绝缘性能，加强检测测试。电阻测量应进行 3 次：第 1 次为螺栓全部安装完毕，第 2 次为复拧前，第 3 次为复拧后。

工务与电务部门应做好配合，电务段每年与工务段签订设备联合检查协议，明确检查、检测的时间、地点和工作量，落实检查的责任部门和责任人，在日常工作中双方加强联系，主动配合；为确保设备正常使用，对检查、检测出有问题的胶接绝缘接头要及时安排整治，发生红光带时，由电务和工务部门的人员到现场共同确认，妥善处理，未经双方确认时，一方不得拆开胶接绝缘接头。

四、轨道电路钢轨部分的整治

电务部门对轨道电路钢轨部分的整治包括更换单断或双断的钢轨接续线；更换严重锈蚀的接续线；更换断股超过 1/5 的钢轨导接线和道岔跳线；引接线和道岔跳线涂油防锈及引接线和道岔跳线防混措施的整治。

工务部门整治钢轨部分的项目包括：

(1)道岔跳线和引接线处不得有防爬器和轨距杆等。若有防爬器和轨距杆应给予拆除或移位，防止导电。

(2)绝缘轨距杆的绝缘部分和道砟之间应保持 30 mm 的间隙，绝缘装置有效。

(3)中间绝缘的轨距杆，应使其中间绝缘部分平装，螺栓向下，如图 2.56 所示。两端绝缘的轨距杆，应使其两端内、外卡口铁紧扣轨底，螺栓无松动。粘接式轨距杆，应检查其粘接部位是否密封良好，有无气孔和砂眼。

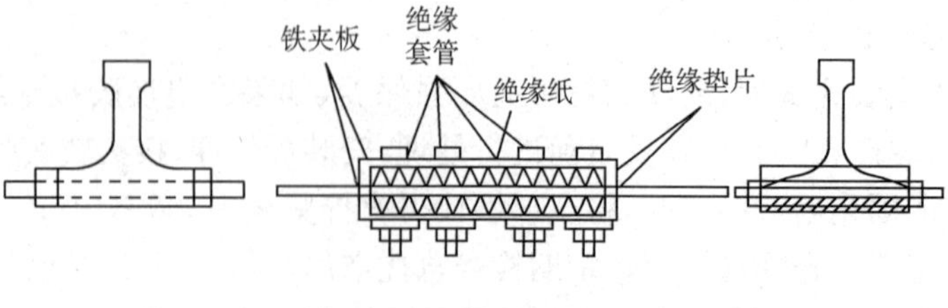

图 2.56　绝缘轨距杆

(4)道岔区内的绝缘轨距杆，应在其与轨底穿越处采取绝缘防护措施。

五、在钢梁桥上的整治

在有轨道电路的钢梁桥上，钢梁与钢轨之间，护轨与钢轨之间，发生轨道电路短路的几率比一般轨道电路多。所以要加强钢梁桥上轨道电路的整治，注意工电分工协作。工务部门在更换桥面设备时，应注意钩螺栓铁垫圈与钢轨扣件间应留不小于 15 mm 的间隙。桥上有护轨时应安装绝缘装置。电务部门应作好引接线的防混措施，并使其良好固定；保持钢轨绝缘完整。

第十一节 轨道电路区段线路作业安全防护措施

一、作业工具防护要求

(1)万能道尺。用铝合金管制作的万能道尺，在其一端与轨面接触处装有绝缘片。在雨天使用时，要防止绝缘片浸水；手拿道尺趴在一股钢轨上检查轨道高低时，如道尺顶在两股钢轨中间，要防止轨距卡铁卡不住时反转，使绝缘片朝上。要定期或不定期用兆欧表对万能道尺进行绝缘测试，以保证达到 1 MΩ 电阻的规定。

(2)道岔支距尺。用道岔支距尺检查道岔支距时，应当使用绝缘支距尺，切不可随意使用钢卷尺。

(3)起道器和拨道器。起道机和拨道器属于长把工具，宜采用铁管装木把的方法。装配办法是以把长的 2/3 用铁管，1/3 用木棍配合组成。这种铁木相配合的工具把，既能保证工具的强度和刚度，又能起到绝缘作用，用起来也很方便。

(4)撬棍。撬棍是养路作业最常用工具，为了防止连电，一般采用套胶管的方法进行防护。但是在一般轨道电路区段上和道岔轨道电路区段上使用的撬棍，其绝缘胶管的套装部位不同：在一般轨道电路区段上，绝缘胶管应套在 1 435 mm 长度的部位；在道岔轨道电路区段上使用的撬棍，绝缘胶管应套在 350 mm 处。绝缘胶管的长度以 300 mm 左右为宜。

(5)钢卷尺等金属量具。尽量使用绝缘卷尺，绝缘卷尺使用久了会发生磨损，造成卷尺导电，如卷尺有磨损，必须定期请电务测试绝缘性能。使用非绝缘卷尺时，要和车站联系，了解列车运行情况，选择轨道电路空用间隙，注意观察信号显示。必要时，可在钢轨面上覆盖塑料布或绝缘纸等绝缘材料，再行测量。

(6)单轨车。单轨车是养路工区大量使用的小型运输工具，除使用中注意防止连电外，有条件时应将车轮制造材料改用绝缘材料。

(7)铁锹、耙子、筛子等铁头木把工具和扳手等各种小件工具。这些工具都不能构成两股钢轨的连电，但在绝缘接头、拉杆及连接杆、轨道电路引接线、绝缘轨距杆等处作业时不得随意抛扔，以免铁头接触到轨道电路的连电部位上。

(8)养路机械化各种机具。各种养路机械(具)，在设计制造时必须考虑绝缘防护问题，没有绝缘防护的养路机械应禁止(上道)使用。作业人员还应对各种机具上的绝缘防护设施进行定期或不定期的检查测试。

二、在一般轨道电路区段上作业时的安全防护要求

1. 两股钢轨间作业时

对于程序复杂，用力较大的作业，使用工具时要注意握牢工具把，防止工具失手撞击轨面，导致联电。对已经装设绝缘防护的工具，使用前要认真检查绝缘设备是否失效，一旦失效应该注意使用，防止联电。对于钢轨连接零件，包括木枕地段的道钉、混凝土枕地段的扣件或其他连接零件，因其都直接与钢轨相连接，在用撬棍起道钉或用起道机起道时，撬棍和起道机把的

尾端不要接触另一股钢轨及钢轨配件。清筛道砟用的筛子、铁锹等工具不要放置在轨距杆中部的绝缘处，防止连电。

2. 在轨道电路引接线处作业时

作业中变换工具或放置工具时不要随意抛扔，以免砸压轨道电路的引接线发生短路，而造成轨道红光带。使用道镐或机械化捣固机进行捣固作业时，要保护好引接线，防止道镐头或捣固机镐板打坏引接线。进行起道作业时，工具不能同时接触引接线和钢轨，更不能使引接线接触钢轨；不准在有引接线的轨枕盒内放置起道机。在有引接线的轨枕盒中作业时，要注意防止防爬器与轨距杆相接触、防爬器或轨距杆与引接线接触，一般情况下不得将防爬器、轨距杆、引接线安装在同一枕盒内。更换或方正轨枕时，两人不能同时用撬棍拨动有引接线的轨枕，防止两根撬棍同时碰上引接线和钢轨。

3. 在钢轨绝缘接头处作业时

起道作业时不准在钢轨绝缘两侧同时起道钉。因为道钉下部与轨底接触，冒起后的道钉帽接触夹板，使轨型绝缘失效。在绝缘接头处起道或拨道时，不准把起道器、拨道器放置在钢轨绝缘的下方。垫冻害垫板作业时，不准把撬棍放在钢轨绝缘的下方。

三、在道岔区段作业时的安全防护要求

(1)道岔前端的通长连接板，是保持尖轨尖端处轨距的补强设备，一般安装在尖轨前第四根枕木上。通长连接板用两块 L 铁板，中间用螺栓连接组成。连接螺栓上套有绝缘套管，使螺栓和铁板间保持绝缘。在这些部位上作业时，不准使金属料具搭接在连接螺栓上；同时还应经常进行检查、更换不良绝缘套管。不得使起道机、铁锹、道镐、撬棍、道钉锤、铁筛子、扳手等金属工具压在道岔连接杆的中间绝缘装置上。

(2)固定电动转辙机的角钢框架通过 L 铁连接在道岔的两股基本轨上的。角钢框架有四处在基本轨下通过，角钢和轨底间用绝缘片隔开。在这个部位进行拨道、方枕木作业时，要注意两人不准同时在两股钢轨上拨动钢轨和枕木，以防两根撬棍同时搭接角钢和钢轨。更换滑床板时，不准使左右两根尖轨下方的滑床板同时碰到角钢和钢轨。更换尖轨和基本轨作业时，要把角钢和钢轨间的绝缘垫片固定在角钢上，以防脱落或丢失。

(3)道岔尖轨的拉杆，也叫道岔第一连接杆，设在尖轨尖端后 380 mm 处。在使用电动转辙机拨动的道岔上，为加强拉杆的强度，将拉杆形式改变为方钢，方钢通过耳铁与两股钢轨连接，耳铁和尖轨间用绝缘片隔开。在这个部位作业时，要注意不使金属工具碰击绝缘片处。更换尖轨时，应有电务人员配合。调整尖轨开度时，不要任意更换绝缘片，要注意保持绝缘片的绝缘性能。

(4)在道岔跳线处作业时，如同在引线处作业一样，进行捣固作业或用铁锹串石砟时，工具不要撞击跳线，以防撞坏保护层。单根抽换附有引接线、跳线的枕木时，要与电务部门配合，待新枕木换入后，由电务恢复引接线、跳线。

(5)在道岔危险区(道岔上有两组极性绝缘，从极性绝缘往叉尾方面，两相邻钢轨分属于两个极性，所夹的区域称为危险区)作业，使用撬棍作业时，不要使撬棍碰到相邻两股钢轨；检查支距时，要使用绝缘支距尺；使用道镐捣固时，不要使道镐卡在和歪倒在两股钢轨上；打紧防爬器、上紧轨距杆时，防止防爬器与轨距杆接触。

(6)在道岔极性绝缘处进行起道、拨道作业时，不准把起道机、拨道器、撬棍放在道岔极性绝缘下边。紧固或更换绝缘接头螺栓，以及配合电务部门更换轨型和槽形绝缘时，不准扳手同

时接触绝缘两端螺栓。在用铁锹、筛子整平填补道床石砟时，不准使铁锹、耙子、筛子等工具碰极性绝缘中间处。

四、轨道电路区段工务作业注意事项

掌握轨道电路基本原理和作用，是不断提高安全意识，预防轨道电路连电故障和杜绝轨道电路作业妨碍的基础。掌握轨道电路易连电处所，是工务系统安全生产的需要。

1. 作业防连电措施

(1)首先要做到熟悉管内线路状态的类型、范围，掌握容易造成连电的部位，制定出相应的防止连电的安全措施。

(2)日常加强对绝缘接头两端线路的防爬锁定，保持绝缘接头轨缝的良好稳定，一般保持在 6～15 mm。

(3)在不了解轨道电路状态时，不得在轨道电路区段施工。

(4)抬运钢轨、辙叉等金属物件横过线路时，不准担在两股钢轨上或绝缘接头处。

(5)进行影响轨道电路和信号的作业时，要有电务人员配合并在车站进行登记。

(6)在线路、桥梁上作业或在线路两侧挖沟取土时，要注意防止碰断、碰混电线和电缆。

(7)根据管内轨道电路的情况，经常向参加施工的人员进行防止连电教育，对机具车辆的绝缘装置要经常检查，保持绝缘良好。

(8)要注意防止扣轨梁连电，道口钢筋混凝土板、钢筋头连电，钢轨端部的肥边、突尖连电，道岔配件连电，放置在线路上的钢轨、道岔等金属物受震移动的连电。

2. 易产生轨道电路红光带的情况

(1)由于撬棍没有加装防护套，如使用撬棍时不慎将两侧钢轨封连，轨道电路区段将出现红光带。

(2)道岔区段钢轨与道岔尖端杆或道岔动作杆、表示杆封连(如另一侧漏电)，造成道岔区段红光带。

(3)道岔岔后极性绝缘的两侧(极性绝缘的两侧，就是该轨道电路的两极，与线路的两条钢轨没有区别)封连，极性绝缘处钢轨肥边或有铁屑，易造成道岔区段红光带。

(4)机具或线上料等压在箱盒引接线上，发生轨道电路短路故障。

(5)混凝土枕道岔绝缘接头处的轨距挡块必须使用绝缘挡块，如果弹条离绝缘夹板较近时，还应在弹条与夹板之间垫上绝缘片，防止因列车振动，弹条接触夹板发生连电。

(6)在道岔岔后过道跳线处打入防爬器时，如防爬器与跳线相连，将造成轨道电路封连。

(7)使用单轨车时，单轨车在越过钢轨极性绝缘时相当于封连钢轨轨面。

(8)钢轨绝缘轨缝顶死。

(9)在更换高锰钢整铸辙叉时，辙叉趾端及跟端导电销有脱焊松动现象时，易发生轨道电路断路故障。

(10)拧紧绝缘接头高强度螺栓时，螺丝扳手不要搭在另一节轨端螺栓上。否则当两轨端螺栓都弯曲且与钢轨孔壁接触时，就会在绝缘接头处将轨道电路短路。

(11)扒、填道砟时应注意防止耙子、叉子使引接线(在轨枕盒内通过的)与另一股钢轨封连。

(12)钢轨绝缘处扣件不准与接头夹板接触，否则容易引发红光带。

(13)增设或更换绝缘轨距杆时，应事先经电务部门检查其绝缘程度是否符合要求。

(14)在轨枕处有过轨引接线时，不得安装轨距杆或防爬器。

(15)绝缘接头处轨端或钢轨作用边的肥边容易导致钢轨短路。

(16)进行抽换附有引接线、跳线的岔枕，更换尖轨、基本轨、辙叉以及调整轨缝等作业时，必须由电务部门配合方能施工。

(17)换轨前，绝缘螺栓孔必须倒棱，防止拉伸受力时损坏绝缘套管发生混电。

(18)复式交分道岔的两根曲尖轨为两个极性，日常作业时容易混电；两曲尖轨尖端处有两个极性垫板，距离较近，要注意防止混电。

(19)焊补钢轨时，错误连接使用电焊机地线，会有强大的电流通过钢轨击坏电务设备，发生电路故障。所以在轨道电路区段焊补钢轨、辙叉或其他设备时，必须有电务部门配合，在焊补前由电务人员将该绝缘区段两端的引接线打掉后方可进行焊补作业。

(20)地锚拉杆如果没有绝缘装置，则轨道电路电压容易泻漏，易发生红光带故障。所以要求安装地锚拉杆时必须用绝缘轨距杆或在卡铁处安装绝缘套。

本章小结

本章包含十一节内容，重点学习了轨道电路工作原理，钢轨绝缘技术要求，钢轨接续线的安装与更换、钢轨引接线的安装与更换、轨道连接线安装、补偿电容的安装等内容，学习了轨道电路联合整治的方法及要求，根据有关安全规范要求，在轨道电路区段进行线路作业时须做好安全防护措施，包括作业过程中工具的防护及作业时的安全防护。

复习思考题

1. 简述轨道电路的组成和工作原理。轨道电路有何作用？如何分类？
2. 简述工频连续式轨道电路的组成和工作原理。它有哪些与钢轨线路有关的部件？
3. 简述 25Hz 轨道电路、移频轨道电路、驼峰轨道电路的组成和工作原理。
4. 简述钢轨普通绝缘接头和胶接绝缘接头组成。
5. 试分析钢轨绝缘接头故障原因并简述整治措施。
6. 简述道岔转换设备施工工电配合要求。
7. 简述补偿电容的安装要求。
8. 何为钢轨阻抗？何为道砟电阻？
9. 高速铁路在考虑轨道电路的情况下，轨道板钻孔应注意什么。
10. 简述高速铁路轨道电路横向连接线的安装要求。
11. 轨道电路整治主要包括哪些项目？对各项目有何要求？
12. 在轨道电路区段上作业时有哪些安全防护要求？
13. 如何做好工电配合，保证轨道电路的正确运用？
14. 在轨道电路钢轨部分的整治中，电务、工务各自负责哪些项目？
15. 简述轨道电路区段作业防连电措施。

轨道电路章节测试

一、填空题

1. 胶结绝缘接头，是利用特制高强度鱼尾板、__________和特殊的胶粘工艺，将钢轨接头与鱼尾板粘接成钢轨胶接绝缘接头。

2. 轨道电路的作用是________________和________________。

3. 钢轨绝缘分为________和________两类。

4. 轨道电路的两钢轨绝缘应设在同一坐标处，当不能设在同一坐标时，其错开的距离(死区段)不应大于____ m。

5. 工务部门新增设绝缘轨距杆，安装前必须经________绝缘测试合格。

二、选择题

1. 当工、电双方共同确认胶接绝缘接头失效时，可先插入一根备用的胶接绝缘钢轨进行处理，线路上使用长度为 3.25 m＋(　　) m。无备用胶接绝缘钢轨时，也可换入两根不短于 6 m 的钢轨，安装普通绝缘材料，用夹板连接进行临时处理。
   A. 3.75　　B. 3　　C. 3.25　　D. 1.8
2. 当工、电双方共同确认胶接绝缘接头失效时，可先插入一根备用的胶接绝缘钢轨进行(　　)。无备用胶接绝缘钢轨时，也可换入两根不短于 6 m 的钢轨，安装普通绝缘材料，用夹板连接进行临时处理。
   A. 临时处理　　B. 永久处理　　C. 打磨　　D. 焊接
3. 更换补偿电容处，应通知(　　)配合，配合人员上岗后，方准开始作业。
   A. 行车调度　　B. 电务部门　　C. 供电部门　　D. 车务部门
4. 更换钢轨作业，绝缘接头轨缝不小于(　　) mm。
   A. 6　　B. 8　　C. 10　　D. 12
5. 在轨道电路区段作业时养路工机具、轨道检查仪、道尺等，均必须设有与轨道电路的(　　)装置。
   A. 接地　　B. 导通　　C. 绝缘　　D. 连接
6. 在轨道电路区段作业时，取放工具、抬运金属料具时，(　　)搭接两股钢轨、绝缘接头、引入线或轨距杆。
   A. 可以　　B. 允许　　C. 不得　　D. 必须
7. 在有轨道电路区段，可能影响信号设备和道岔转动的作业时，应(　　)要求配合。
   A. 提前口头通知电务人员　　B. 提前书面通知电务人员
   C. 作业开始前通知电务人员　　D. 动设备时通知电务人员
8. 更换绝缘夹板作业时，夹板和钢轨需要使用(　　)连接。
   A. 轨端绝缘板　　B. 绝缘套管　　C. 螺栓　　D. 平垫圈
9. 轨道电路的组成部分不包括(　　)。

A. 受电端　　B. 供电端　　C. 钢轨线路　　D. 电源

10. 关于轨道电路与线路设备的关系，不正确的叙述是(　　)。

A. 自动闭塞分区区段内的钢轨必须导电，而相邻分区区段的钢轨必须绝缘

B. 为防止钢轨漏电，钢轨与混凝土枕之间必须绝缘

C. 两股钢轨之间不能短路

D. 道岔连接部分无轨道电路，道岔通长垫板不用绝缘

11. 轨道电路区段道床顶面低于轨枕顶面(　　)mm。

A. 5～10　　B. 10～20　　C. 20～30　　D. 30～40

12. 轨道电路的主要功用是保证列车运行安全和提高列车通过能力，不包括(　　)。

A. 实现列车与信号显示的自动联系

B. 检查线路区段是否空闲

C. 监督钢轨的完整性

D. 作为接触网回流线

三、判断题

1. 当胶接绝缘接头钢轨发生重伤或折断处距绝缘接头 0.8m 以外时，可比照无缝线路钢轨重伤和折断的规定处理。(　　)

2. 轨道电路区段，道岔起拨改道作业使用金属机具，不得搭接相邻钢轨、绝缘和跳线上。(　　)

3. 在轨道电路区段的道岔改道时，撬棍不能搭在绝缘处，支距尺可以临时搭在绝缘轨缝上。(　　)

4. 在道岔区段，设于警冲标内方与警冲标相关的用于分割轨道区段的钢轨绝缘，除双动道岔渡线上的绝缘外，在无动车组运行的线路上，其安装位置距警冲标不得小于 2.5 m。(　　)

5. 更换胶结绝缘夹板需要的材料有胶结绝缘夹板、轨端绝缘板、绝缘套管、螺栓、平垫圈、绝缘胶等。(　　)

6. 道岔起拨改道作业时，轨道电路区段，电务人员应到场配合，作业后，工电人员进行调试，符合要求后才能撤离。(　　)

7. 轨道电路就是把线路上的两股钢轨当作导线使用，在它的两端用绝缘物隔断与邻接钢轨的电气联系，一端接上电源设备供电，另一端装上电源的接收设备(轨道继电器)，构成电气回路。(　　)

8. 设有轨道电路的线路，安装轨距杆时，应使用绝缘轨距杆。(　　)

9. 在有轨道电路区段施工时，单轨小车、吊轨小车手柄及撬棍等，均应安装绝缘套管。(　　)

10. 线路自动闭塞分区区段内的钢轨必须导电，而相邻分区区段的钢轨必须绝缘。(　　)

11. 在有轨道电路区段施工时，养路机具、轻型车辆、轨道检查小车、道尺等，均必须设有与轨道电路的绝缘装置。(　　)

12. 在轨道电路区段天窗点内作业时，钢轨探伤仪必须使用金属走行轮。(　　)

13. 轨道电路就是把线路上的两股钢轨当做导线用，在线路两端，用绝缘接头隔开。(　　)

14. 作业中，起拨道机在钢轨上推行，快速滑过绝缘不会导致连电。(　　)

15. 绝缘接头的绝缘阻值不足一般不会导致轨道电路的短路故障。（　　）

16. 施工时切断了连接轨道电路的电缆，不会产生红光带。（　　）

17. 道岔尖轨和基本轨爬行，使安装装置绝缘拉碎和单项磨损，复式交分道岔第一、二块滑床板固定困难，造成中心滑床板窜动与道岔角钢连接杆相碰造成短路，会产生后红光带。（　　）

18. 钢轨锁定不良，昼夜温差、季节温差造成窜轨严重，轨端绝缘顶死、管垫拉破，绝缘接头应安装窄扣件却安装了一般扣件，或轨枕扣件螺母松动弹条碰鱼尾板，均会产生后红光带。（　　）

19. 轨距杆出厂和上道前应进行绝缘性能检测。（　　）

20. 支距杆和轨距杆绝缘材料质量差，粘接式轨距杆绝缘拉出，支距杆绝缘破损，会产生后红光带。（　　）

轨道电路章节测试参考答案

第三章　电气化铁路基本知识

本章概述

电气化铁路是运用电力作为牵引动力的铁路，接触网是电气化铁路的动脉，其电压可达 25 kV，为保证人身、行车和施工安全，工务部门工作人员必须了解信号设备及其电气性能，掌握电气化区段线路维修作业的安全措施及作业要求及方法，掌握电气化铁路安全常识，具有触电救援技能。本章主要介绍电气化铁路的组成、电气化铁路的电流制与供电方式、电气化区段供电与工务设备的关系、电气化铁路区段线路维修作业的安全规定及作业要求、电气化供电与工务作业配合、安全用电常识等内容。

第一节　电气化铁路的组成

电气化铁路是以电能作为牵引动力的一种现代化交通运输工具。列车由电力机车牵引，机车本身不带能源，所需能源由电力牵引供电系统提供。专门给电力机车(或电动车组)供给电能的装置称作牵引供电系统。牵引供电系统主要由牵引变电所和接触网两大部分组成。变电所设在铁道附近，它的作用是将从发电厂送来的高压电流经变压后送到铁路上空的接触网上。沿着铁路线的两旁，架设着一排支柱，上面悬挂着导电线路，即为接触网。接触网是向电力机车直接输送电能的设备，它也可以被看作是电气化铁路的动脉。电力机车利用安设在车顶的受电弓从接触网获得电能，牵引列车运行，由于它的牵引动力是电能，所以又称电力牵引。它与蒸汽牵引和内燃牵引不同的是电力机车(或电动车组)本身不带能源，必须由外部供给电能。因此，电气化铁路是由电力机车(或电动车组)和牵引供电系统两大部分组成的。为便于区别，一般把国家的电力系统称为电气化铁路的一次供电系统，也称电气化铁路的外部供电系统。电气化铁路供电系统的构成如图 3.1 所示。

一、一次供电系统

一次供电系统，在我国由国家电力部门建设和管理。它主要包括发电厂、区域变电所和电力传输线。发电厂是生产电能的场所，它一般建设在动力资源(如水力、煤炭、石油、天然气等)丰富的地区。根据发电厂所取用的动力种类不同，可分为水力发电站、火力发电站、核能发电站、风力发电站、地热发电站、太阳能发电站和潮汐发电站等。目前，我国主要是利用火力发电站生产电能。火力发电站的装机容量和年发电量分别占全国发电总装机容量的 75.6% 和年总发电量的 82.6%。在我国，电气化铁路所使用的电能都是由国家电力部门的发电厂供给，国外也有一些国家的电气化铁路是由铁路自营的发电厂供给电能。区域变电所是接受电能、分配电能和改变电能的场所，它一般建立在电力负荷的中心，如城市、工业原料基地、交通枢纽和战略要地等处，然后再由它馈送出去，分配到各个电力用户。目前，发电和输电大都采用三相交流电。为了减少输电过程中的电能损失，发电厂发出的电能，需先在升压变电站进行升压，变成 110 kV 或 220 kV 高压电能后，再通过电力传输线输送到区域变电所。为了远距离输电，目前正在向 500 kV 超高压输电的方向发展。电力传输线又称输电线，它的功能主要是传递电能，同时也将发电厂、区域变电所和电力用户连接起来，构成一个电力系统，实行并列运行。强大的电力系统可以保证供电的最大可靠性、灵活性和经济性。

新中国成立后，我国的电力工业有了飞速的发展，发电装机容量和年发电量增长了数十倍。特别是在进入改革开放的 20 世纪 80 年代之后，我国除修建了一大批大容量的火力发电站外，还先后修建了多个大型水力发电站，如三峡水力发电工程，它的总装机容量近 1 820 万 kW，年发电量达 847 亿 kW · h。同时，我国正在大力发展核能发电站，装机容量 30 万 kW 的浙江秦山核能发电站已于 1992 年建成并网发电，广东大亚湾核能发电站的两台 90 万 kW 机组分别于 1994 年 2 月和 5 月建成并网发电。所有这些都为我国电气化铁路的发展创造了有利条件。

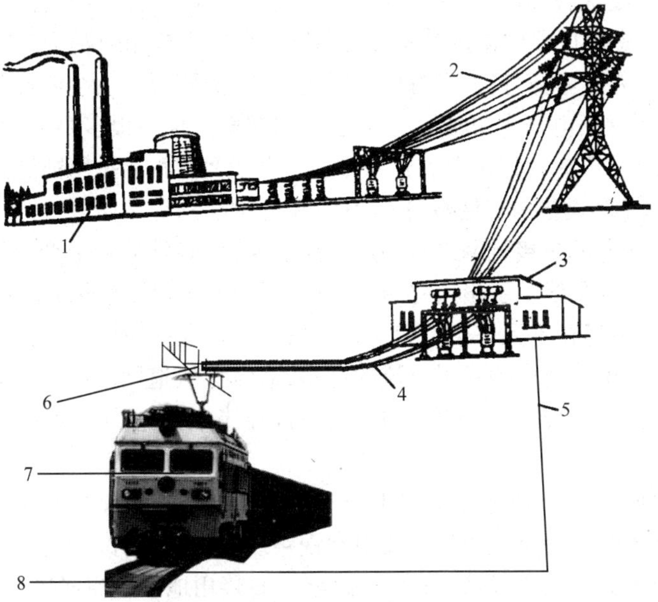

图 3.1　电气化铁路供电系统构成示意图

1—发电厂；2—输电线路；3—牵引变电所；4—馈电线；5—回流线；
6—接触网；7—电力机车；8—轨道回路

二、牵引供电系统

牵引供电系统由铁路部门自己建设和管理。它主要包括牵引变电所和牵引网两个部分。牵引变电所是电气化铁路供电系统的心脏，在采用工频单相交流制时，它的主要功能是变压和变相。它将电力系统输送来的高压（110 kV 或 220 kV）变成电力牵引所需要的电压并将电力系统输送来的三相电变成与电力牵引相适应的单相电。在采用低频单相交流制时，还要进行变频。对于直流电气化铁路，还要进行整流，把交流电变成相应电压的直流电。我国电气化铁路采用的是工频单相交流制，其频率与工业企业使用的电源频率是一致的，这个频率也是发电厂发出电能的频率，我国采用 50 Hz，所以，在使用国家电力系统的电能时，无需进行频率变换。

牵引变电所沿电气化铁路线路设置。根据牵引变电所及电力系统的发电厂和区域变电所的位置，以及高压输电线路对牵引变电所的引入方式，牵引变电所可分为中间变电所、中心变电所和终端变电所。为了保证供电的可靠性，牵引变电所通常由两个相互独立的电源（区域变电所或发电厂）供电，或者由一个电源经由两个回路的输电线路供电，以便当一个回路的输电线路进行检修或发生故障时，可由另一个回路的输电线路完成全部输电任务。

牵引网由馈电线、接触网、轨道回路和回流线组成。它的任务是质量良好地不间断地向电力机车供应电能。电流从牵引变电所馈出，经馈电线输送到接触网，然后通过电力机车（或电动车组），再经由轨道回路和回流线流回到牵引变电所。接触网是电气化铁路上的主要供电装置，它直接架设在铁路线路的上方，其功能是通过与电力机车顶部受电弓的滑动接触将电能供给电力机车（或电动车组）。最早的电气化铁路采用第三轨式接触网，后来随着电压的提高，运输量的增大，技术的进步，以及人身安全的要求，逐渐发展为目前采用的架空式接触网。在地下铁道内，由于受空间条件窄小的限制，可采用第三轨式接触网，但目前正在向架空式接触网发展。我国上海、广州和深圳的地下铁道采用的就是架空式接触网。架空式接触网按其悬挂形式又分为简单接触悬挂和链形接触悬挂。在我国干线电气化铁路上基本都采用链形接触悬挂，只有在个别隧道多的区段内采用简单接触悬挂。架空式接触网属于户外装置，经常遭受气象条件的侵袭，很容易损坏，而且没有备用。因此，一旦遭到损坏，就会使行车中断，给铁路运输带来重大损失。为了保证电气化铁路的正常运行，对接触网提出很多要求，其中主要的是，在车速变化和恶劣气象条件下应保持正常取流，应具有足够的耐磨性和抗腐蚀能力，而且结构应力求简单可靠，保证在施工和运营中有足够的灵活性和可靠性。

馈电线是牵引变电所与接触网之间的连接线，它的功能是从牵引变电所向接触网输送电能。它从牵引变电所的母线上引出，在分相装置的两侧连接到接触网上。在一般情况下，馈电线均采用架空导线，只有在不允许架设架空线的情况下，才使用地下电缆。

电气化铁路利用走行轨作为牵引电流的回路，通常称轨道回路。由于轨道与大地之间不绝缘，所以牵引电流的一部分要流经大地，从埋设在牵引变电所下面的接地网回到牵引变电所。

回流线是轨道回路与牵引变电所之间的连接线，它的作用是将轨道回路内的牵引电流吸回牵引变电所。回流线一般是先由架空线引到铁路线附近，然后改用地下电缆连到轨道回路上。如果牵引变电所靠近铁路线，则可省去架空线，直接用地下电缆连接。

三、电力机车和电动车组

电力机车和电动车组是靠电能驱动运行的机车车辆，由机械部分、空气管路系统和电气部分三部分组成。机械部分主要包括机车车体和走行部分；空气管路系统主要包括制动气路系统、控制气路系统和辅助气路系统；电气部分主要包括受电弓、主断路器、牵引变压器、转换硅机组、调压开关、整流硅机组、平波电抗器、牵引电动机和制动电阻柜等。为了保证电力机车的正常运行，机车上装有许多辅助电气设备（如电动压缩机组、电动通风机组、电动油泵机组等）和许多控制电器（如司机控制器、按钮开关、接触器等）。通过它们控制机车上的各种电气设备，实现机车的启动、调速、反向运行和进行电阻制动。电力机车运行时，受电弓升起，从接触网上取得 25 kV 交流电，通过主断路器进入牵引变压器，将接触网的高压交流电变成低压交流电，然后经整流硅机组将交流电整流成直流电，再经平波电抗器滤波后供给牵引电动机。牵引电动机旋转带动车轴和车轮转动，由于轮轨间的黏着作用，从而产生牵引力，驱使列车前进。牵引电动机的转速不同，机车的运行速度就不同。牵引电动机还可作发电机运行，将列车运行的机械能变成电能，进行电气制动。整流器式电力机车的构成如图 3.2 所示。

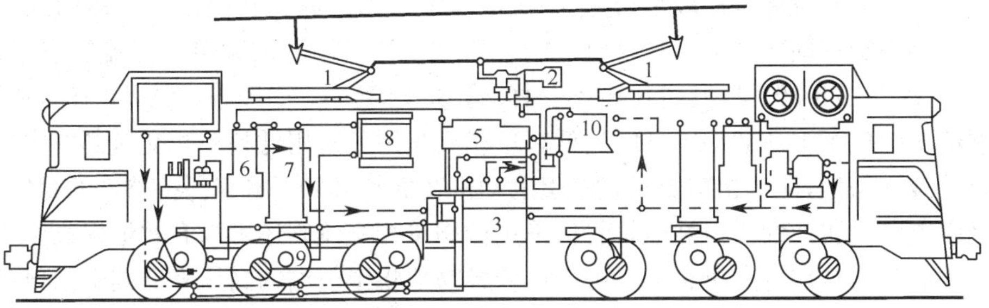

图 3.2　整流器式电力机车构成示意图

1—受电弓；2—主断路器；3—牵引变压器；4—转换硅机组；5—调压开关；
6—整流硅机组；7—主回路柜；8—平波电抗器；9—牵引电动机；10—劈相机

电动车组是一种主要用于高速铁路旅客运输，集机车、车辆为一体的，相对固定编组、动力分散式的旅客列车。多数由外部接触网供电，由牵引电动机驱动，故称电力动车组。电动车组的基本组成单位称为动力单元。每一个动力单元由不同数量的动车及拖车组成。动车采用具有交流牵引电动机的动力转向架直接提供牵引动力；拖车采用非动力转向架，但却可能载有受电弓、变压器、变流器、制动装置等机车必备的牵引动力调节、控制设备。每列车可包括 1～3 个动力单元，通过司机室前端的全自动车钩实现列车的连挂组成。因此，电动车组具有很好的适用性，既可以通过对动拖车比例的调整以适应不同速度等级的运行需要，也可以通过对编组的调整来满足不同运量的需要。

第二节　电气化铁路的电流制与供电方式

电气化铁路的电流制是指电气化铁路牵引网中采用的电流种类。当前，主要有直流制、低频单相交流制和工频单相交流制等三种电流制。在 20 世纪初，还出现有三相交流制，由于三相异步电动机的调速问题没有很好地得到解决，再加上三相牵引网由两根架空导线和牵引轨道构成，使得接触网结构十分复杂，所以没有发展多久就被淘汰。电气化铁路采用什么样的电流制关系到牵引变电所、接触网与电力机车的技术选型，需要综合比选其经济与技术性能。

一、电气化铁路的电流制

(一)直流制

直流制是电气化铁路最早采用的一种电流制。直流制是指牵引网采用直流供电，机车使用直流牵引电动机来驱动列车。它具有牵引性能良好，牵引电动机易于调速，机车构造简单以及对通信干扰小等优点，但它需要在牵引变电所设置整流装置，将交流电变成直流电，然后再向电力机车供电，因而使得牵引变电所结构复杂，设备昂贵。牵引网由于受直流牵引电动机端电压的限制，电压不能太高，因而使得牵引网的电流很大，接触网的等效截面也必须很大，有时竟达 600～800 mm^2。为了节省有色金属和保证牵引网的电压水平，必须缩小牵引变电所间的距离，一般只有 20～30 km 。因此，牵引变电所的数量也随之增多。所以，直流电气化铁路的建设投资和运营费用都比较高。另外，直流电气化铁路还有一个严重的问题就是泄漏电流对沿线地下金属设施的腐蚀比较严重，需要采取特殊的防护措施。

（二）低频单相交流制

低频单相交流制发展得比较早，在第一次世界大战以前就已经出现。许多西欧国家如奥地利、挪威、瑞典和德国等都采用这种电流制。不过当初采用的低频单相交流制有很多种，如 15 Hz、$16^{2/3}$ Hz 和 25 Hz 等，其电压也不一样，有 3.3 kV 、6.5 kV、11 kV 和 15 kV 等几种。后来才逐渐统一成了 15 kV、$16^{2/3}$ Hz 的低频单相交流制。采用低频单相交流制的主要原因是限于当时的技术条件，即单相整流子式牵引电动机在低频条件下易于保持整流的稳定性，具有与直流牵引电动机相似的牵引性能，而且，采用低频单相交流制还可以有效地提高牵引网的电压和送电距离。另外在电力机车上还可以比较容易地将牵引网的高压降低到牵引电动机所需要的电压。但低频单相交流制也有它的缺点，就是它需要建立独立的低频供电系统，而且不能给非牵引用户供电。

（三）工频单相交流制

工频单相交流制是指牵引网上采用的是工频单相交流电，额定电压为 25 kV。经电力机车变压器降压与整流变换后供给牵引电动机。其工作原理如图 3.3 所示。

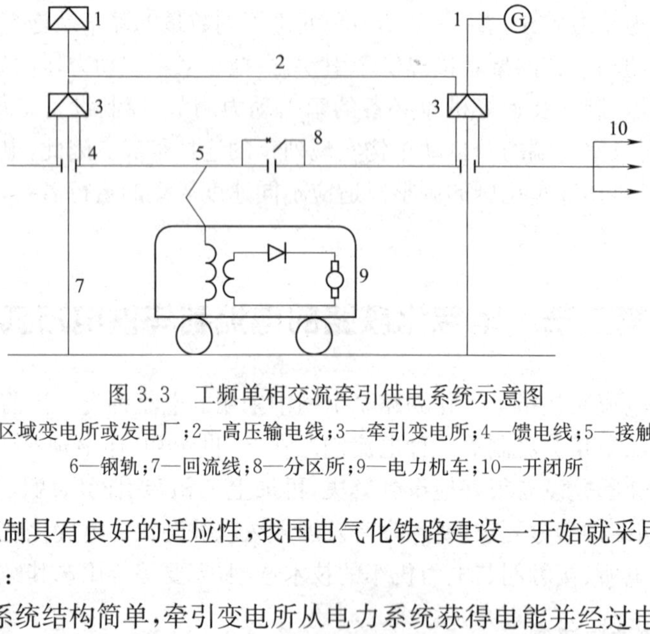

图 3.3　工频单相交流牵引供电系统示意图

1—区域变电所或发电厂；2—高压输电线；3—牵引变电所；4—馈电线；5—接触网；
6—钢轨；7—回流线；8—分区所；9—电力机车；10—开闭所

工频单相交流制具有良好的适应性，我国电气化铁路建设一开始就采用了这种电流制，它主要具有以下优点：

（1）牵引供电系统结构简单，牵引变电所从电力系统获得电能并经过电压变换后，直接供给牵引网，不需要像直流制那样在变电所内设置复杂的整流装置，也不需要像低频单相交流制那样在变电所内安设变频机组，牵引变电所的设备大为简化。

（2）牵引变电所可以很方便地向地区负荷供电，大幅度地提高牵引网的电压，既增大牵引变电所间的距离，减少变电所的数量，缩小接触网的有效截面，降低建设投资和电气化铁路的运营费用，又保证大功率机车的供电，提高机车的牵引定数和运行速度。

（3）由于交流电力机车采用变压器变压，牵引电动机全部并联工作，可以防止轮对空转，大大提高了电力机车的黏着系数，改善了电力机车的黏着性能和牵引性能。

（4）和直流制比较，交流制的地中电流对地下金属的腐蚀作用相对较小，一般可不设专门防护装置。

但是，采用工频单相交流制，也出现了一些新的问题，如单相牵引负荷将会在电力系统中形成负序电流；对于交—直型电力机车，牵引电流变为非正弦波，还会产生较大的谐波电流；牵引网中的单相工频电流将造成电磁干扰等。

二、电气化铁路的供电方式

(一)牵引供电系统的供电方式

牵引供电系统的供电方式目前主要有直接供电、吸流变压器供电、自耦变压器供电、带回流线的直接供电四种。

1. 直接供电方式

直接供电方式(简称 TR 供电方式)，是由牵引变电所直接将电送至接触网，不设回流线，牵引回流直接通过钢轨和大地流回变电所。电气化铁路最早大都采用这种供电方式，它的一根馈线接在接触网(T)上，另一根馈线接在钢轨(R)上，如图 3.4 所示。这种供电方式最简单，投资最省，牵引网阻抗较小，能耗也较低。供电距离单线一般为 30 km 左右，双线一般为 25 km 左右。电气化铁路是单相负荷，机车由接触网取得的电流经钢轨流回牵引变电所。由于钢轨与大地是不绝缘的，一部分回流电流由钢轨流入大地，因此对通信线路产生电磁感应影响。这是直接供电方式的缺点。它主要在车站货物线、专用线、机车进出库线等局部的接触网线路中应用。

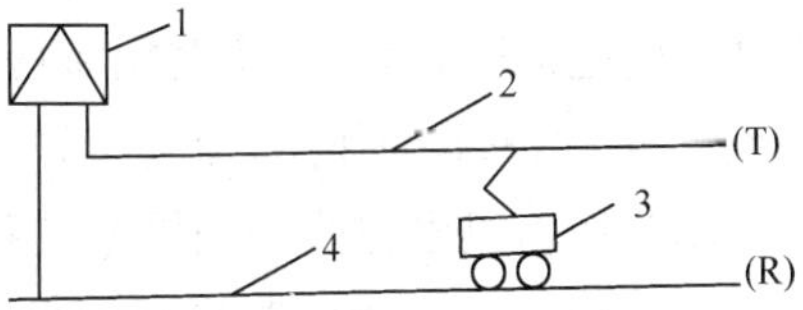

图 3.4　直接供电方式

1—牵引变电所；2—接触网(T)；3—机车；4—钢轨(R)

2. 吸流变压器供电方式

吸流变压器供电方式(简称 BT 供电方式)，是在牵引网中架设有吸流变压器—回流线装置的一种供电方式。在牵引网中，每相隔 1.5～4 km 设置一台电压比为 1∶1 的电力变压器。它的一次绕组串接在接触网主导电回路中，二次绕组串接在专为牵引电流流回牵引变电所而特设的回流线(NF)上，所以也称吸流变压器—回流线供电方式(简称吸—回方式)，如图 3.5 所示。

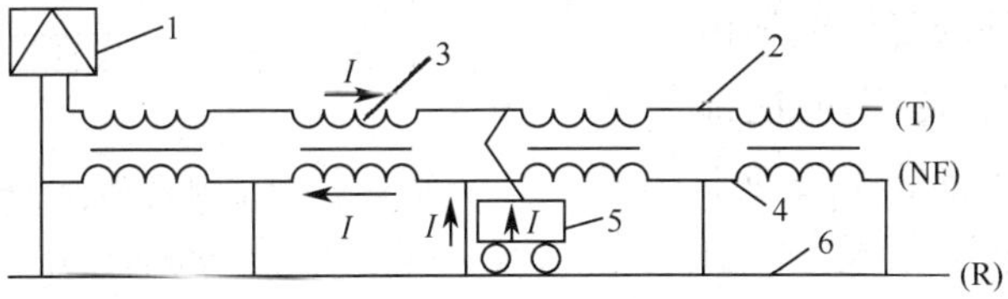

图 3.5　吸流变压器—回流线供电方式

1—牵引变电所；2—接触网(T)；3—吸流变压器；4—回流线(NF)；5—机车；6—钢轨(R)

3. 自耦变压器供电方式

自耦变压器供电方式(简称 AT 供电方式)不仅是电气化铁路减轻对邻近弱电线路干扰影响的有效措施，而且它能更好地满足高速与大功率电力机车运行的需要。这种供电方式是每隔 10 km 左右在接触网与正馈线之间并联接入一台自耦变压器，绕组的中点与钢轨相接。自耦变压器将牵引网的供电电压提高一倍，而供给电力机车的电压仍为 25 kV，其工作原理如图 3.6 所示。

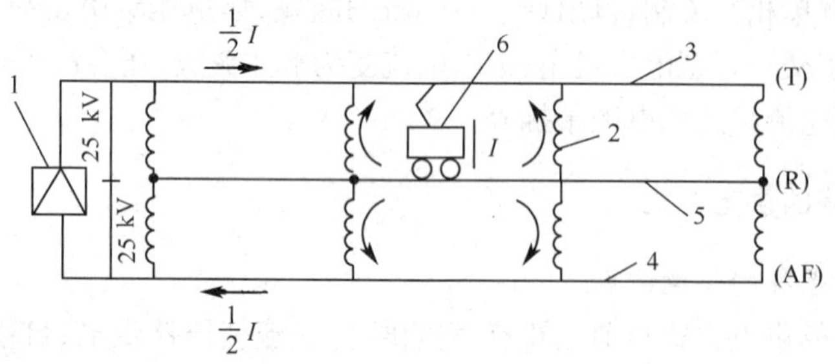

图 3.6　自耦变压器供电方式

1—牵引变电所；2—自耦变压器；3—接触网(T)；4—正馈线(AF)；5—钢轨(R)；6—机车

电力机车由接触网(T)受电后，牵引电流一般由钢轨(R)流回，由于自耦变压器的作用，经钢轨流回的电流，经自耦变压器绕组和正馈线(AF线)流回变电所。当自耦变压器的一个绕组流过牵引电流时，其另一个绕组感应出电流供给电力机车，因此实际上当机车负荷电流为I时，由于自耦变压器的作用，流经接触网(T)和正馈线(AF)的电流为$I/2$。

自耦变压器供电方式牵引网阻抗很小，约为直接供电方式的1/4，因此电压损失小，电能损耗低，供电能力大，供电距离长，可达40～50 km。由于牵引变电所间的距离加大，减少了牵引变电所数量，也减少了电力系统对电气化铁路供电的工程和投资。由于牵引负荷电流在接触网(T)和正馈线(AF)中方向相反，因而对邻近的通信线路干扰很小，其防干扰效果与吸流变压器—回流线供电方式相当。但由于牵引变电所和牵引网比较复杂，牵引网中除了接触悬挂外，还要全线架设正馈线，同时还有保护线、横向连接线、辅助连接等，加大了电气化铁路自身的投资。

4. 带回流线的直接供电方式

带回流线的直接供电方式(简称DN供电方式)是在接触网支柱上架有一条与钢轨并联的回流线，如图3.7所示。这种供电方式取消了吸流变压器，保留了回流线。利用接触网与回流线之间的互感作用，使钢轨中的回流尽可能地由回流线流回牵引变电所。因而能部分抵消接触网对邻近通信线路的干扰，但其防干扰效果不如吸—回方式。这种供电方式可在对通信线路防干扰要求不高的区段采用。由于取消了吸流变压器，只保留了回流线，因此牵引网阻抗比直接供电方式低一些，供电性能好一些，造价也比吸—回方式低。目前，这种供电方式在我国电气化铁路上得到了广泛采用。

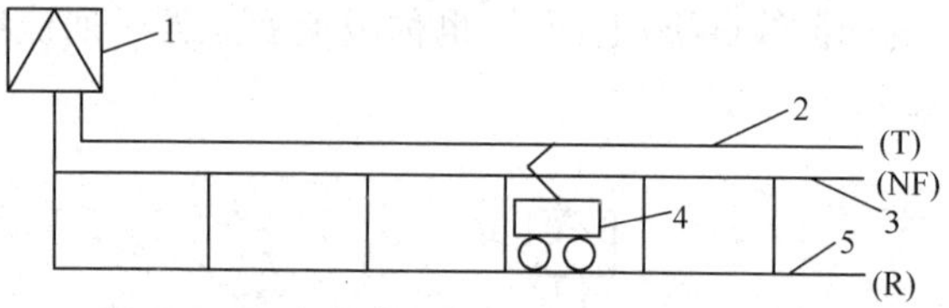

图 3.7　带回流线的直接供电方式

1—牵引变电所；2—接触网(T)；3—回流线(NF)；4—机车；5—钢轨(R)

(二)牵引变电所的供电方式

牵引变电所沿着电气化铁路区段分布，每一个牵引变电所有一定的供电范围。而牵引变电所向牵引网的供电方式，主要是按牵引所的分布情况、供电臂的长短、线路状况以及供电的可靠性而定。通常分为单边供电、双边供电、环形供电和散射式供电方式。

1. 单边供电

单边供电是指牵引变电所的电能只能由电力系统中的一个方向送来，如图 3.8 所示。

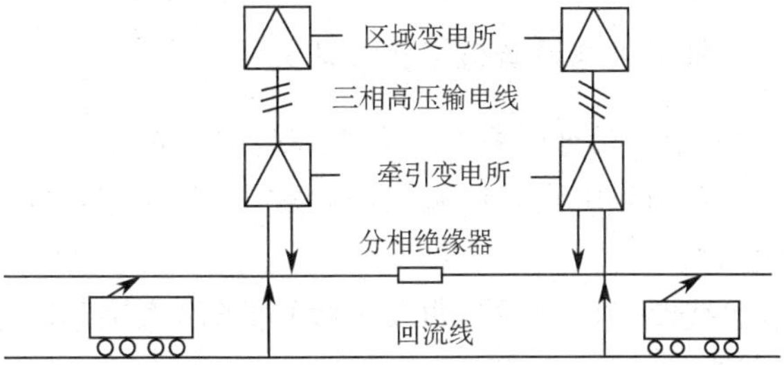

图 3.8　单边供电

单边供电的优点是缩小事故范围，减小牵引变电所的变压器容量，节省电气化投资。主要缺点是牵引变电所发生故障时，越区供电困难，调入流动变压器需要较长时间，因而延长事故中断供电的时间。所谓越区供电，就是当某一牵引变电所发生故障或由于某种原因不能对供电臂正常供电时，该变电所负担的供电臂通过接触网上的联接开关，由两侧相邻的牵引变电所临时供电的一种措施。

2. 双边供电

双边供电是在相邻两个牵引变电所之间的接触网中央断开处设置断路器，需要时可将接触网断开处两侧的供电臂互相联接，两个供电臂可以同时从两个牵引变电所获得电能，如图 3.9 所示。双边供电的优点就是当电力系统中某一个方向的电源发生故障时，不会影响牵引变电所的正常供电。

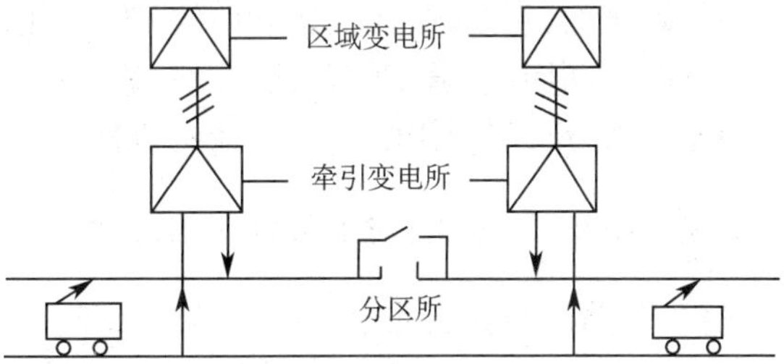

图 3.9　双边供电

3. 环形供电

环形供电是指若干个发电厂、区域变电所通过高压输电线与牵引变电所连接成环形电力网，而牵引变电所处于环形电力系统中的一段环路之中，如图 3.10 所示。如果某牵引变电所一路电源发生故障时，还可以通过环网从另一侧获得电能而不会中断供电。环形供电的频率稳定，电压波动的幅度较小。

4. 散射式供电

当各牵引变电所距离电网电源点差不多等距并且比单边供电更经济时，可采用散射式供电方式，如图 3.11 所示。这种供电方式的不足之处就是可靠性较差，而且要求相邻几个牵引变电所布置成弧形，且地区变电所必须有两回路输电。

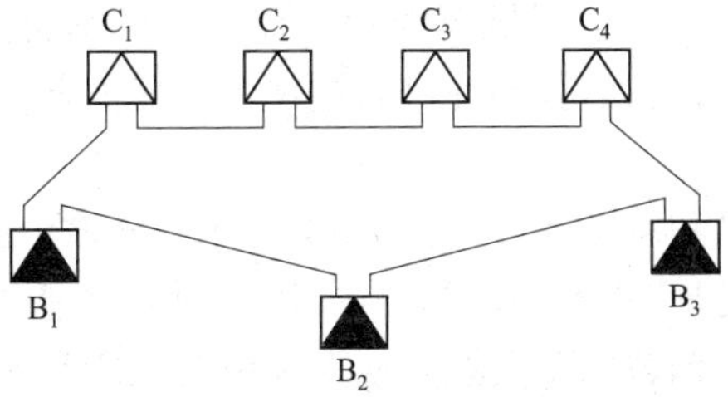

图 3.10　牵引变电所环形供电方式

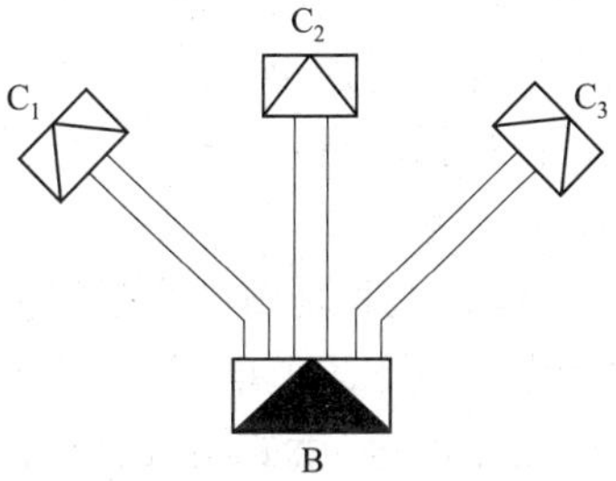

图 3.11　牵引变电所散射式供电方式

第三节　电气化区段供电与工务设备的关系

一、牵引供电设备与工务设备关系

（一）牵引供电设备与工务设备的直接关系

(1)牵引供电设备所有几何参数均是以线路中心线和轨道平面所组成的直角坐标系为参照标准的。

(2)线路平面(直线、曲线及缓和曲线)直接影响接触网的张力、跨距、拉出值、线岔和锚段关节布置。

(3)线路纵断面(平道、坡道及竖曲线)影响导线高度、导线坡度、导线坡度变化率、吊弦长度、分相位置。

(4)路基、桥梁、隧道影响接触网支柱及其基础类型。

(5)牵引电流要靠钢轨形成回路回送到变电所。

（二）牵引供电设备与工务设备的间接关系

(1)线路平面(直线、曲线及缓和曲线)不平顺影响弓网振动。

(2)线路纵断面(平道、坡道及竖曲线)影响受电弓冲击。

(3)路基、桥梁、隧道影响受电弓动态特性。

二、电力机车(动车组)对工务设备的影响

电气化铁路的线路与非电气化铁路的线路没有太明显的区别，但是由于电力机车构造上与蒸汽机车的不同。电力机车(动车组)对工务设备的影响主要有以下几个方面：

1. 电力机车轴距大对曲线外轨的侧压力增大

电力机车有两台完全相同并各自独立的转向架，通过曲线时，前后两台转向架对车体均有相对转动与横向平移，车体与转向架的中央支承和旁侧支承的上销对下销有相对位移，产生相互作用的复原力矩和复原力。电力机车第一转向架的复原装置增加了第一动轮的转向力，所以它在直线上运行的性能较好，而在曲线上运行时．增大了对钢轨的导向力。

2. 在长大下坡道上电力机车对线路的纵向水平力增大

当电力机车采用电气制动时，整个列车下坡所需用的制动力都集中在动轴上，因此传递到轨道上的纵向水平力，不像蒸气机车采用空气制动时平均分配到全列车长度内的每根钢轨上，而是集中在电力机车所走行的钢轨上。特别是双机、三机重联时，将造成钢轨爬行严重。

3. 电力机车的垂直作用力增大

电力机车本身重量加重，轮径却比蒸汽机车小。由于机车动轮半径和它对钢轨的垂直冲击力成反比，所以对钢轨接头、轨面擦伤处所冲击增大，极易在维修周期内形成病害。

4. 钢轨的特殊病害

在电气化区段，尤其是山区小半径曲线区段和制动地段，钢轨还会产生一种波浪磨耗的特殊病害。由于电力机车采取电阻制动，形象地说是“头不动，尾动”，当机车制动时，整列车并不制动而是拥着机车前进，就如同“搓”着轨面走。钢轨的受力在轨枕上和两轨枕之间明显不同，由于反作用力的差异，轮轨之间的磨擦力也产生差异，垂直磨耗速度不一样，一旦磨耗差异形成，列车通过时便产生频繁的跳动，每次跳动又再次形成垂直磨耗。这样多次跳动就产生了波浪状的磨耗，波浪的频率是轨枕间隔的多次谐波。波浪磨耗深度达到 0.5 mm 时，车辆振动会

使旅客产生不舒适感，而且列车产生的垂直加速度对线路的破坏也会加剧，形成恶性循环。另外在小半径曲线地段外轨侧磨的速度也会加快。

三、地面磁感应器

自动过分相地面磁感应器是保障电力机车（动车组）自动过分相的一种重要装置，是保障电气化铁路列车运行安全的一种重要设备。

1. 主要性能

电力机车通过时，通过地面预埋的自动过分相地面磁性设备在机车通过时发出相应的信号给机车，再通过车载感应接收器和过分相控制装置自动完成电力机车断电过分相。

2. 设备组成及设置

自动过分相地面装置针对有砟轨道和无砟轨道分为两种。

在有砟轨道上为一端装有磁性信号装置的混凝土轨枕——信号轨枕，即将自动过分相地面磁铁式感应装置嵌入到轨枕里（图 3.12）。该地面装置由磁性感应装置、特制轨枕和不锈钢防护箍三部分组成。有砟轨道轨枕预埋分为一体式磁感应器轨枕和分体式磁感应器轨枕两种。推广使用有砟轨道分体式磁感应器轨枕。

在无砟轨道上是将永久磁铁安装在特制盒子里（图 3.13），该地面装置由磁性感应装置和化学锚栓两部分组成。该装置具有耐高温、耐腐蚀、不会丢失、不会损坏等特点，适合安装在室外。

图 3.12　有砟轨道轨枕预埋地面磁感应器

图 3.13　无砟轨道地面磁感应器

每个分相点附近单股道安装 4 个地面磁感应器，按图 3.14 的位置放置（以磁轨枕为例）：

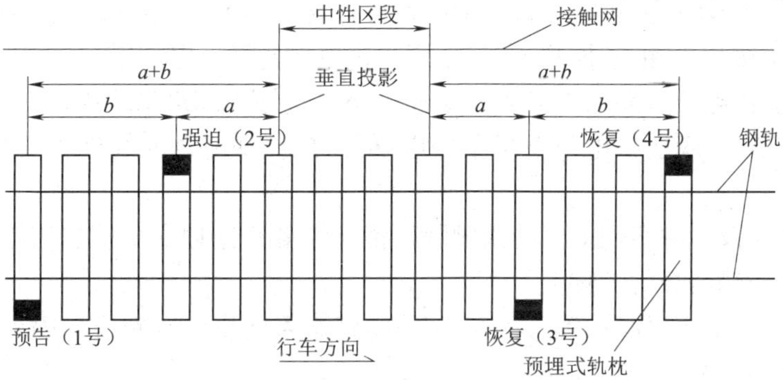

图 3.14　地面磁感应器布置图

地面磁感应器安装距离(a、b)应满足列车自动过分相的行车要求。运行速度 250 km/h 及以上区段 a 值设为 360 m,b 值设为 140 m;运行速度 250 km/h 以下区段 a 值设为 35 m,b 值设为 170 m。线路条件困难时经铁路局批准后安装距离可适当调整。

3. 地面磁感应器的产权划分

无砟轨道预埋化学锚栓型式的地面磁感应器、有砟轨道轨枕分体式的磁性感应装置和不锈钢防护箍配属供电部门,由供电部门负责管理;有砟轨道磁感应器轨枕配属工务部门,轨枕由工务部门负责管理。有砟轨道一体式磁性感应器轨枕因磁感应装置损坏需要更换时,由供电部门提出,工务部门配合。其他形式磁感应器因磁感应装置损坏需要更换时,由供电部门更换;因磁轨枕损坏(含一体式磁感应装置损坏)需要更换时,由工务部门提出,供电部门配合。

4. 维修管理

供电部门负责地面磁感应器的磁感应强度技术质量的管理,应制定明确的检测维护办法,建立地面磁感应器的定期检查维护制度、标准及台账,记录磁感应器型号、生产厂家、安装里程等技术数据,做好磁感应装置和磁感应强度的检测、检查和确认。

工务部门负责对安装有地面磁感应器的磁轨枕的管理,应制定相应管理制度和办法,建立磁轨枕设备台账,记录轨枕型号、里程等技术参数,负责磁轨枕的移位或更换。

第四节　电气化区段线路维修作业的安全规定

一、电气化区段安全规定

(1)新建电气化铁路在牵引供电设备送电前 15 d,建设单位应将送电日期通告铁路沿线路内外各有关单位。自通告之日起,视为牵引供电设备带电,有关人员均需遵守《电气化铁路有关人员电气安全规则》相关规定。

(2)电气化铁路沿线路内外各单位需组织学习《电气化铁路有关人员电气安全规则》的相关内容。电气化铁路相关作业人员每年至少进行一次安全考试,考试合格后,方准参加作业。

(3)在电气化区段通过或使用各种车辆、机具设备时不得超过机车车辆限界。除牵引供电专业人员按规定作业外,任何人员及所携带的物件、作业工器具等须与牵引供电设备高压带电部分保持 2 m 以上的距离,与回流线、架空地线、保护线保持 1 m 以上距离,距离不足时,牵引供电设备需停电。

(4)电气化铁路区段,使用具有升降、伸缩、移动平台等功能的机械设备进行施工、装卸等作业时,作业范围与牵引供电设备高压带电部分需保持 2 m 以上的距离,与回流线、架空地线、保护线保持 1 m 以上距离,距离不足时,牵引供电设备需停电。

(5)在距牵引供电设备高压带电部分 2 m 以外,与回流线、架空地线、保护线 1 m 以外,邻近铁路营业线作业时,牵引供电设备可不停电,但需按照铁路营业线施工安全管理有关规定执行。

(6)机车、动车及各种车辆上方的接触网设备未停电并办理安全防护措施前,禁止任何人员攀登到车顶或车辆装载的货物上。

(7)电气化区段上水、保洁、施工等作业,不得将水管向供电线路方向喷射,站车保洁不得采用向车体上部喷水方式洗刷车体。

(8)牵引供电设备故障时,与牵引供电设备相连接的支柱、接地引下线、综合接地线等可能出现高电压,在未采取安全措施前,禁止与其接触,并保持安全距离。

(9)牵引供电设备支柱及各部接地线损坏,回流吸上线与钢轨或扼流变连接脱落时,禁止非专业人员与之接触。

(10)距牵引供电设备支柱及牵引供电设备带电部分 5 m 范围以内的具备接入综合接地条件的金属结构应纳入综合接地系统;不能接入综合接地系统的金属结构须装设接地装置,接地电阻一般不大于 10 Ω。

(11)站内和行人较多的地段,牵引供电设备支柱在距轨面 2.5 m 高处均要设白底黑字"高压危险"并有红色闪电符号的警示标志。禁止借助接触网支柱搭脚手架,必须借助接触网支柱登高时,必须有供电专业人员现场监护。

(12)天桥、跨线桥靠近或跨越牵引供电设备的地方,须设置防护栅网,栅网由所附属结构的产权或工程建设单位负责安设。防护栅网上安设"高压危险"标志,警示标志由供电设备管理单位制作安装。

(13)电气化铁路区段车站风雨棚、跨线桥、隧道等构建物应安装牢固,状态良好,不得脱落。距牵引供电设备 2 m 范围内不得出现漏水、悬挂冰凌等现象。附挂在跨线桥、渠上的管路以及通讯、照明等线缆,需设专门固定设施,且安装可靠,不得脱落。

(14)电力线路、光电缆、管路等跨越电气化铁路施工时,需在接触网停电并做好安全防护措施后进行。

(15)大型养路及施工机械作业,如施工机械不超出机车车辆上部限界,且作业人员及所持机具与接触网带电部分保持 2 m 以上距离时,接触网可不停电。不符合上述条件时,应按照规定办理停电手续并做好安全防护措施后,方能作业。

(16)电气化铁路区段声屏障、风屏障、栅栏等金属体结构部分应可靠接地。

(17)电气化铁路附近发生火灾时,需遵守下列规定:

①距牵引供电设备带电部分不足 4 m 的燃着物体,使用水或灭火器灭火时,牵引供电设备必须停电。

②距牵引供电设备带电部分超过 2 m 的燃着物体,使用沙土灭火时,牵引供电设备可不停电,但需保持灭火机具及沙土等与带电部分的距离在 2 m 以上。

(18)装卸钢轨、轨枕时,应避开接触网支柱、接线及线路标志、电务、供电设备等。

(19)在电气化铁路进行换轨、换枕作业时接触网必须停电。

二、电气化区段人身安全

(1)在电气化区段作业时,长轨列车必须安装屏蔽装置,起重轨道车、起重轨道平车必须安装使用起重机构高度和水平限位装置,并保持状态完好。

(2)高压水清洗钢梁、使用限界架检查限界,以及在距接触网带电部分不足 2 m 或距回流线、架空地线、保护线不足 1 m 处进行作业时必须停电,按规定办理接触网停电申请手续,得到许可停电施工命令,并由供电部门采取停电防护措施后方准施工。

(3)在距离接触网带电部分 2～4 m 的建筑物上作业时,接触网可不停电,但必须由接触网工或经专门训练的人员现场防护,确保人员、机具、材料等与接触网带电部分的距离不小于 2 m。

(4)发现牵引供电设备断线及其部件损坏,或发现牵引供电设备上挂有线头、绳索、塑料布或脱落搭接等异物时,不得与之接触,应立即通知附近车站,在牵引供电设备检修人员到达未采取措施以前,任何人员均应距已断线索或异物处所 10 m 以外。

(5)距接触网支柱及接触网带电部分 5 m 范围以内的金属结构物均必须接地，在与接触网相连的支柱及金属结构上，若未装设接地线或接地线已损坏时，严禁人员与之接触。

(6)使用发电机、空压机、搅拌机等机电设备时，应有良好的接地装置。在可能带电部位，应有“高压危险”“禁止攀登”的明显标志和防护措施。各种机械与车辆不得用水冲洗；施工用的水管不得跨越接触网，不得用射水方式进行圬工养生。

(7)严禁向接触网抛掷物品。

(8)清除危石、危树、爆破作业有碍接触网及行车、人身安全时，应有供电部门人员配合，先停电后作业。

(9)任何作业均不得影响供电设备的支柱、拉线及基础等设施的稳定。

(10)在带电的接触网下，不准在敞车、平车、罐车等车辆(棚车、冷藏车、家畜车除外)上进行装卸作业，不准进行用竹竿等物测量货物的装卸高度等靠近接触网的作业。

(11)在电气化区段，任何人不准登上机车车辆顶部或翻越车顶通过线路。

(12)电气化区段所有接触网支柱应悬挂或涂有“禁止攀登”“高压危险”警告牌。施工人员禁止在支柱上搭挂衣物、攀登或在支柱旁休息。

(13)在进行隧道内的检查、补漏、衬砌修补、油刷标志、刨冰、使用高梯搭设脚手架及隧道口的粉刷装饰、端墙检修等作业，与接触网带电部分不足 2 m 距离时，必须在接触网停电后方可进行。

三、车辆行人通过道口安全规定

各种车辆和行人通过电气化铁路平交道口必须遵守下列规定：

(1)通过道口的车辆限界及货物装载高度(从地面算起)不得超过 4.5 m。超过时，应绕行立交道口或进行货物倒装。

(2)通过道口的车辆上部或其货物装载高度(从地面算起)超过 2 m 时，车辆上部及装载货物上严禁坐人。

(3)行人持有长大、飘动等物件通过道口时，不得高举挥动，应与牵引供电设备带电部分保持 2 m 以上的距离。

通过道口的安全规定内容应制成揭示牌(图 3.15)，固定在道口两侧限界门右侧门框上，由供电设备管理单位负责安装及维护。

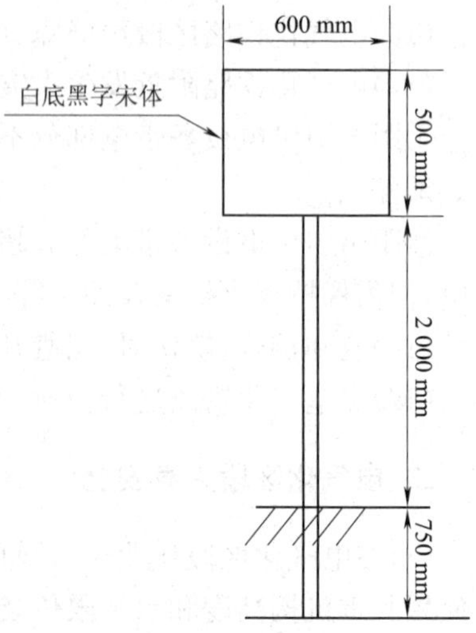

图 3.15　揭示牌

第五节　电气化区段线路维修作业要求

一、电气化铁路区段线路维修的基本特征

在电气化铁路线路上，由于电力机车的构造特点，对轨道的动力作用和影响有以下一些特点：

(1)由于电力机车的轴重大、牵引力大、制动力大，轨道承受的垂直力、横向力、纵向力都大大增加，因此对于轨道稳定性的要求更高，如何防止轨道横移、轨距扩大、线路爬行和钢轨破损，成为线路作业的重点。在大坡小半径曲线地段，保持轨道的稳定性尤为重要。

(2)电气化铁路线路上空挂有接触网，为保证接触网导线在最大弛度时，与轨顶之间保持《铁路技术管理规程》规定的最大高度和最低高度，对线路维修质量要求严格。起道、拨道和其他维修作业受到严格限制。起道高了，接触网带电部分与机车车辆或装载的货物之间的距离就减小，会危及货物安全和作业人员安全；起道低了，接触网导线的高度如果超过受电弓的最大工作高度时，受电弓就可能脱离接触网导线或因接触不良而影响机车取用电流。同样，拨道不符合规定，使导线偏离线路中心线时，受电弓可能脱离导线或影响机车取用电流。

(3)由于电力机车的牵引力大、起动稳、加速快，因此即使在大坡道上行驶，上下坡速度差也很小，曲线超高容易做到与上下行速度相适应，从而减轻了曲线下股钢轨的碾堆程度。

(4)电力机车系采用齿轮传动，减少了在运行时的不平顺性，从而减轻了对钢轨的振动力。但电力机车采用电制动，特别是紧急使用电制动时，全列车的制动力都集中在机车的动轮上，纵向力集中作用于机车走行的轨节上，容易导致机车车轮空转，钢轨轨头超负荷，从而会擦伤甚至烧化钢轨踏面。

(5)电力机车没有浓烟、喷气，从而减轻道床的脏污、钢轨配件的锈蚀，避免了隧道内空气的污染，改善了隧道内的工作条件。

(6)由于接触网带有 25 kV 高压电，在带电的接触网下进行线路维修作业，要时刻注意安全，严防触电。

二、起道、拨道、改道、捣固的基本要求

线路日常的修复性起、拨道作业工作量较大，覆盖面广，且该类修复性作业对接触网拉出值控制是有利的，一般不需要供电部门配合。超出电力机车轴距范围的起、拨道作业对接触网拉出值有较大影响，按照目前电力机车最短的轴距控制，作业范围大于 8.2 m 的连续起、拨道，因超出规定，应事先通知供电部门配合。单股起道作业一般指曲线调整超高。

(一)起道的基本要求

在电气化铁路上，为了保证电力机车受电弓不脱开或撞击接触网导线，轨道的长平或前后高低必须经常保持良好状态。而电力机车冲击力大，线路容易发生小坑，为了保持线路的长平处于完好状态，就不可避免的要经常做适当起道。由于接触网导线与轨面间的距离必须符合《铁路技术管理规程》的要求，最高高度为 6 500 mm，最低高度 5 700 mm，受电弓偏移量与起道量的关系如图 3.16 所示。

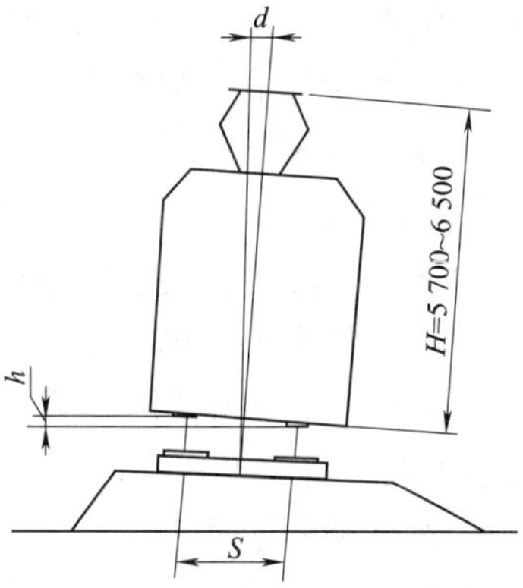

图 3.16　受电弓偏移与起道量的关系
(单位：mm)
d—受电弓偏移量；H—接触网高度；
S—两股钢轨中心线间的距离；h—单股起道量

由图中几何关系，根据三角形相似的原理可推出：

$$h/S=d/H$$

$$d=(H/S)\cdot h=[(5\,700\sim6\,500)/1\,500]\cdot h=(3.8\sim4.3)h$$

从上述推导过程可以看出，单股起道量对受电弓偏移的影响是 3.8～4.3 倍，一般在 4 倍左右。为保证电力机车受电弓与导线的正常相互作用，起道的高度特别是曲线调整超高或单股起道的高度必须限制在一定范围之内。《高速铁路工务安全规则》和《普速铁路工务安全规

则》规定：

(1)高速铁路两股钢轨同时起道时，一次作业起道量不得超过 30 mm，且两股钢轨起道量相差不得超过 7 mm；一股钢轨起道时，一次作业起道量不得超过 7 mm。起道量超出上述规定时，应事先通知供电部门调查确认接触网设备调整工作量并配合作业。

(2)普速铁路两股钢轨同时起道时，一次作业起道量不得超过 30 mm，且两股钢轨起道量相差不得超过 11 mm；调整曲线超高时，单股起道量不得超过 11 mm。起道量超出上述规定时，应事先通知供电部门调查确认接触网设备调整工作量并配合作业。

(3)起道作业时，隧道、下承式桁架桥和拱桥、斜拉桥不得超过限界尺寸线。

为了保持接触导线高度和隧道边墙或接触网支柱内侧至线路中心的距离，供电和工务部门应共同根据线路及接触网设计的轨面高度，在隧道边墙上和接触网支柱内侧划一条红横线。红横线上面标明轨面至接触导线的高度，红横线下面标明隧道边墙或支柱内侧至线路中心的距离，作为线路和接触网维修时共同遵守的标准。供电和工务部门应每年按照红横线标准共同复测一次。遇工务起道时，轨面高度不得超过红横线；拨道或线路自然横向变化时，在不侵入建筑接近限界的条件下，其线路中心位移范围不得超过红横线标记数字±30 mm，一侧拨道量年度累计不得大于 120 mm。

(二)拨道的基本要求

电力机车作用于钢轨的水平力较大，线路方向容易发生变化，为防止电力机车受电弓与接触网导线的接触点落在受电弓工作宽度以外，需及时进行拨道作业。在电气化铁路线路上进行拨道作业时，应遵守《高速铁路工务安全规则(试行)》和《普速铁路工务安全规则》规定：

(1)高速铁路线路中心位移一次不得超过 30 mm，一侧拨道量年度累计不得大于 120 mm，并不得侵入限界。拨道量超出上述规定时，应事先通知供电部门调查确认接触网设备调整工作量并配合作业。桥梁上一侧拨道量年累计不得大于 60 mm，且应满足线路中心与桥梁中心的偏差不得大于 50 mm。

(2)普速铁路线路中心位移一次不得超过 30 mm，一侧拨道量年度累计不得大于120 mm，并不得侵入建筑限界。拨道量超出上述规定时，应事先通知供电部门调查确认，满足调整要求后配合作业。桥梁上一侧拨道量年累计不得大于 60 mm，且应满足线路中心与桥梁中心的偏差，钢梁不大于 50 mm，圬工梁不大于 70 mm。线路允许速度 $120\ \text{km/h}<v_{max}\leqslant 200\ \text{km/h}$时，钢梁、圬工梁不得大于 50 mm。

(三)改道的基本要求

电力机车作用于钢轨的水平力较大，轨距容易发生变化，为消除轨距误差或变化率超限，做好改道作业很重要。改道时，除按照单项作业要求作业外，还应注意以下事项：

(1)改道作业时撬棍应加装绝缘套管，以防止撬棍搭在两根钢轨上造成轨道电路短接，影响信号正常使用。

(2)安装绝缘轨距杆时，应检查其绝缘程度是否符合要求。在轨距杆较多的地方，轨距杆和道砟之间应保持 30 mm 的间隙，或将轨距杆绝缘部位下面的道砟掏空，以防雨水存留，浸泡绝缘件。在轨枕盒内装有跨轨的信号导线时，不得再安装轨距杆或防爬器。

(3)使用中间绝缘的轨距杆时，中间绝缘部分不要拆卸。螺栓如有松动或缺少，应及时配合信号工区补齐和拧紧。安装此类轨距杆时，应平装，使螺帽一面向上，以减少渗水。使用两头绝缘的轨距杆时，两头内外卡口铁必须扣紧轨底，螺栓无松动，防止绝缘套管串动；绝缘垫圈每侧不应少于 2 个。

(四)捣固的基本要求

电气化铁路线路上,绝缘接头是薄弱部位,应加强捣固。扒道床和捣固时,不要损坏通过轨道电流的接续线,车站股道间的跳线在轨枕的侧面,捣固时更要注意保护,防止损坏。钢轨底部与道床之间应保持 20～30 mm 间隙,防止道床积水时导致漏电。道床应保持清洁,没有泥土、杂草和矿渣等易导电的材料,并保持排水良好。

三、更换钢轨的基本要求

(一)非自动闭塞区段更换钢轨

在非自动闭塞的电气化区段上更换钢轨时,应遵守下列规定:

(1)严禁在同一地点将两股钢轨同时拆下。

(2)换轨前应在被换钢轨两端轨节间纵向安设一条截面不小于 70 mm^2 的铜导线。导线两端牢固夹持在相邻的轨底上,如图 3.17 所示。该连接线在换轨作业完毕后方可拆除。

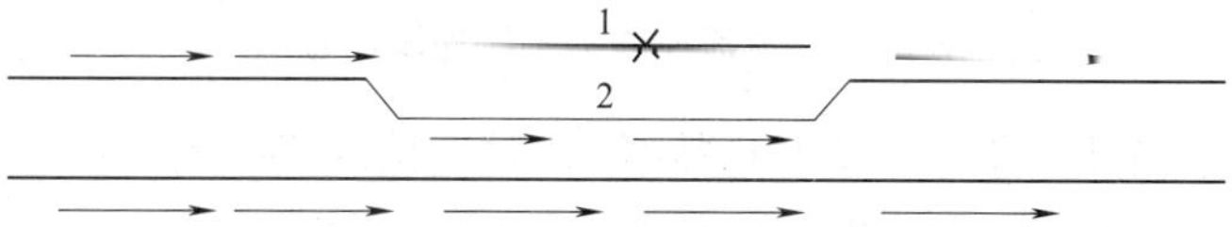

图 3.17　纵向导线连接方法

1—被更换钢轨;2—铜导线

(二)自动闭塞区段更换钢轨

在自动闭塞的电气化区段上更换钢轨时,应遵守下列规定:

(1)在同一地点同时更换两股钢轨时,无论该地段接触网是否停电,换轨前必须在被换钢轨两端的左右轨节间横向各设一条截面不小于 70 mm^2 的铜导线,在被换一股钢轨两端轨节间纵向安装一条截面不小于 70 mm^2 的铜导线。导线两端用夹子牢固夹持在相邻的轨底上,如图 3.18 所示。作业完毕后方准拆除接地线和导线。

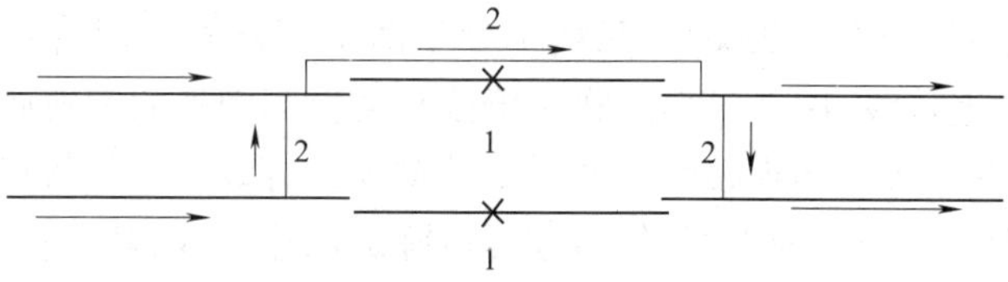

图 3.18　同一地点同时更换两股钢轨导线连接方法

1—被更换钢轨;2—铜导线

(2)更换一股钢轨时,换轨前应在被换钢轨两端的左右轨节间横向各设一条截面不小于 70 mm^2 的铜导线。导线两端用夹子牢固夹持在相邻的轨底上,如图 3.19 所示。

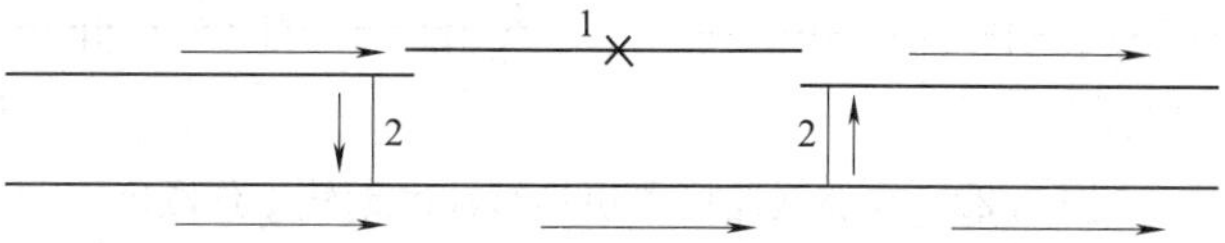

图 3.19　更换一股钢轨导线连接方法

1—被更换钢轨;2—铜导线

(3)更换钢轨需拆装扼流变钢轨引线时,应有电务人员在场配合,拆装作业由电务人员完成;未设置好分路电缆之前,不得将扼流变钢轨引线从钢轨上拆开。

(4)在站内更换钢轨或夹板时,其钢轨导线的连接方法,必须考虑轨道电路和车站作业的要求。

(5)更换带有吸上线的钢轨时,必须先通知供电部门采取安全措施后,方准作业。

(三)其他导线连接要求

(1)在更换带有轨端绝缘的钢轨之前,除必须使用横向连接线将被换钢轨相邻轨条与相对轨条连接外,还要用连接线将轨道扼流变压器中间点与被换钢轨相对的钢轨连接好,并断开扼流变压器上的连接线后,方准更换。扼流变压器的扼流线圈与钢轨连接如图 3.20 所示。

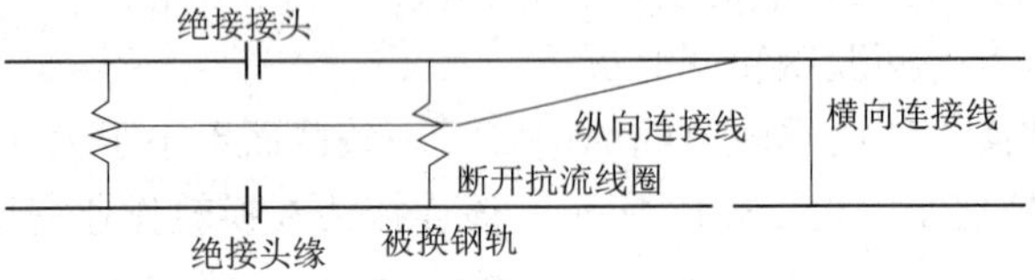

图 3.20　扼流线圈与钢轨连线示意图

(2)更换辙叉或翼轨时,要设好临时连接线,临时连接线必须有三根(岔后直股、曲股各一根,岔前直股或曲股连接一根),如图 3.21 所示。

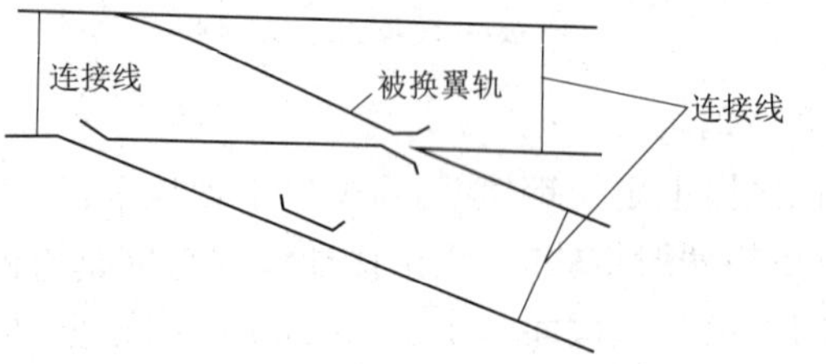

图 3.21　临时连接线设置图

(3)更换无缝线路上缓冲区的钢轨时,必须在邻近的钢轨上预先安设横向导线,一般更换缓冲区钢轨后,在接头处安设接头夹板,每端不少于两个螺栓连接,并在这个接头上安设不短于 200 mm 的纵向铜连接线,用夹钳牢固联结于接头夹板范围外的钢轨底部。同上顺序,更换另一股上的缓冲轨,并安设纵向连接线。两股钢轨都安设好纵向连接线以后,可以拆除横向连接线。当新缓冲区钢轨上的夹板上好以后,才可拆除纵向连接线;其工作顺序如图 3.22 所示。

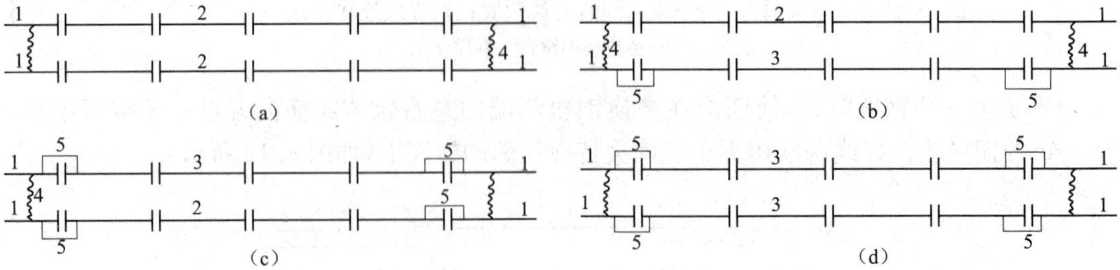

图 3.22　无缝线路区段更换缓冲区钢轨工作顺序

1—无缝线路钢轨;2—应当更换的缓冲钢轨;3—新换上的缓冲钢轨;4—横向连接线;5—纵向连接线

(4)更换整组道岔,如图 3.23 所示。整组更换道岔作业按《高速铁路工务安全规则》第 3.5.2 条第 1 款和《普速铁路工务安全规则》第 2.3.7 条第 1 款规定办理,施工单位还必须提前通知供电、电务等设备管理单位进行配合；更换完毕必须经供电、电务人员检查符合要求后，方准撤除临时安全设施。

(5)电气化区段如采用不停电换轨作业方法，使用待铺单元轨条作为接触网的临时回流通道时，钢轨胶接绝缘接头处必须设置临时连接线，如图 3.24 所示。

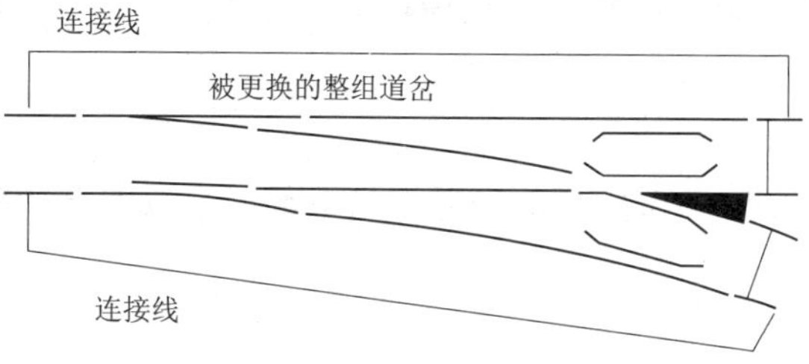

图 3.23　更换整组道岔

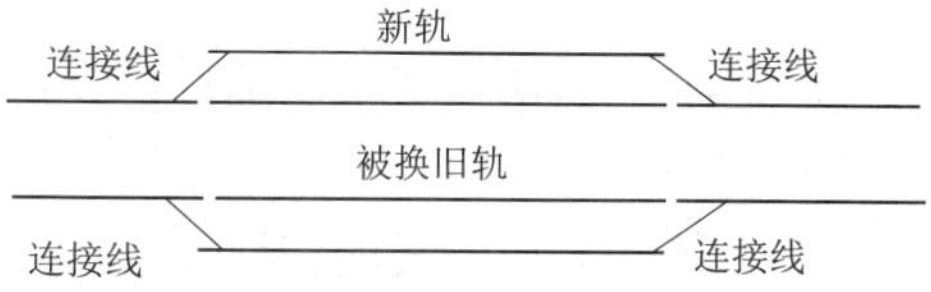

图 3.24　更换长轨

(6)当线路维修拉开钢轨调整轨缝时，要在拉开的轨缝间预先装设临时连接线。临时连接线的长度应使钢轨接头间可能拉开 200 mm。

(7)在通往牵引变电所岔线的铁路上更换钢轨或夹板时，或因更换钢轨需拆开回流线时，在未设可靠的分路电流线之前，不得将钢轨、夹板和回流线拆开，以免影响牵引电流流向牵引变电所的通路。拆装回流线必须由牵引变电所的工作人员进行，更换钢轨或夹板也需有上述人员在场监护。

四、临时拆除地线的注意事项

线路作业必须保持电气化及信号装置的接地线及轨端连接线正常连接，如需临时拆除接触网塔杆接地线与贯通地线时，作业单位应在供电和电务部门配合下，采取相应的安全措施后方准开工；作业完毕后应及时恢复与接触网塔杆接地线、贯通地线可靠连接，经供电、电务测试合格后方准结束作业。垂直天窗时间内作业时，如需临时拆除与贯通地线连接的接地线时，作业单位应在电务部门配合下，采取相应的安全措施后方准开工；作业结束后应及时恢复接地线，并经电务部门测试合格后方准结束作业。V 形天窗时间内作业时，严禁拆除与贯通地线连接的各种接地线。

五、邻近线路开山放炮、处理危石(树)的基本要求

在电气化铁路附近进行爆破作业时，可能损伤供电设备和影响行车安全，因此要与供电部门确认，提出接触网停电配合的施工计划，制定相应的安全措施，报铁路局批准，以防供电设备损坏，危及行车和人身安全。爆破必须先停电后作业。严禁使用电雷管起爆。

处理危石、孤石时，最好采用破石或埋石的方法，不宜采用放炮或直接清除的方法，以免放炮损坏供电设备，危石、孤石砸坏接触网及有关技术装备。

处理危树时，应先用绳索将危树向线路外侧栓牢，然后从危树根部进行锯割，并使其尽量倒向线路外侧。发现树枝折断、树梢倾斜接触到电气化线路时，应离开接地处 10 m 以外，并及时报告供电部门或供电部门调度，经供电人员现场确认停电，采取相应的安全措施后方可处理。

六、邻近接触网(不足 2 m)作业的基本要求

在接触网带电部分不足 2 m 的建筑物上作业，如维修隧道拱部、安装或拆除明峒施工的

拱架等，接触网必须停电。在确认接触网已经停电并已挂好临时接地线之后，方可开始施工。施工完后，供电部门应确认所有工作人员都已转移到安全地点，施工机械、材料未有遗留，具备接触网送电条件后，方可拆除临时接地线。在拆除临时接地线后，禁止再进行上述作业。

第六节　电气化供电与工务作业配合

一、工务部门作业与供电部门的配合

更换钢轨、道岔及连结零部件，遇有下列情况之一时，必须先通知供电部门采取安全措施后，方准作业。

(1)更换带有回流线的钢轨。

(2)更换牵引变电所岔线和通往岔线线路的钢轨及其主要联结零部件(如夹板、辙叉等)。

(3)有接触网的线路上，在同一地点同时更换两股钢轨或夹板。

(4)更换整组道岔。

(5)线路起道、拨道超过规定标准时。

更换工作完毕，必须经供电人员检查符合供电要求后，方准撤除临时安全设施。

施工中，施工单位与供电部门应按照铁路专业部门不同分工，划分责任，明确配合任务。供电部门负责拆除和恢复属于供电部门的设备，配合的主要内容如下：

1. 换轨施工中供电部门负责

(1)封锁时监护施工单位打好新旧轨回流线，回流线按两纵一横打牢，保证回路畅通。

(2)拆除影响换轨的供电设备及连线，处理有关问题。

(3)监护供电回路畅通，及时处理发生的有关问题。

(4)施工后，对接触网进行微调。

2. 清筛施工中供电部门负责

(1)封锁时间内拆除影响清筛机通过的供电设备，开通前恢复。

(2)在施工前后对接触网导线距轨面的高度和左右距离进行测量并记录。

(3)施工单位完工后，及时调整因起、拨道对供电接触网造成的超标。

二、供电配合工务施工作业的方式、流程

(一)施工前签订安全协议

工务部门施工前与供电设备管理单位到施工地点现场踏勘，经确定相互影响条件后，明确施工内容、时间、地点、影响范围及双方的责任义务等相关事宜，签订施工现场踏勘签认单。之后将邻近营业线施工计划及现场签认单提报牵引供电技术部门审核，牵引供电技术部门依据现场情况制作停电配合计划，并与工务部门签订施工安全协议、会签施工计划，上报铁路局有关部门。施工计划下发后由供电技术部门负责整理、分类，并传至各相关科室、车间。

(二)供电部门组织配合作业

配合工务施工主要涉及大机清筛作业和起拨道作业，供电部门负责对有碍清筛施工的吸上线进行拆移、恢复；对清筛范围内电缆进行探测、挖验、下落及外移；对线路平面、纵断面设计进行确认；对施工地段接触网进行检测，对施工地段接触网导线距轨面高度、拉出值超限处临时调整；遇不良天气时，利用地面观测点对接触网进行监测。

（三）工务部门作业时供电部门监控检查要点

（1）提前对清筛范围内的电缆进行探测、挖验、下落及外移。施工前，对过轨的吸上线、电缆等设备所在位置对应的轨枕上做出标记。对受自然条件限制移落困难，不能满足清筛条件的要及时通知施工主体单位，并在施工当日派人进行监护。

（2）工务部门进行起道、拨道作业时，一般规定起道量、拨道量不超过 30 mm，否则应通知接触网工区，对接触网进行调整，使之符合设计高度及拉出值。

工务部门施工时，供电部门人员应现场监控接触网参数变化情况：

（1）拨道后测量支柱的侧面限界是否符合要求。

（2）拨道后测量定位点处和跨中处拉出值变化是否符合要求。

（3）起道后相邻跨距内接触线的导线距轨面高度变化是否符合要求。

三、接触网运行维修规则中关于供电与工务结合部的规定

为保证接触网与线路的相对位置，应在接触网支柱的线路侧或站台侧墙、隧道一侧的边墙上标出轨面标准线。

在电气化铁路竣工时，由施工单位标出轨面标准线，开通前由供电、工务单位共同复查确认。有砟轨道每年对轨面标准线复测一次，复测结果与原轨面标准线误差不得大于±30 mm。特殊情况需调整轨面标准线时，由供电、工务部门共同确认，并经铁路局批准。供电段负责轨面标准线的日常管理，保持其清晰醒目。

在站台及未封闭线路的接触网支柱上距轨面 2.5 m 高处，以及安全挡板、细孔网栅和跨线桥防护网栅处均应设置白底、黑字、红色闪电符号的“高压危险”警示标识。

第七节　安全用电常识

电气化铁路接触网带有 25 kV 高压电，为防止触电伤亡事故发生，确保从业人员的生命财产安全和运输生产经营的顺利进行，应严格遵守国家铁路安全法规和电气化铁路安全规定。

一、常见的触电方式

人体因触及带电体而承受过高的电压，以致引起死亡或局部受伤的现象称为触电。

依伤害程度的不同，触电可分为电击和电伤两种。电击是指因电流通过人体而使内部器官受伤的现象，它是最危险的触电事故。通过人体内的电流超过 0.05 A (50 mA)时，中枢神经就会遭受损害，使心脏停止跳动而死亡。电伤则是指人体外部由于电弧或熔丝熔断时飞溅起的金属末等造成烧伤的现象。触电的伤害程度取决于通过人体电流的大小、途径和时间的长短。按人体触电方式，主要有单相触电、两相触电、跨步电压触电、感应电压触电。

（一）单相触电

当人站在地面上或其他接地体上，人体的某一部位触及一相带电体时，电流通过人体流入大地（或中性线），称为单相触电。对于高压带电体，人体虽未直接接触，但由于超过了安全距离，高电压对人体放电，造成单相接地而引起的触电，也属于单相触电。而单相触电又分为中性点直接接地的单相触电和中性点不直接接地的单相触电两种。

1. 中性点直接接地的单相触电

人站在地面上，如果人体触及一根相线，电流便会经导线流过人体到大地，再从大地流回

电源中性线形成回路，如图 3.25 所示，这时人体承受 220 V 的相电压。中性点直接接地的后果与人体和大地间的接触状况有关。如果人体站在干燥绝缘的地板上，因人体与大地间有很大的绝缘电阻，通过人体的电流就很小，不会有触电危险；但如果地板潮湿，则会有触电危险。

2. 中性点不直接接地的单相触电

人站在地面上，接触到一根相线，这时有两个回路的电流通过人体，如图 3.26 所示，这种情况下，电流将从电源相线经人体、其他两相的对地阻抗回到电源的中性点，从而形成回路。此时，通过人体的电流与线路的绝缘电阻和对地电容的数值有关。正常情况下，设备的绝缘电阻相当大，通过人体的电流很小，一般不致造成对人体的伤害。

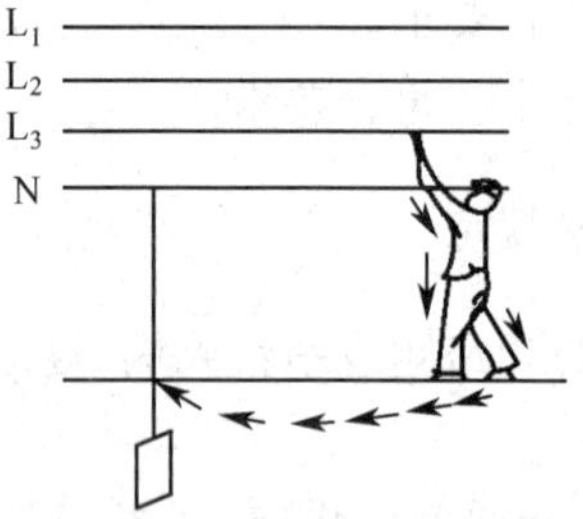

图 3.25　中性点直接接地的单相触电

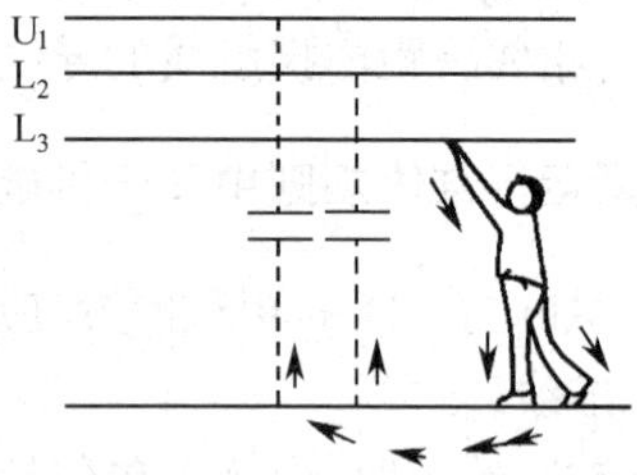

图 3.26　中性点不直接接地的单相触电

（二）两相触电

人体同时接触带电设备或线路中的两相导体，或在高压系统中，人体同时接近不同相的两相带电导体，发生电弧放电，电流从一相导体通过人体流入另一相导体，构成一个闭合回路，这种触电方式称为两相触电，如图 3.27 所示。两相触电时，作用于人体的电压为线电压，电流将从一相导线经人体流入另一相导线，人体所承受的线电压是 380 V，比单相触电时电压要高，危险性更大。

（三）跨步电压触电

跨步电压是指电气设备外壳或电力系统一相发生接地短路时，电流从接地处四散流出，在地面上形成不同的电位分布，人走近短路点时，两脚之间的电位差，如图 3.28 所示。当跨步电压达到 40 V 以上时，将使人有触电危险，特别是人被跨步电压击倒后加大了人体的触电电压，从而造成意外和死亡。发现有跨步电压危险时，应单足或并双足跳离危险区，亦可沿半径垂直方向小步慢慢退出。

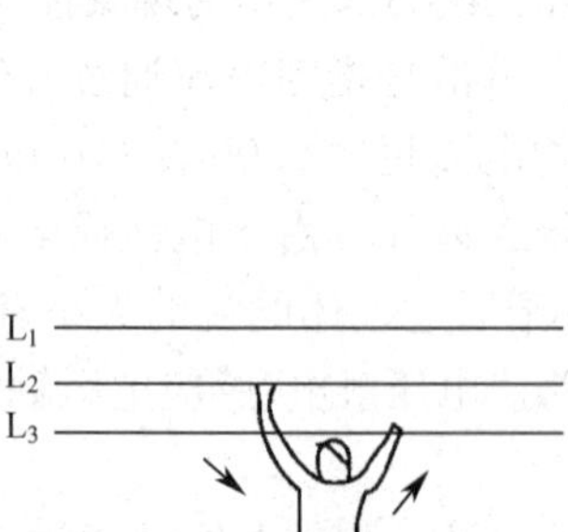

图 3.27　两相触电

图 3.28　跨步电压

（四）感应电压触电

由于带电设备的电磁感应和静电感应的作用，将会在附近的停电设备上感应出一定电位。

高压双回路、多回路同杆架设以及两条平行架设的线路，如果一条线路带电，会造成另外停电的线路带电，特别是当和停电检修平行接近的带电线路出现三相不平衡或单相接地时，对停电线路的感应使其意外地带有危险电压，称为感应电压。

感应电防护办法：当线路电压等级在 220 kV 及以上时，感应电压已经不容忽视，必须采取措施加以防护。其根本的办法是：穿上既能与地有良好接触，又有一定屏蔽作用的静电防护服或导电鞋，以保持人体与地的良好接触向大地流泄电荷。

二、触电对人体的伤害

电流通过心脏会造成心脏功能紊乱，破坏原有的收缩、扩张节奏，心力衰竭，血液循环终止，使人因大脑缺氧而死亡；电流通过中枢神经（脑部和脊髓），可使呼吸停止、瘫痪；电流的热效应会造成电灼伤；电流的化学效应会造成电烙伤和皮肤金属化；电磁场的能量还会产生辐射。对于工频电，按照通过人体的电流大小及呈现的不同反应，分为如下 4 个级别。

(1)感知电流：能引起人体感觉但无有害生理反应的最小电流。

(2)反应电流：指通过人体能引起肌肉不自觉收缩的最小电流值。通用值为 0.5 mA。

(3)摆脱电流：触电后能自主摆脱电源而无病理性的最大电流，成人为 10 mA，也是人体的安全电流。

(4)致命电流：引起心室颤动而危及生命的最小电流，成人一般为 50 mA。

三、常用的安全用电措施

(1)保护用具是保证工作人员安全操作的工具。设备带电部分应有防护罩，或置于不易触电的高处，或采用联锁装置。此外，使用手电钻等移动电器时，应使用橡胶手套、橡胶垫等保护工具，不能赤脚或穿潮湿的鞋子站在地面上使用电器。

(2)在正常情况下，电器设备的外壳是不带电的，但当绝缘损坏时，外壳就会带电，人体触及就会触电。为了保证操作人员的安全，必须对电器设备采用保护接地或保护接零措施。这样即使在电器设备因绝缘损坏而漏电时，人体触及也不会触电。

(3)在电力线路附近，严禁使用钢卷尺、钢板尺进行测量工作。

(4)发现电线或电力设备起火时，应迅速切断电源。在带电状态下，决不能使用水或泡沫灭火器灭火。

(5)雷雨天尽量不外出；遇雨时不要在大树下躲雨或站在高处，而应就地蹲在凹处，并且两脚尽量合拢。

(6)判断电线和用电设备是否带电，必须用试电器（或试电笔），决不允许用手去触摸；在检修电器设备或更换熔断器时，应切断电源，并在开关处挂上“严禁合闸”的牌子。

四、预防触电的作业安全规定

(一)一般规定

(1)工作前，必须检查工具、测量仪表、防护用具是否完好。

(2)任何电器设备未经验电，一律视为有电，不准身体触及。

(3)电气设备及其带动的机械部分需要修理时，不准在运转中拆卸修理，必须在停车后切断设备电源，取下熔断器，挂上“禁止合闸，有人工作” 的标示牌，并验明无电后，方可进行工作。

(4)在配电总盘及母线上进行工作时，在验明无电后应挂临时接地线，装拆接地线必须由值班电工进行。

(5)临时工作中断后和每班恢复工作前，都必须重新检查电源是否断开，并经验电确定。

(6)每次维修结束时，必须清点所带工具、零件，以防遗失和留在设备内造成事故。

(7)动力配电箱的闸刀开关，禁止带负荷拉开。

(8)电气设备的金属外壳必须接地(接零)，接地线要符合标准，有电设备不准断开外壳接地线。

(9)电器或线路拆除后，可能来电的线头必须及时用绝缘胶布包扎好。

(10)安装灯头时，开关必须接在火线上，灯口螺纹必须接在零线上。

(11)临时装设的电气设备必须将金属外壳接地，严禁将电动工具的外壳接地线和工作零线拧在一起插入插座；必须使用两线带地或三级带地插座，或者将外壳接地线单独接到地线上，以防接触不良时引起外壳带电；用软电缆连接移动设备时，专供保护接零的芯线上不许有工作电流通过。

(12)动力配电盘、配电箱、开关、变压器等各种电器设备附近不准堆放各种易燃、易爆、潮湿和其他影响操作的物件。

(二)带电作业安全规定

(1)在低压线路、设备上进行带电作业，应由有一定实践经验的人员担任工作，要经过严格的审批程序，并指定专人监护；工作时要戴工作帽，穿长袖衣服，扣紧袖口，戴绝缘手套，穿绝缘鞋或站在干燥的绝缘垫上进行。

(2)严禁穿背心或短裤进行带电作业。

(3)邻近相带电部分和接地金属部分应用绝缘板隔开，低压相间距离很小，检修时要注意防止人体同时接触两相和防止相间短路。

(4)带电装卸熔断器管座时，要戴防护眼镜和绝缘手套，必要时使用绝缘夹钳，工作人员应站在绝缘垫上，熔断器的容量要与设备、线路、装机容量相适应。

(5)线路上带电作业时，应在天气良好的条件下进行，雷雨天气时应停止工作。

(6)应使用合格的绝缘工具。

(7)在高压线路附近工作时，应先检查与高压线的距离是否符合规定。若不符合，要采取防止误碰高压线的措施。

(8)要保持人体与大地之间，人体与周围接地金属之间，人体与其他相的导体或零线之间有良好的绝缘和适当的距离。

(9)一般不应带负荷断电和接电。断开导线时应先断开火线，后断开地线；搭线、接电时，先接地线(零线)，后接火线(相线)。

五、触电急救

触电急救的基本原则是在现场采取积极措施保护伤员生命，减轻伤情，减少痛苦，并根据伤情需要，迅速联系医疗部门救治。急救的成功条件是动作快、操作正确，任何拖延和操作错误都会导致伤员伤情加重或死亡。

(一)脱离电源的方法

触电急救，首先要使触电者迅速脱离电源，把触电者接触的那一部分带电设备的开关、刀闸或其他断路设备断开或设法将触电者与带电设备脱离。在脱离电源时，救护人员既要救人，也要注意保护自己。触电者未脱离电源前，救护人员不准直接用手触伤员；如触电者处于高处，在切断电源的同时，要做好触电者再次摔倒跌伤的防护措施。

各种触电情况下使触电者脱离电源的方法如下：

(1)触电者触及低压带电设备时，救护人员应设法迅速切断电源(如拉开电源开关或刀闸、拔除电源插头等)，或者使用绝缘工具(如干燥的木棒、木板、绳索等不导电的东西)解脱触电者；也可以抓住触电者干燥而不贴身的衣服，将其拖开，切记要避免碰到金属物体和触电者的裸露身躯；也可以戴上绝缘手套或者将手用干燥衣物等包起绝缘后解脱触电者；救护人员也可以站在绝缘垫上或干木板上绝缘自己进行救护。

(2)触电者触及高压带电设备时，救护人员应迅速切断电源，或用适合该电压等级的绝缘工具(戴绝缘手套、穿绝缘靴并用绝缘棒)解脱触电者。救护人员在抢救过程中应注意保持自身与周围带电部分必要的安全距离。

(3)触电发生在架空线路杆塔上时，如系低压带电线路，能立即切断线路电源的，应迅速切断电源，或者由救护人员迅速登杆，束好自己的安全带后，用带绝缘胶柄的钢丝钳、干燥的不导电物体或绝缘物体将触电者拉离电源；如系高压带电线路，又不可能迅速切断开关的，可采用抛挂足够截面的适当长度的金属短路线方法，使电源开关跳闸。抛挂前，将短路线 端固定在铁塔或者接地引下线上，另一端系重物。但抛掷短路线时，应注意防止电弧伤人或断线危及人身安全。不论是何线电压线路上触电，救护人员在使触电者脱离电源时都要注意防止发生高处坠落的可能和再次触及其他有电线路的可能。

(4)触电者如果触及断落在地上的带电高压导线时，救护人员在不能确认线路无电的情况下，未做好安全防护措施(如穿绝缘靴或临时双脚并拢跳跃式地接近触电者)前，不准接近断线点 8～10 m 范围以内，防止跨步电压伤人。触电者脱离带电导线后亦应迅速带至 8～10 m 以外，并立即开始触电急救。只有在确定线路已经无电时，才可在触电者离开触电导线后，立即就地进行急救。

(二)伤员脱离电源后的处理

(1)触电伤员神志清醒者，应使其就地平躺，严密观察，暂时不要站立或走动。

(2)触电伤员神志不清者，应就地仰面平躺，确保其气道通畅，并用 5 s 时间呼叫伤员或轻拍其肩部，以判定伤员是否意识丧失。禁止摇动伤员头部呼叫伤员。

(3)触电伤员失去知觉，而且呼吸困难时，应立即就地使用人工呼吸法进行急救，并迅速派人请医生前来，切不可给触电者注射强心剂或向触电者身上泼冷水。

(4)触电者呼吸及心跳均已停止时，多数都是假死，只要抢救及时，方法得当，一般都能够救活。救护人员要坚持先救后搬移的原则，立即就地进行心肺复苏，直至救活或经医生诊断确已死亡为止。

(三)心肺复苏的措施

触电伤员呼吸和心跳均暂时停止时，应立即采取心肺复苏法正确进行就地抢救。心肺复苏措施主要有以下三种。

1. 通畅气道

如发现伤员口内有异物，可将其身体及头部同时侧转迅速用一个手指或两手指交叉从口角处插入，取出异物。操作中要注意防止将异物推到咽喉深部。

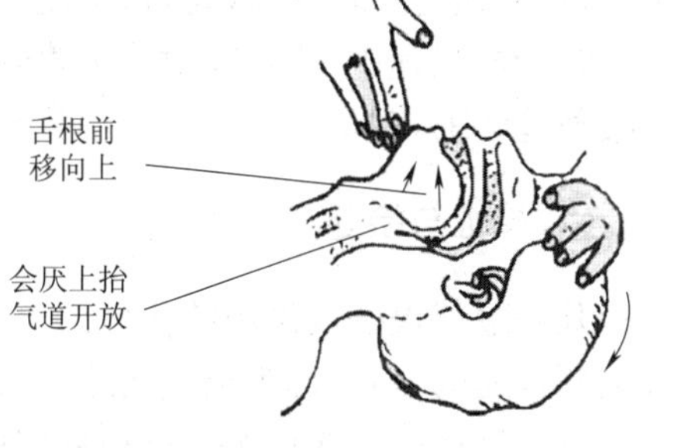

图 3.29　仰头抬颏法

通畅气道可以采用仰头抬颏法(图 3.29)，用一只手放在触电者前额，另一只手的手指将其下颌骨向上抬起，两手协同头部推向后仰，舌根随之抬起，气道即可通畅。严禁用枕头或其他物品垫在伤员头下，头部抬高前倾，会加重气道阻塞，并使胸外按压时流向脑部的血流减少，甚至消失。

2. 口对口(鼻)人工呼吸(图 3.30)

在保持伤员气道通畅的同时，迅速解开触电者衣扣，松开紧身内衣、裤带等。用手指捏住伤员鼻翼，深吸气后，与伤员口对口紧合，在不漏气的情况下，先连续大口吹气两次，每次 1～1.5 s，如两次吹气后试测颈动脉仍无搏动，可断定心跳已经停止，要立即同时进行胸外按压。

除开始时大口吹气两次外，正常口对口(鼻)呼吸的吹气量不需过大，以免引起胃膨胀。吹气和放松时要注意伤员胸部应有起伏的呼吸动作。吹气时如有较大阻力，可能是头部后仰不够，应及时纠正。触电伤员如牙紧闭，可口对鼻人工呼吸。口对鼻人工呼吸吹气时，要将伤员嘴唇紧闭，防止漏气。

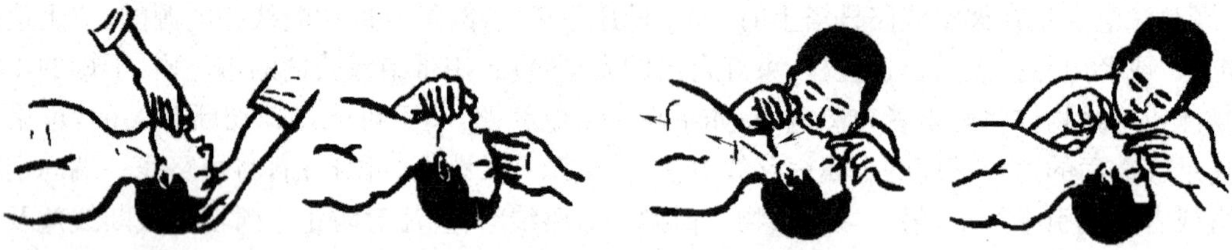

图 3.30　口对口吹气法示意

3. 胸外按压(图 3.31)

使触电伤员仰面躺在平硬的地方，救护人员右手的食指和中指沿触电伤员的右侧肋弓下缘向上，找到肋骨和胸骨接合处的中点；两手指并齐，中指放在切迹中点(剑突底部)，食指平放在胸骨下部；另一只手的掌根紧挨食指上缘，置上胸骨上，找到胸外按压位置。救护人员或立或跪在伤员一侧肩旁，两肩位于伤员胸骨正上方，两臂伸直，肘关节固定不屈，两手掌根相叠，手指翘起，不接触伤员胸壁；以髋关节为支点，利用上身的重力，垂直将正常成人胸骨压陷 4～5 cm(儿童和瘦弱者酌减)；压至要求程度后，立即全部放松，但放松时救护人员的掌根不得离开胸壁。胸外按压要均匀进行，每分钟 80 次左右，每次按压和放松的时间相等；胸外按压与口对口(鼻)人工呼吸同时进行时，其节奏为：单人抢救时，每按压 15 次后吹气 2 次(15∶2)，反复进行；双人抢救时，每按压 5 次后另一人吹气 1 次(5∶1)，反复进行。

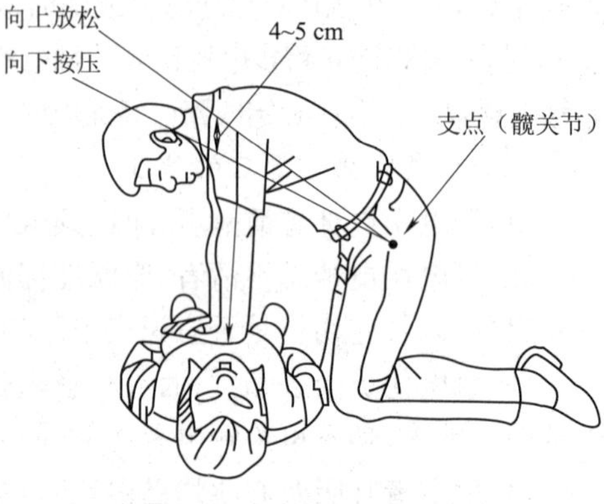

图 3.31　胸外按压

在抢救过程中，要每隔数分钟再判定一次，每次判定时间均不得超过 5～7 s。在医务人员未接替抢救前，现场抢救人员不得放弃现场抢救。

六、接地与接零

凡是电气设备或设施的任何部分(不论带电与不带电)，人为地或自然地与具有零电位的大地相接通的方式，称为电气接地，简称接地。

按照接地的形成情况，可以将其分为正常接地和故障接地两大类。前者是为了某种需要而人为设置的，后者则是由各种外界或自身因素产生故障后自然形成的，应当避免。

按照接地的不同作用，又可将正常接地分为工作接地和安全接地两大类。

(一)工作接地

由于运行和安全需要,为保证电力网在正常情况或事故情况下能可靠的工作而将电气回路中性点与大地相连,称为工作接地。

图 3.32 所示的是减轻高压窜入低压所造成危险的最简单方法,把低压电网的中性点经击穿熔断器接地。

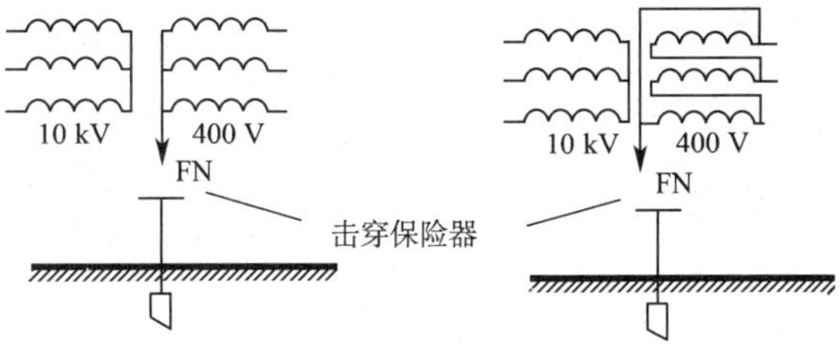

图 3.32　带击穿保险丝的工作接地

工作接地的作用有以下三点:

(1)降低触电电压。在中性点不接地的系统中,当一相接地而人体触及另外两相之一时,触电电压将为相电压的$\sqrt{3}$倍,即为线电压。而在中性点接地的系统中,则在上述情况下,触电电压就降低到等于或接近相电压。

(2)迅速切断故障设备。在中性点不接地的系统中,当一相接地时,接地电流很小,不足以使保护装置动作而切断电源,接地故障不易被发现,长时间持续下去,对人身不安全。而在中性点接地的系统中,一相接地后的接地电流较大(接近单相短路),保护装置迅速动作,断开故障点。

(3)降低电气设备对地的绝缘水平。在中性点不接地的系统中,一相接地时将使另外两相的对地电压升高到线电压;而在中性点接地的系统中,则接近于相电压,故降低电气设备和输电线的绝缘水平,节省投资。

(二)安全接地

安全接地主要包括:为防止电力设施或电气设备绝缘损坏,危及人身安全而设置的保护接地;为消除生产过程中产生的静电积累,引起触电或爆炸而设的静电接地;为防止电磁感应干扰而对设备的金属外壳、屏蔽罩或屏蔽线外皮所进行的屏蔽接地。其中保护接地应用最广泛。

将电气设备在正常情况下不带电的金属部分(如外壳)与接地装置实行良好的金属性连接,这种方式称为保护接地。主要适用于中性点不接地的低压系统中。

由图 3.33 可见,当电动机某一相绕组的绝缘损坏使外壳带电而外壳未接地的情况下,人体触及外壳,相当于单相触电。这时接地电流 I_0 经故障点流入地中的电流大小取决于人体电阻 R_b 和绝缘电阻 R',当系统的绝缘性能下降时,就有触电的危险。当电动机某一相绕组的绝缘损坏使外壳带电而外壳接地的情况下,人体触及外壳时,由于人体的电阻 R_b 与接地电阻 R_0 并联,而通常 R_b 远大于 R_0,所以通过人体的电流很小,不会有危险。这就是保护接地保证人身安全的作用。

(三)保护接零

保护接零就是将电气设备的金属外壳接到零线(或称中性线)上,适用于中性点接地的低压系统中,图 3.34 所示是电动机的保护接零。

当电动机某一相绕组的绝缘损坏而与外壳相接时,就形成单相短路,迅速将这一相中的熔丝熔断,使外壳不带电。即使在熔丝熔断前人体触及外壳时,也由于人体电阻远大于线路电阻,而使通过人体的电流极为微小。

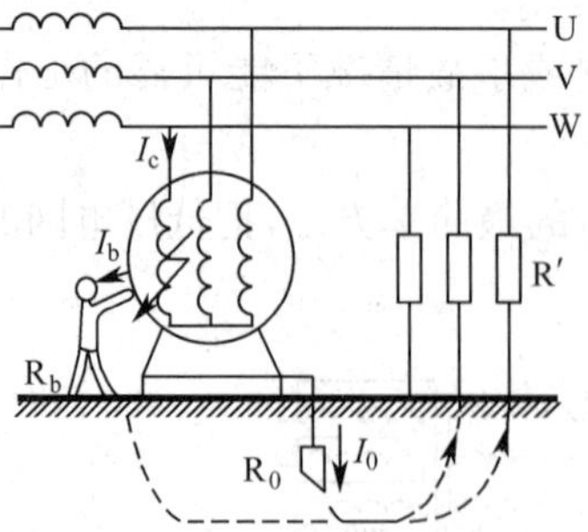

图 3.33　保护接地

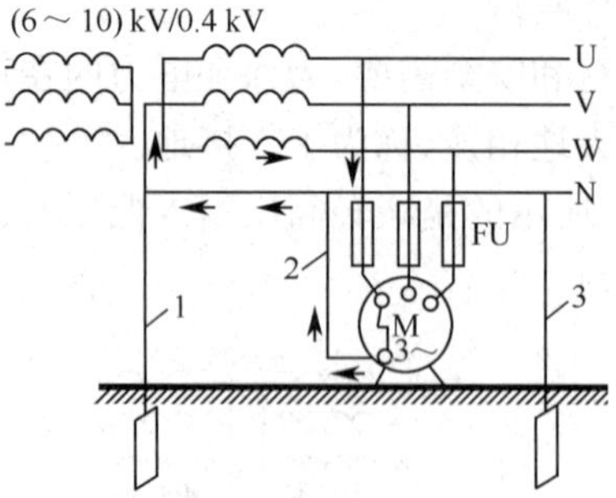

图 3.34　保护接零示意图

1—工作接地；2—保护接零；3—重复接地

本章小结

本章学习了电气化铁路基本知识，电气化铁路是由电力机车(或电动车组)和牵引供电系统两大部分组成；电气化铁路主要有直流制、低频单相交流制和工频单相交流制三种电流制，牵引供电系统的供电方式目前主要有直接供电、吸流变压器供电、自耦变压器供电、带回流线的直接供电四种。由于接触网带有 25 kV 高压电，在带电的接触网下进行起道、拨道、改道、捣固及更换钢轨维修作业时，要遵从作业要求及安全规定，严防触电；触电形式主要有单相触电、两相触电、跨步电压触电、感应电压触电，发现有人触电时应使触电者迅速脱离电源，做好触电者摔倒跌伤防护措施，根据不同情况急救触电者。

复习思考题

1. 简述电气化铁路的组成。
2. 简述电力机车(动车组)对工务设备的影响。
3. 电气化铁路的电流制有哪几种形式？
4. 电气化铁路的供电方式有哪几种？
5. 电气化铁路线路自动闭塞区段更换钢轨的要求有哪些？
6. 电气化区段线路维修作业中如何保证人身安全？
7. 电气化区段线路维修作业中工务、电务有哪些安全措施？
8. 电气化区段线路维修作业中起道、拨道作业有哪些基本要求？
9. 电气化区段线路维修作业中改道、捣固有哪些基本要求？
10. 电气化区段线路维修作业中更换钢轨有哪些基本要求？
11. 电气化区段线路维修作业中邻近接触网作业有哪些基本要求？
12. 电气化区段线路维修作业中维修道岔作业有哪些基本要求？
13. 简述哪些工务作业项目需要电气化供电部门配合？
14. 什么是跨步电压？
15. 何为电器设备的工作接地和保护接零？
16. 简述常用的安全用电措施。
17. 触电急救中脱离电源的方法有哪些？
18. 如何进行触电救护？
19. 常用的人工呼吸法主要有哪几种？

电气化铁路基本知识章节测试

一、填空题

1. 电气化铁路是运用电力作为牵引动力的铁路，接触网是电气化铁路的动脉，其电压可达____ kV。

2. 行人持有长大、飘动等物件通过道口时，不得高举挥动，应与牵引供电设备带电部分保持____ m以上的距离。

3. 电气化铁路有关设备上应涂写或悬挂清楚的标志，以提醒过往人员不准接触靠近。主要标志有"________________"。

4. 电气设备及其带动的机械部分需要修理时，不准在运转中拆卸修理，必须在停车后切断设备电源，取下熔断器，挂上"____________________"的标示牌，并验明无电后，方可进行工作。

5. 电气化铁路沿线路内外各单位需组织学习《电气化铁路有关人员电气安全规则》的相关内容。每年至少进行一次安全考试，考试______后，方准参加作业。

二、选择题

1. 在电气化铁路上，铁路道口通路两面应设限高架，其通过高度不得超过(　　) m。

A. 3.5　　B. 4.5　　C. 5.5　　D. 6.5

2. 在自动闭塞的电气化区段上单根更换钢轨时，换轨前应在被换钢轨(　　)安设一条截面不小于 70 mm^2 的铜导线。

A. 一端轨节间横向　　B. 两端轨节间纵向

C. 横向和纵向各　　D. 两端的左右轨节间横向各

3. 在非自动闭塞的电气化区段上单根更换钢轨时，换轨前应在被换钢轨(　　)安设一条截面不小于 70 mm^2 的铜导线。

A. 一端轨节间横向　　B 两端轨节间纵向

C. 横向和纵向各　　D. 两端的左右轨节间横向各

4. 道岔拨道，在电气化区段一次拨道量超过(　　) mm 时，必须有供电部门配合。

A. 20　　B. 30　　C. 40　　D. 35

5. 在电气化铁路线路上作业，钢轨底部与道床之间应保持(　　) mm 的间隙，以防漏电，导致信号不良。

A. 20～30　　B. 20～40　　C. 10～20　　D. 20～50

6. 在电气化铁路线路上作业，应遵守下列规定：起道作业，两股钢轨同时起道时，一次作业起道量不得超过 30 mm，且两股钢轨起道量相差不得超过(　　) mm。

A. 9　　B. 10　　C. 11　　D. 12

7. 电气化铁路电力机车受电弓与接触点的移动距离为线路外轨起道高度的(　　)倍。

A. 1～2　　B. 2～3　　C. 3～4　　D. 4～5

8. 在电气化铁路线路上作业的起道或拨道量超出有关规定时，必须先通知(　　)予以配合。

A. 工务工区　　B. 电务工区　　C. 接触网工区　　D. 车站

9. 在电气化线路进行起道作业,调整曲线超高时,单股起道量不得超过(　　)mm。

A. 20　　B. 11　　C. 15　　D. 30

10. 在电气化线路进行起道作业,两股钢轨同时起道时,一次作业起道量不得超过(　　)mm。

A. 5　　B. 15　　C. 30　　D. 45

11. 电气化区段,允许速度 120 km/h$<v_{max}<$200 km/h 时,线路中心与桥梁中心的偏差,钢梁、圬工梁不得大于(　　) mm。

A. 50　　B. 60　　C. 70　　D. 90

12. 在离接触网带电部分不到(　　) m 的建筑物上作业时,必须按规定办理接触网停电申请手续,得到许可停电施工命令,并有接触网工区派人安设临时接地线后,方能施工。

A. 2　　B. 3　　C. 4　　D. 5

13. 在距离接触网带电部分(　　)m 的导线、支柱、房顶及其他建筑物上施工时,接触网可不停电,但需有接触网工或经专门训练的人员在场监护。

A. 1～2　　B. 2～4　　C. 3～4　　D. 4～5

14. 在电气化线路上(　　)时,隧道、桁架桥梁内不得超过限界尺寸线。

A. 起道　　B. 改道　　C. 捣固　　D. 换轨

15. 在电气化区段通过或使用各种车辆、机具设备不得超过机车车辆限界。除牵引供电专业人员按规定作业外,任何人员及所携带的物件、作业工器具等需与牵引供电设备高压带电部分保持(　　)m 以上的距离,与回流线、架空地线、保护线保持 1 m 以上的距离,距离不足时,牵引供电设备需停电。

A. 1　　B. 2　　C. 3　　D. 4

16. 在接触网支柱及接触网带电部分(　　) m 范围以内的金属结构均需接地,与接触网相连的支柱及金属结构上,若未装设接地线或接地线已损坏时,禁止人员与之接触。

A. 2　　B. 3　　C. 5　　D. 10

17. 在电气化区段清除危石,进行爆破作业时,应有(　　)部门人员配合。

A. 工务　　B. 电务　　C. 车务　　D. 供电

18. 电气化铁路接触网支柱外侧 2 m(接触网支柱外侧附加悬挂外 2 m,有下锚拉线地段时在下锚拉线外 2 m)、非电气化铁路信号机立柱外侧(　　) m 范围称为营业线设备安全限界。

A. 1　　B. 1.5　　C. 2　　D. 2.5

19. 发现接触网断线及其部件损坏或在其上挂有线头、绳索等物时,人员不准与之接触;在接触网检修人员未到达前,应距断线接地处(　　) m 以外设置防护,禁止人员进入。

A. 2　　B. 5　　C. 8　　D. 10

20. 作业范围与牵引供电设备高压带电部分需保持 2 m 以上的距离,与回流线、架空地线、保护线保持(　　) m 以上的距离,距离不足时,牵引供电设备需停电。必须按规定办理接触网停电申请手续,得到许可施工命令,具备施工条件,并由接触网工区派人安设临时接地线后方能施工。

A. 4　　B. 3　　C. 2　　D. 1

21. 在自动闭塞的电气化区段上更换钢轨时，如需拆开回流线时，必须有(　　)在场紧密配合并负责监护。

A. 车务人员　　B. 工务人员　　C. 电务人员　　D. 供电人员

22. 在电气化区段上，如需要在同一地点将两股钢轨同时拆下时必须对该供电区段实行(　　)，不准电力机车行驶。

A. 供电管制　　B. 线路封闭　　C. 越区供电　　D. 停电措施

23. 在电气化铁路区段使用架空索道或绞车时，其钢丝绳(包括晃动量)离接触网带电部分最小距离应大于(　　) m，并有接地线。

A. 2　　B. 5　　C. 8　　D. 10

24. 电气化区段，处理倒树时必须要求供电部门现场配合。在配合人员到达之前，所有人员必须站在倒树(　　) m 范围以外，严禁擅自处理。

A. 2　　B. 5　　C. 1　　D. 0.5

25. 电气化铁路接触网支柱外侧(　　) m、非电气化铁路信号机立柱外侧 1 m 范围称为营业线设备安全限界。

A. 1　　B. 2　　C. 3　　D. 4

三、判断题

1. 电气化铁路区段道岔起道作业量较大时，要注意线路标高，必要时要求电务、车务部门配合作业。(　　)

2. 距牵引供电设备带电部分不足 4 m 的燃着物体，使用水或灭火器灭火时，牵引供电设备必须停电。(　　)

3. 清除危石、危树、爆破作业有碍接触网及行车、人身安全时，应有车务部门人员配合，先停电后作业。(　　)

4. 处理危石、孤石时，最好采用破石或埋石的方法，不宜采用放炮或直接清除的方法，以免放炮损坏供电设备，危石、孤石砸坏接触网及有关技术装备。(　　)

5. 更换整组道岔，不需要通知供电部门，工务部门完全可以完成作业。(　　)

电气化铁路基本知识章节测试参考答案

参 考 文 献

[1] 中国铁路总公司工电部. 普速铁路线路修理规则:TG/GW 102—2019[S]. 北京:中国铁道出版社有限公司,2019.
[2] 中国铁路总公司运输局. 普速铁路工务安全规则:TG/GW 101—2014[S]. 北京:中国铁道出版社,2014.
[3] 中国铁路总公司运输局. 高速铁路工务安全规则(试行):TG/CW 121—2014[S]. 北京:中国铁道出版社,2014.
[4] 于海波,杨秀杰. 铁道线路养修工电配合[M]. 北京:中国铁道出版社,2015.
[5] 刘让雄,李日福. 电气化铁路供电系统运行与管理[M]. 北京:中国铁道出版社,2014.
[6] 金晶. 铁道机车及动车组总体[M]. 北京:中国铁道出版社,2015.
[7] 刘铁民,张正江. 铁道线路养修工电配合[M]. 北京:中国铁道出版社,2006.
[8] 冯金柱. 电气化铁路基本知识[M]. 北京:中国铁道出版社,2007.
[9] 济南线路局. 电气化铁路安全防护知识[M]. 北京:中国铁道出版社,2006.
[10] 谷爱军. 铁路轨道[M]. 北京:中国铁道出版社,2005.
[11] 铁道部劳卫司,铁道部运输局. 线路工[M]. 北京:中国铁道出版社,2004.
[12] 席时达. 电工技术[M]. 北京:高等教育出版社,2005.
[13] 王定祥,郭远辉. 工程机械与施工用电[M]. 北京:人民交通出版社,2001.
[14] 陆国和. 电路与电工技术[M]. 北京:高等教育出版社,2005.